广西教育厅重点教材项目
广西特色高校建设项目
广西高校创新团队项目

21世纪金融系列

Investment Business Experimental Textbook

投资类业务综合实验教程

周建胜 蔡幸 甘海源 主编

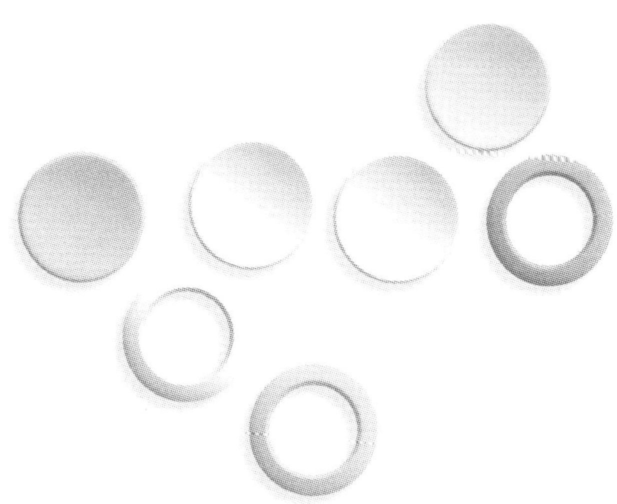

机械工业出版社
China Machine Press

图书在版编目（CIP）数据

投资类业务综合实验教程 / 周建胜，蔡幸，甘海源主编．—北京：机械工业出版社，2015.1（2019.7 重印）
（21 世纪金融系列）

ISBN 978-7-111-49043-2

I. 投… II. ① 周… ② 蔡… ③ 甘… III. 投资 – 教材 IV. F830.59

中国版本图书馆 CIP 数据核字（2014）第 306906 号

本书是投资专业的实验教材，比较系统地介绍了证券、外汇、期货及贵金属、宝玉石等主要投资工具，巩固了投资理论，阐述了操作技能，仿真打造模拟实验平台，分模块进行同步实验，使学生通过投资业务模拟交易及宝玉石品鉴实验，全面了解和掌握投资业务的操作技能。

本书适合作为金融及相关专业本科生、研究生的教材，也适合作为金融行业从业人员的参考读物。

出版发行：机械工业出版社（北京市西城区百万庄大街 22 号 邮政编码：100037）

责任编辑：程 琨	责任校对：董纪丽
印 刷：三河市宏图印务有限公司	版 次：2019 年 7 月第 1 版第 4 次印刷
开 本：185mm × 260mm 1/16	印 张：14.5
书 号：ISBN 978-7-111-49043-2	定 价：30.00 元

凡购本书，如有缺页、倒页、脱页，由本社发行部调换

客服热线：(010) 88379210 88361066　　投稿热线：(010) 88379007

购书热线：(010) 68326294 88379649 68995259　　读者信箱：hzjg@hzbook.com

总　序

广西财经学院金融与保险学院的金融学科建设多年来，一直致力于探索如何培养与经济社会需求相适应的高素质人才，如何根据金融理论与实践改革的大发展来进行专业教学改革，包括人才培养目标的定位、专业课程体系的设置、教学方法和教学手段的创新等。党的十八大报告明确提出“坚持教育为社会主义现代化建设服务、为人民服务，把立德树人作为教育的根本任务，培养德智体美全面发展的社会主义建设者和接班人”。因此，如何在大学教育中更好地贯彻党的十八大提出的“培养学生的社会责任感、创新精神和实践能力”成为时代赋予我们的历史使命。面向实现转型发展的国家需求，立足服务地方社会经济金融发展目标，我们认为，金融类实验教学作为一项实践性很强的教学活动，是培养大学生创新精神和实践能力的重要途径。金融实验教学的内容与方法的改革就是为此而进行的多方面教学改革的具体体现。

为了充分发挥实验教学在高素质复合型、应用型人才培养中的作用，金融与保险学院组织实验课程教师开发了与金融投资相关的基础实验类、专业实验类、综合实验类等不同层次的实验课程，并在原有部分内部使用的教材基础上，编写出一套系统的金融理财综合类实训教材丛书。这套教材的编撰是广西教育厅重点教材项目系列研究成果（桂教高教[2009]145号），也是我校承担的广西特色高校建设项目的主体内容之一——金融学重点专业及专业群建设项目的系列研究成果之一，以及是广西高等学校高水平创新团队及卓越学者计划的研究成果之一。这套教材共三本，包括《银行类业务综合实验教程》、《保险类业务综合实验教程》和《投资类业务综合实验教程》。

这套教材是金融与保险学院实验教学体系改革的重要成果之一，是按实验教材的要求、专为实验课程编写的教材，具有独立的而不附属于课堂讲授的内容。在编写过程中力求取材新颖、联系实际、结构紧凑、文字简练、直观形象、图文并茂，做到基本概念清晰、重点突出，以利于提高学生的实践和动手能力，培养学生的创新意识和能力。同时，实验课程教师将实验课程的教学内容融入实验教学的信息化建设，与上海硕研信息科技发展有限公司、浙江航大科技开发有限公司、深圳市国泰安信息技术有限公司等软件公司合作，自主研发了相应的教学软件，也使我们的实验教学更具仿真性、互动性和开放性。

本系列教材由广西财经学院金融与保险学院长期从事金融投资理论课程体系教学和指导实践训练教学的教师编写，这些教师均具有丰富的理论和实践教学经验。周建胜教授、蔡幸教授担任本系列教材的主编，负责本系列教材的总体大纲设计、统纂和定稿等工作。各册主编有：黄军勇——负责《银行类业务综合实验教程》的编撰，梁玉——负责《保险类业务综合实验教程》的编撰，甘海源——负责《投资类业务综合实验教程》的编撰。

需要特别指出的是，银行、证券、保险等行业专家也给本系列教材提供了许多良好的思路。

本系列教材是普通高等院校教材，适用于普通高等院校（高职高专、应用型本科）、成人高校等有关院校经济、金融、保险专业、投资专业及其他相关专业的教学，也可作为金融行业从业人员的参考读物。我们希望通过这套系列教材的出版，一方面可以加强我们应用型人才培养的教材建设，另一方面，又可以促进我们本科教学质量和人才培养质量的提高。诚然，无论是实验课程教材体系的优化还是实验课程教学内容、方法和手段的更新，都有待于根据理论与实践的发展，以及科学技术手段的提升而更臻于完善。因此，欢迎读者与同行对我们这套实验教材加以批评指正！

周建胜　蔡幸

2014 年 10 月于广西财经学院

前 言

应用型金融人才的培养，不仅要求其有扎实的投资理论基础，还要求有娴熟的投资技能。因此国内外各财经院校除重视传统的投资理论学习之外，更是重视投资实验课程建设——加强实训课教师团队建设，编撰实验教材，加大实验课程学时比例，打造或提升实习基地。希望本教材的出版会对投资实验课程建设、应用型金融人才培养起到一定的促进作用。

全书主要分为四大模块：第三至九章为证券交易业务实训模块；第十至十二章为外汇交易业务实训模块；第十三至十八章为商品投资业务实训模块；第十九和第二十章为期货业务实训模块。每一模块的内容一般由五部分组成：实验目的、实验内容、实验资料和实验步骤、理论要点、实验项目。本书的第一至八章由张丽玲、邓敬贵负责编撰，第九章由宾卫莲负责编撰，第十至十二章由黄贞负责编撰，第十三至十八章由吴党恩负责编撰，第十九和第二十章由甘海源负责编撰。最后由甘海源、吴党恩统稿。

本书选择天一证券行情软件、国泰安外汇交易模拟实验软件、宏艺黄金行情分析系统、国泰安期货模拟交易、博易大师行情分析软件为应用平台，要求读者具有一般的金融学基础，掌握各主要投资工具的盘面分析技能，并了解各软件系统的使用说明，以便于针对实验项目进行同步模拟操作应用。

本书有以下特点：以证券、外汇、商品、期货投资业务为设计蓝本，通过使用广西财经学院与相关软件公司共同研发的模拟交易及行情分析软件，模拟出一个仿真的“金融实务模拟实验平台”，给予学生各主要投资品种投资业务模拟交易体验，帮助学生全面了解和掌握证券、外汇、期货及商品投资业务的操作技能。

每篇的结构设计精心，思路清晰，层次分明，循序渐进。巩固投资理论知识，紧扣知识点设置实验项目，训练学生的动手能力，通过实践操作帮助学生理解理论知识，检验知识掌握情况。

使用大量图片来形象直观地阐述问题，辅以鉴别工具、样本教具进行现场讲解，手把手地开展实验，增强学生对商品投资的感性认知。

通过在线考试、浏览知识库、撰写实验报告以及分析案例等来提升投资专业理论知识，通过实验软件应用，投资业务流程的操作来积累投资经验，达到综合提升学生的理论及实践水平、完善其知识结构，增强就业竞争力的目的。

囿于作者水平，书中定会存在错漏之处，敬请斧正。

目 录

第五篇　期货投资实训

第一篇

实验课教师与学生指导篇

第一章

实验指导与要求

第一节 实验目的与任务

投资类业务综合实训以证券、期货、外汇及商品投资业务为设计蓝本，通过使用广西财经学院和相关软件公司共同研发的证券模拟交易软件、外汇交易实验模拟软件、黄金行情分析软件以及期货交易行情软件，模拟出一个仿真的“金融实务模拟实验平台”，给予学生相关金融业务模拟交易体验，帮助学生全面了解和掌握证券、期货、外汇和商品投资业务的操作技能。

同时，学生通过参加证券期货知识在线考试，浏览、学习知识库内容，撰写实验报告，分析研究案例等，全方位提升投资专业理论知识，真正使学生通过使用软件，达到实践与理论都提高的效果，把握投资业务流程，比较全面地具备现代化金融从业人员应有的知识结构，增强学生的社会就业竞争力。

第二节 实验教学内容

本教材的实验内容主要根据学生对专业课程学习的程度和水平，以所学专业课程的知识点为基础，以投资专业所必备的职业技能要求为主线，全面设计了证券交易业务实训、外汇交易业务实训、商品投资业务实训、期货业务实训。这样可以结合金融专业课程的开设，进行系统的实训教学，达到既能就主要金融投资业务流程进行全面实习，又能进一步培养学生的投资业务开展能力的目的。

一、证券交易业务实训

本篇的业务实训内容包括证券品种与证券市场认识实训、公司分析实训、技术指标分析应用实训、量价分析应用实训及证券投资策略与技巧应用实训、封闭式基金交易实训七个部分。以证券投资实验软件国泰安虚拟交易所系统为平台，模拟真实交易所交易规则和交易环境，为学生提供一个模拟投资的操作环境。同时利用实时证券行情软件进行投资分析，通过模拟交易实验使学生熟悉实际的投资操作流程，增强学生对证券市场的敏感度。而且在证券模拟操作实验中，既可以开设个人模拟账户，同时也可以开设分组模拟账户，使个人在充分运用自己掌握的知识和技能的基础上，通过团队的探讨、交流、思维的碰撞等学习方法，达到共同提高投资分析能力的目的。

二、外汇交易业务实训

本篇的实训内容包括外汇交易市场和交易方式实训、外汇期货保值业务操作实训、风险规避应用外汇交易业务实训三部分。特别针对在校学生在外汇交易实务操作能力方面的不足与欠缺，以外汇交易实务为重点，集中介绍了现实外汇交易业务操作过程中涉及的基本常识和操作要领。本篇以国泰安外汇交易模拟软件为平台，并提供大量实验素材为实验对象，使学生能通过多次实验，举一反三，融会贯通。

三、商品投资业务实训

本篇的实训内容包括黄金在投资组合中的作用应用实训、黄金价格的基本面因素影响应用实训、金银价格走势的相关性应用实训、翡翠鉴别业务实训、翡翠评估业务实训以及钻饰评估业务实训六部分。本篇黄金投资部分以宏艺黄金行情分析系统为应用平台，针对实验项目进行同步模拟操作应用。珠宝投资部分辅以鉴别工具、珠宝教具进行教学及开展实验，让学生能有亲身体验和全方位接触珠宝的机会，增加感性认知，手把手地现场讲解及实践教学，能让学生形象地掌握珠宝鉴赏的技能，能认识各类珠宝的投资特性，使用不同的商品投资工具进行资产的保值、升值，为未来的机构、企业及个人的投资理财打好基础。

四、期货业务实训

本篇的实训内容包括：股指期货模拟投资实训、股指期货套期保值实训两个部分。本篇以博易大师分析软件为平台，以交易规模最大的股指期货为主要投资工具，通过投资实训、套期保值实训，掌握股指期货在现代投资组合的应用。

五、基金交易业务实训

本篇的实训内容包括封闭式基金交易业务实训。以封闭式基金交易为例，从基金估值、交易费用、交易方式等展开实训，让学生掌握基金投资技能，认识基金交易的特性。

第三节 学生实验操作与要求

一、组建实验小组

（1）自由组合，全班分为若干个小组，每组人数为5～7人，各组推选出组长一名，组长将本组组员名单及联系方式交由学习委员汇总后上交指导教师。

（2）各组在组长的协调下进行分工或角色分配，共同完成实验内容。

（3）在进行课堂演示时，由组长指定或小组公推的方式选出一名组员进行演示，在其操作完成后其他组员可进行补充。

二、实验软件操作

（1）软件注册。学生以真实班级、姓名和学号注册实验软件。

（2）软件操作。学生小组成员操作软件系统，从软件中所扮演角色的角度出发，依次完成各项实验操作项目。

三、作业及实验报告

（1）作业。学生应按时完成指导教师布置的作业，作业形式包括课堂演示、电子作业及纸质作业，学生应按照要求及时提交。

（2）实验软件操作。实验软件具有实时评分功能，学生应及时完成各项实验操作项目以获得相关分数。

（3）在线考试。实验软件具有在线考试功能，学生应按照指导教师的布置及时完成以获得相关分数。

（4）实验报告。每一实验项目完成后，各位学生独立完成实验报告上交指导教师。

四、课程成绩评定办法

课程成绩采用五级评分法，其中考勤情况占10%，平时作业成绩占20%，实验报告占70%。

（一）考勤情况

本项占课程总成绩的10%。采用课堂点名的形式进行考核，共考核两次，每次占课程总成绩的5%。履行正常请假手续的不扣分。

（二）平时作业评分标准

本项占课程总成绩的20%，共考核两次，采用五级评分制进行计分。

（三）实验报告评分标准

1. 实验报告结构

实验报告由六部分内容构成：实验目的、实验基本原理、实验步骤、实验数据、实验数据处理及分析以及实验小结。

2. 各组成部分分值权重分配

实验成绩占课程总成绩的 70%，含 5 个实验报告。实验报告评分采用百分制，总分 100 分，各部分权重分别为：

（1）实验目的和要求：10 分；

（2）实验基本原理：20 分；

（3）实验步骤：15 分；

（4）实验数据：15 分；

（5）实验数据处理及分析：25 分；

（6）实验小结（收获、不足和改进措施）：10 分；

（7）报告整体形象：5 分。

3. 各组成部分评分依据

优秀（90 ～ 100 分）：实验目的明确，实验基本原理运用得当，实验步骤准确无误、完整，实验数据翔实丰富，实验数据处理准确，分析有条理，实验小结有收获、不足和改进措施，报告整体形象字迹工整、干净、整洁、美观大方。

良好（80 ～ 89 分）：实验目的明确，实验基本原理运用得当，实验步骤基本完整、准确到位，实验数据翔实丰富，实验数据处理准确，分析有条理，实验小结有收获和不足，报告整体形象字迹工整、干净、整洁、美观大方。

中等（70 ～ 79 分）：实验目的明确，能基本运用实验基本原理，实验步骤基本完整，实验数据较翔实丰富，实验数据处理基本准确，实验小结有收获，报告整体形象较好。

及格（60 ～ 69 分）：实验目的明确，能基本运用实验基本原理，实验步骤，实验数据较翔实丰富，实验数据处理基本准确，有实验小结，报告整体形象尚可。

不及格（60 分以下）：实验目的模糊，实验器材准备不完整，实验基本原理运用不得当，实验步骤不完整，实验数据简单，实验数据处理错误较多，分析欠条理，无实验小结，报告整体形象字迹不工整、不干净、不整洁、不美观大方。

第二章

实验软件说明与指导

第一节　证券交易行情软件介绍

目前，大多数证券公司网站提供的免费证券交易软件的操作方法和主要功能基本相同，同时市场中也有多款免费行情软件供投资者选择。囿于篇幅，下面以天一证券行情软件卓越版为例，简单介绍证券行情软件的主要功能和基本操作方法。读者若需全面了解证券行情软件的操作方法及功能，可以通过这些软件提供的使用说明自行进行全面系统的学习，如通达信软件界面主菜单的“帮助”提供了“帮助说明书”，同花顺软件界面主菜单提供了“在线服务”、“动画教程”等。

一、界面介绍

该证券行情软件主界面由标题栏、菜单栏、工具条、主窗口、指数条和信息栏组成。如图 2-1 所示。

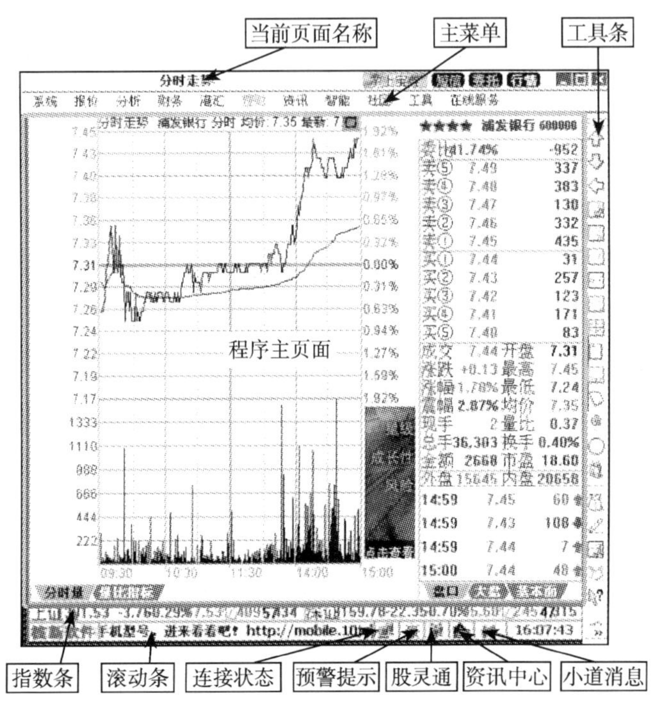

图 2-1　证券行情软件主界面

标题栏：可以反映出程序当前连接的行情主站名称（如果脱机，则显示“本地”）、程序名称和当前页面名称等信息。

菜单栏：在标题栏的下方，系统的基本操作方法都收罗其中，方便投资者直观、快捷地调用。

工具条：汇集了一些最常

用的功能，以方便投资者的使用。

指数条：用来显示上证、深证指数，涨跌、成交金额以及上涨、平盘、下跌家数。

信息栏：用来显示滚动条、连接状态、预警提示灯及系统时间等信息。

连接状态：连接状态情况如表 2-1 所示。

表 2-1　连接状态

描述	图示代表的连接状态
右下角为红色叉号	未连接到行情主站或连接已断开
右下角为绿色边线	已连接到行情主站
电脑标志上显示绿色	已连接到行情主站，正在传输数据

在连接状态标志上双击：如果当前已连接到行情主站，则断开；如果当前未连接到行情主站，则弹出“登录到行情主站”对话框。

二、键盘精灵

当投资者按下键盘上任意一个数字、字母或符号的时候，都会弹出“键盘精灵”（见图 2-2）。投资者可以在这里面输入中英文和数字搜索想要的东西。

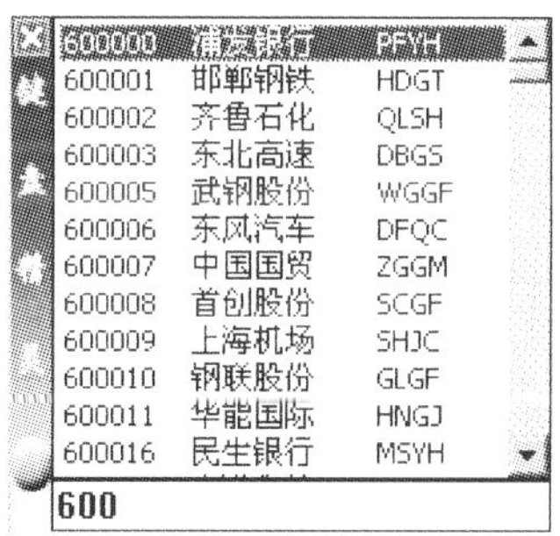

图 2-2　键盘精灵

投资者可以通过输入代码、名称或名称的汉语拼音首字母来搜索对应的商品（股票、基金、债券、指数等），按 Enter 键进入相关页面。也可以通过输入指标（如：KDJ）的中英文名称，来利用键盘精灵方便地更换指标窗口里的指标。还可以通过拼音来调出板块，如“北京”、“房地产”等板块。

该软件支持汉字输入和模糊查找，不仅可以用键盘精灵实现股票的输入，还可以用来做股票的快速搜索。例如，输入“钢”字，就会看到所有名称中包含“钢”字的股票。然后用上下键就可以选择查看了。

在搜索商品时，键盘精灵会把所有符合的词都找出来。不管字母是在商品名称的什么地方。例如：输入“ MS ”时，不仅会找到“民生银行 MSYH”、“模塑科技 MSKJ”，还能找到“神马实业 SMSY”和“西安民生 XAMS”。这样即使投资者不记得股票的全名，也能方便地找到所需要的股票。

三、基本键盘操作

基本键盘操作如表 2-2 所示。

表 2-2 基本键盘操作

功能键	作 用
↑、↓	K 线图里，放大和缩小图形
	表格里，上下移动选中行
←、→	图形窗口里左右移动光标；表格里左右移动表格列
PageUp PageDown	K 线图里，上一只股票、下一只股票
	表格里，上一页、下一页
Esc	有光标时去掉光标；无光标时回到上一个浏览页面
Home End	有光标时光标移至显示窗口最前端、最后端
	无光标时换技术指标
+、－ （小键盘）	在“大盘分时页面”切换指标
	在“个股分时走势页面”切换小窗口的标签

四、“报价”菜单

在主菜单里的“报价”菜单中，可以调用各种报价分析的页面（见图 2-3）：

“大盘指数”里包含了各种大盘指数；

“商品顺序”里包含了依各种商品代码大小排列的表格；

“涨幅排名”里是各种商品的涨跌幅排名，如常用的 61 表；

“综合排名”里的页面是同时包含 9 项排名的页面；

“分时同列”里是同时列出多只股票的分时走势页面；

“K 线同列”里是同时列出多只股票的技术走势页面；

“多窗看盘”是为实时看盘特制的页面。

这里的大盘指数、商品顺序、涨幅排名、综合排名里的表格都可以通过在“键盘精灵”里输入数字来方便地调用。使用的数字键可以参照后文的快捷键一览表。

图 2-3 “报价”菜单

五、使用表格

表格是显示各种数据最基本的形式，对于某一只股票来说，表格虽然不如实时走势、技术分析页面丰富和直观，但它可以实现同时浏览多只股票。以综合行情报价表（见图 2-4）为例说明怎样使用表格。

1. 排序

单击表格中栏目的名称，表格如按此栏目的降序排列表格，再次单击则按升序排列（在栏目名称旁有箭头表示状态）。

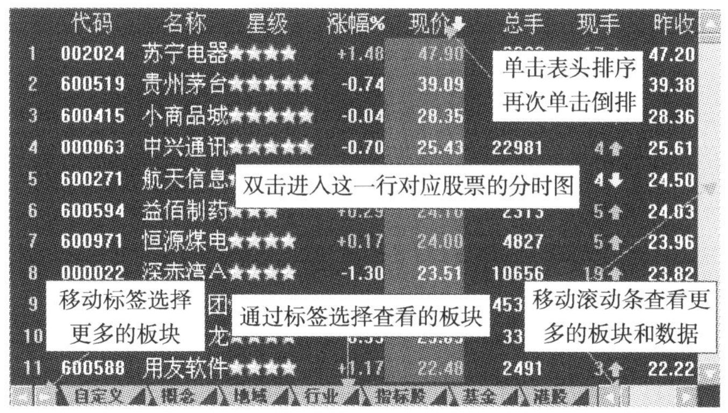

图 2-4　综合行情报价表

2. 移动表格

由于表格往往显示较多的股票和各种数据，所以难以在一个屏幕里显示所有的内容。可以用“PageUp、PageDown”来对表格翻页，用光标键“←、→”对表格左右移动，也可以用鼠标点滚动条来移动表格。

3. 加入自选股、板块股

在表格里单击右键，会出现如图 2-5 所示的界面，其中有加入自选股、加入板块股两个选项。点击可以将这一行所对应的股票加入到自选股或所选择的板块股里。

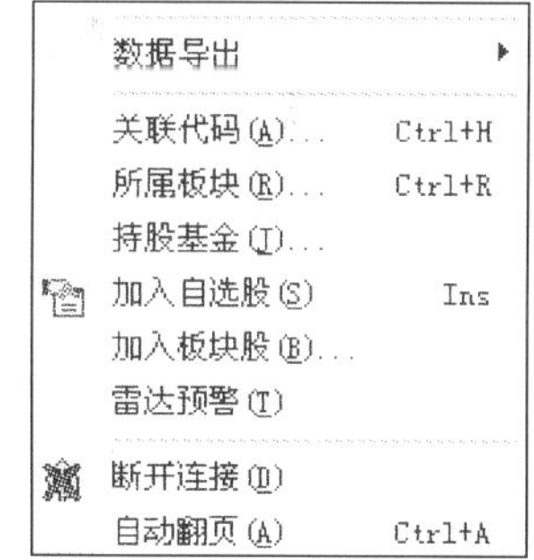

图　2-5

4. 直接查看商品走势

在表格里双击鼠标或者按“Enter”，就可以进入这一行对应商品的分时走势页面。

5. 选择查看的板块

天一证券卓越版软件根据一定的标准（如行业、地域等）设置了相关板块，投资者可以根据自己的喜好选择所要查看的板块（见图 2-6）。

6. 切换到 4 股同列页面

如果投资者不只想看一只股票的分时走势页面，可以在表格里选中某只股票，然后同时按“Ctrl”键和“4”键，就会切换到 4 股同列页面。页面里会显示选中的股票和按表格里的次序排在后面的三只股票。

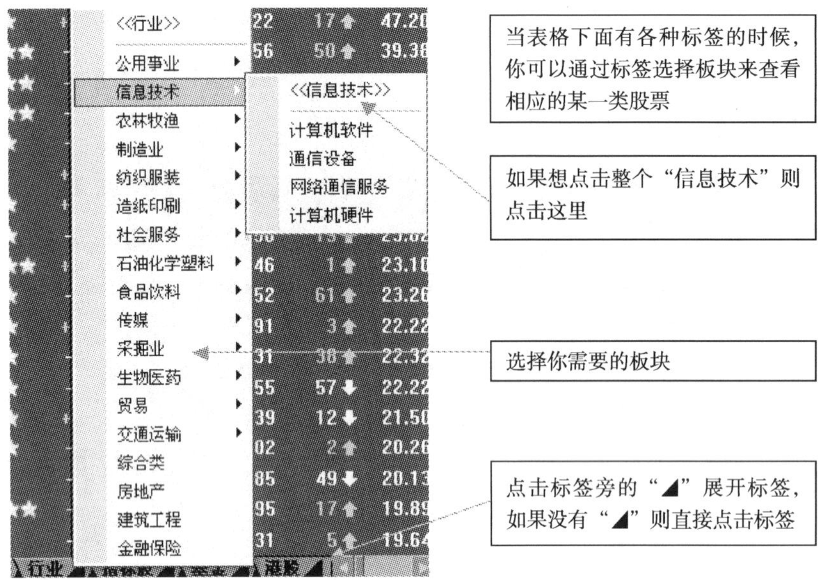

图 2-6

六、分时走势页面

分时走势页面为某一商品的实时走势图（见图 2-7）。在报价表里选中商品后，双击鼠标左键或按“Enter”，还可以在“键盘精灵”里直接选择商品后按“Enter”都可以进入到分时走势页面。

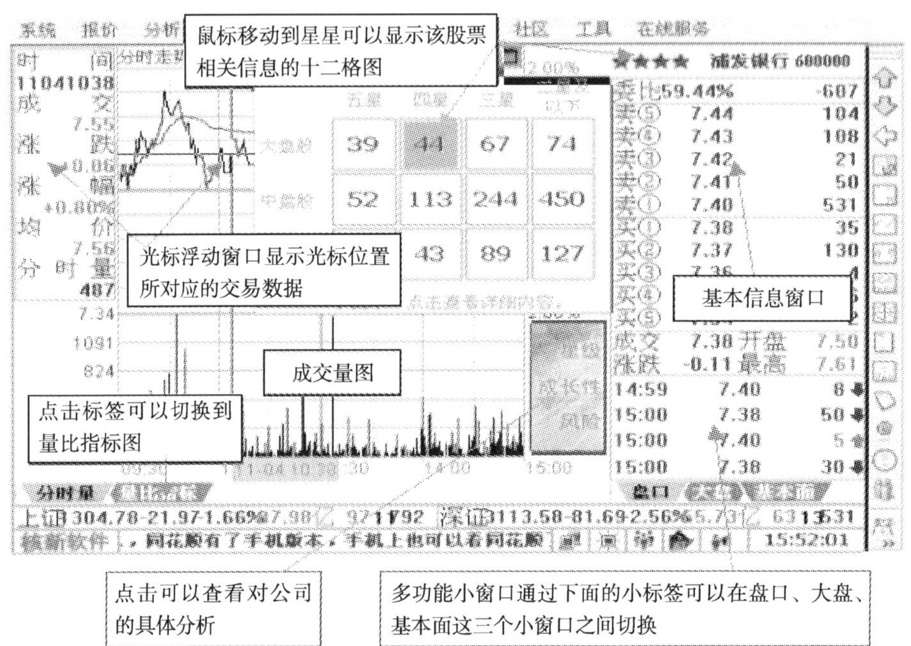

图 2-7 分时走势页面

【小窍门】在分时走势页面里面每按“↓”一次，即可多显示前面一个交易日的走势图。这样投资者就可以仔细地查看最近一段时间某只股票的走势了。

七、大盘对照页面

大盘对照页面同时显示某一商品的实时走势图与大盘指数的实时走势图。投资者可以通过点击“分析”菜单下的“大盘对照”选项调出该页面（见图 2-8）。

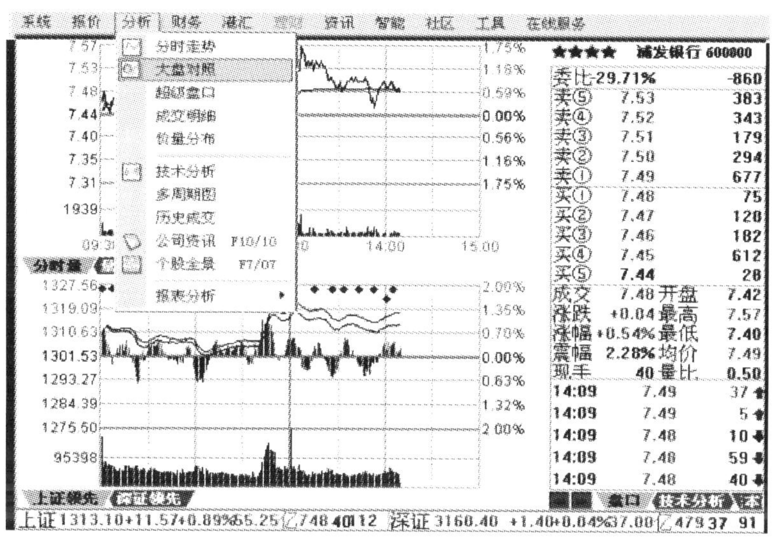

图 2-8 大盘对照页面

八、F10 应用

在分时走势或技术分析页面下点击“F10”键，可以查看个股资料。右侧还有天一证券卓越版的一些特色功能与资讯，有“公司分析”、“看涨看跌”、“机构测评”、“论坛交流”等，还有该公司近期的一些重要新闻，点击右键使用“资料搜索”还可以进行相关内容的检索（见图 2-9）。

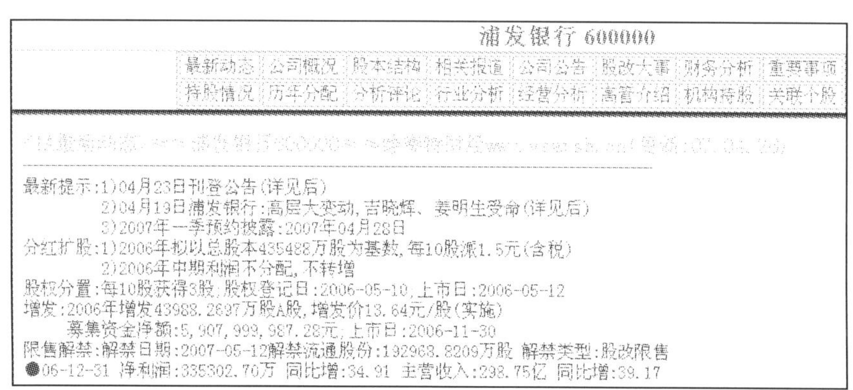

浦发银行 600000

最新动态 公司概况 股本结构 相关报道 公司公告 股改大事 财务分析 重要事项
持股情况 历年分配 分析评论 行业分析 经营分析 高管介绍 机构持股 关联个股

最新提示:1)04月23日刊登公告(详见后)
2)04月13日浦发银行:高层大变动,吉晓辉、姜明生受命(详见后)
3)2007年一季预约披露:2007年04月28日
分红扩股:1)2006年拟以总股本435488万股为基数,每10股派1.5元(含税)
2)2006年中期利润不分配,不转增
股权分置:每10股获得3股,股权登记日:2006-05-10,上市日:2006-05-12
增发:2006年增发43988.2627万股A股,增发价13.64元/股(实施)
募集资金净额:5,907,999,987.28元,上市日:2006-11-30
限售解禁:解禁日期:2007-05-12解禁流通股份:192968.8209万股 解禁类型:股改限售
●06-12-31 净利润:335302.70万 同比增:34.91 主营收入:298.75亿 同比增:39.17

图 2-9

九、常用快捷键

常用快捷键一览表（见表 2-3）。

表 2-3 常用快捷键一览表

快捷键	调用画面	画面切换	快捷键
0+Enter	沪深指数报价	83+Enter	深圳 A 股综合排名
00+Enter	沪深领先指数	84+Enter	深圳 B 股综合排名
03+Enter(F3)	上证领先	85+Enter	上海债券综合排名
04+Enter(F4)	深证领先	86+Enter	深圳债券综合排名
1+Enter	上海 A 股行情报价	87+Enter	上海基金综合排名
2+Enter	上海 B 股行情报价	Enter(双击)	分时走势
3+Enter	深圳 A 股行情报价	Ctrl+4	四股分时同列
4+Enter	深圳 B 股行情报价	→	向右移动列
5+Enter	上海债券行情报价	←	向左移动列
6+Enter	深圳债券行情报价	Enter(双击)	技术分析
7+Enter	上海基金行情报价	05+Enter(F5)	技术分析
8+Enter	深圳基金行情报价	01+Enter(F1)	成交明细
60+Enter	沪深 A 股涨幅排名	02+Enter(F2)	价量分布
61+Enter	上海 A 股涨幅排名	07+Enter(F7)	个股全景
62+Enter	上海 B 股涨幅排名	10+Enter(F10)	公司资讯
63+Enter	深圳 A 股涨幅排名	11+Enter(F11)	基本资料
64+Enter	深圳 B 股涨幅排名	Ctrl+F8	多周期图
65+Enter	上海债券涨幅排名	Ctrl+F11	财务图示
66+Enter	深圳债券涨幅排名	Ctrl+D	大盘对照
67+Enter	上海基金涨幅排名	Ctrl+L	两股对比
68+Enter	深圳基金涨幅排名	Ctrl ＋ Z	最大化左侧图形窗口
71+Enter	上证新闻	↓	增加连续多日分时
72+Enter	深证新闻	↑	减少连续多日分时
73+Enter	券商信息	Enter	行情报价
80+Enter	沪深 A 股综合排名	Ctrl+Enter	历史分时 (在 K 线窗口)
81+Enter	上海 A 股综合排名	左键双击	历史分时 (在 K 线窗口)
82+Enter	上海 B 股综合排名		

十、大盘行情解读

进行证券投资首先要读懂大盘行情，大盘行情只是一种通俗的说法，一般是指股票市场价格的总体走势。目前，我国上海和深圳两个证券交易所分别编制并公布了多个从不同角度反映市场价格总体走势的股票价格指数，其中最具有代表性的分别是上证指数（1A0001）、上证 180（1B0007）指数、深证成指（399001）和深圳综指（399106），下面以上证指数为例，简单介绍如何解读和分析大盘行情。

运行证券交易软件后，在主界面状态下输入上证指数的代码 1A0001，即可进入上证指数分时走势图（见图 2-10）。在这个界面下，输入数字“05”＋回车键，即可转入上证

指数的日 K 线走势图。

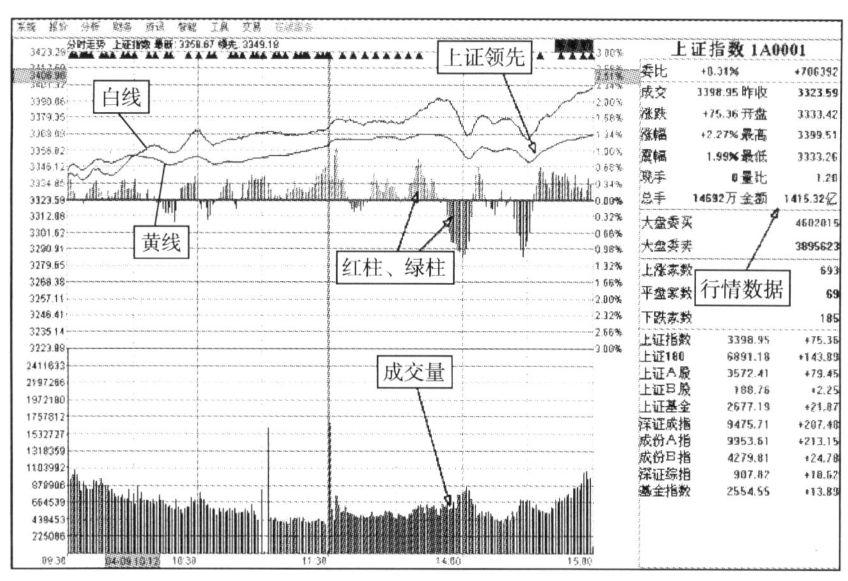

图 2-10 上证指数分时走势图

在解读上海证券交易所大盘行情时，要注意以下几点。

1. 上证领先指标

在上证指数分时走势图中，黄线通常被称为上证领先指标。有两根线：白线和黄线。白线即是上海证券交易所对外公布的上证指数，黄线是不考虑上市股票发行数量的多少，而将所有股票对上证指数的影响等同对待的大盘指数，即白线是用股票发行量进行加权的股价指数，黄线是不加权的股价指数。一般认为，黄线更多代表了小盘股的总体走势，而白线则代表了大盘股的总体走势。

【分析要点】当指数上涨时，如果黄线在白线上方，表示发行量小（小盘股）的股票平均涨幅大于大盘股，而当黄线在白线下方，表示发行量大（大盘股）的股票平均涨幅大于小盘股。

当指数下跌时，如黄线在白线上方，表示小盘股的平均跌幅小于大盘股，而当黄线在白线下方，表示小盘股的平均跌幅大于大盘股。

2. 红柱与绿柱

0.00% 线上方柱线为红柱，0.00% 线下方柱线为绿柱。红柱与绿柱反映的是当前大盘所有股票的买盘与卖盘的数量对比情况，红柱表示买盘超过了卖盘，红柱越长，说明买盘超过卖盘越多，绿柱表示卖盘超过买盘，绿柱越长，说明卖盘超过买盘越多。

【分析要点】一般来说，红柱增长，表示买盘大于卖盘的数量在增加，指数上升的可能性增大。反过来，绿柱增长，表示卖盘大于买盘的数量在增加，指数下跌的可能性增大。

3. 成交量

在上证走势图中，成交量是一根根竖排的直线，表示在这一分钟里上海证券交易所的累计股票成交量。

4. 行情数据

在上证指数分时走势图中，行情数据包括委比、成交等，以图 2-10 所列有关数据，简单介绍其内涵：

大盘委买：当前本类指数所有股票的委托买入数量之和。

大盘委卖：当前本类指数所有股票的委托卖出数量之和。

委比 =（大盘委买 − 大盘委卖）÷（大盘委买 + 大盘委卖）×100%

【分析要点】委比是用来衡量（较短）一段时间内买盘、卖盘力量对比强弱的指标，大盘委买代表了推动市场总体股价上涨的动力，大盘委卖代表了推动市场总体股价下跌的动力，其取值范围在 +100 ～ −100 之间。如果委比大于零，表示买盘的力量强于卖盘，股价指数上涨的可能性较大；反之，如果委比小于零，表示卖盘的力量强于买盘，股价指数下跌的可能性较大。图 2-10 中所示的委比为 8.31%，其计算过程为：委比 =（4 602 015 − 3 895 623）÷（4 602 015 + 3 895 623）× 100%=8.31%。

涨跌：当前上证指数（成交）比昨天收盘点位上涨或下跌的绝对数。图 2-10 中涨跌 =3 398.95 − 3 323.59 = 75.36。

涨幅：当前涨跌与昨天收盘价之比的值。图 2-10 中涨幅 = 75.36 ÷ 3 323.59 = 2.27%。

振幅：当前最大涨幅与最大跌幅之间的差距。图 2-10 中振幅 = [(3 399.51 − 3 323.59) ÷ 3 323.59] + [(3 333.26 − 3 323.59) ÷ 3 323.59]=1.97%。

现手：表示上海证券交易所当天最近一笔成交的成交量，一手为 100 股。图 2-10 中显示的是收盘以后的大盘分时走势图，故现手为零。

总手：表示上海证券交易所当天从交易开始累积到目前的总成交量。图 2-10 中显示的是收盘以后的大盘分时走势图，故总手为 14 692 万手即是当天累计成交量。

昨收：表示前一交易日上证指数的收盘点位。

开盘：表示当天上证指数的开盘点位。

最高：表示上证指数当天曾到达的最高点位。

最低：表示上证指数当天曾到达的最低点位。

量比：量比是一个衡量相对成交量的指标，它是开市后每分钟的平均成交量与过去

5 个交易日每分钟平均成交量之比。其公式为：量比 = 现成交总手 ÷（过去 5 日平均每分钟成交量 × 当日累计开市分钟数）。图 2-10 中量比为 1.2，表示当前每分钟的平均成交量是过去 5 日每分钟成交量的 1.2 倍，这说明当前的成交比较旺盛，成交量有所放大。

金额：表示当上海证券交易所从交易开始累积到目前的总成交金额。图 2-10 中显示的成交金额是当天上海证券交易所累计成金额。

上涨家数：表示当前上海证券交易所股价高于昨天收盘价的股票家数，图 2-10 中显示的是当天收盘时的上涨家数。

下跌家数：表示当前上海证券交易所股价低于昨天收盘价的股票家数，图 2-10 中显示的是当天收盘时的下跌家数。

平盘家数：表示当前上海证券交易所股价与昨天收盘相等的股票家数，图 2-10 中显示的是当天收盘时的平盘家数。

十一、上海、深圳证券交易所主要指数介绍

1. 主要指数介绍

第一，上证指数。上证指数是上海证券交易所编制的综合性股价指数，以上海证券交易所全部上市股票为样本，基期是 1990 年 12 月 19 日，基点为 100 点，以股票发行量为权数，按加权平均法计算，其计算公式为：

$$\text{本日股价指数}=\frac{\text{本日股票市价总值}}{\text{基期股票市价总值}}\times 100$$

式中，本日股票市价总值 = $\sum_{i=1}^{n}$本日收盘价 × 发行股数；基期股票市价总值 = $\sum_{i=1}^{n}$基期收盘价 × 发行股数。

遇到新股上市、退市或上市公司增资扩股时，需做相应修正，修正的计算公式如下：

$$\text{新基期市价总值}=\text{修正前基期市价总值}\times\frac{\text{修正前市价总值}+\text{市价总值变动额}}{\text{修正前市价总值}}$$

$$\text{修正后本日股价指数}=\frac{\text{本日股票市价总值}}{\text{新基期股票市价总值}}\times 100$$

第二，上证 180 指数。上证 180 指数是上海证券交易所编制并对外公布的成分股价指数，其前身是上证 30 指数，该成分指数的样本股是在上海证券交易所上市的 180 只股票，样本股的选择标准包括规模、流动性和行业代表性等因素，基期为 2002 年 6 月 28 日，基点为 3 299.05 点。

第三，深圳成分指数。深圳成分指数由深圳证券交易所编制并对外公布，其样本股是在深圳证券交易所上市的 40 只股票，样本股票的选择标准包括规模、流动性和上市时间长短等因素，基期为 1997 年 7 月 20 日，基点为 1 000 点。

第四，深证综合指数。深证综合指数以深圳证券交易所所有交易的股票为样本，基期为 1991 年 4 月 3 日，基点为 100 点，以股票发行量为权数，按加权平均计算，其计算公式如下：

$$即日指数 = \frac{即日指数股总市值}{基日指数股总市值} \times 基日指数$$

每日连续计算的环比公式如下：

$$今日即时指数 = 上日收市指数 \times \frac{今日即时指数股总市值}{经调整上日指数股收市总市值}$$

式中，今日即时总市值 = 总样本股市价 × 已发行股数。

2. 上交所、深交所指数列表

上交所指数列表如表 2-4 所示。

表 2-4 上交所指数列表

指数代码	指数简称	基准日期	基准点数
1B0007	上证 180	2002-06-28	3 299.06
1B0016	上证 50	2003-12-31	1 000
1B0015	红利指数	2004-12-31	1 000
1B0007	上证 180 全收益	2002-06-28	3 299.06
1B0016	上证 50 全收益	2003-12-31	1 000
1A0001	上证指数	1990-12-19	100
1A0002	A 股指数	1990-12-19	100
1A0003	B 股指数	1992-02-21	100
1B0001	工业指数	1993-04-30	1 358.78
1B0002	商业指数	1993-04-30	1 358.78
1B0003	地产指数	1993-04-30	1 358.78
1B0005	公用指数	1993-04-30	1 358.78
1B0006	综合指数	1993-04-30	1 358.78
1B0008	基金指数	2000-05-8	1 000
1B0012	国债指数	2002-12-31	100
1B0013	企债指数	2002-12-31	100

深交所指数列表如表 2-5 所示。

表 2-5 深交所指数列表

指数代码	指数简称	基准日期	基准点数
399001	深证成分指数	1994-07-20	1 000
399002	成分 A 股指数	1994-07-20	1 000
399003	成分 B 股指数	1994-07-20	1 000
399004	深证 100 指数	2002-12-31	1 000
399100	深证新指数	2005-12-30	1 107
399101	中小板指数	2005-06-7	1 000
399106	深证综合指数	1991-04-3	100

（续）

指数代码	指数简称	基准日期	基准点数
399107	深证A股指数	1991-04-3	100
399108	深证B股指数	1992-02-28	100
399110	农林牧渔指数	1991-04-3	1 000
399120	采掘业指数	1991-04-3	1 000
399130	制造业指数	1991-04-3	1 000
399131	食品饮料指数	1991-04-3	1 000
399132	纺织服装指数	1991-04-3	1 000
399133	木材家具指数	1991-04-3	1 000
399134	造纸印刷指数	1991-04-3	1 000
399135	石化塑胶指数	1991-04-3	1 000
399136	电子指数	1991-04-3	1 000
399137	金属非金属指数	1991-04-3	1 000
399138	机械设备指数	1991-04-3	1 000
399139	医药生物指数	1991-04-3	1 000
399140	水电煤气指数	1991-04-3	1 000
399150	建筑业指数	1991-04-3	1 000
399160	运输仓储指数	1991-04-3	1 000
399170	信息技术指数	1991-04-3	1 000
399180	批发零售指数	1991-04-3	1 000
399190	金融保险指数	1991-04-3	1 000
399200	房地产业指数	1991-04-3	1 000
399210	社会服务指数	1991-04-3	1 000
399220	传播文化指数	1991-04-3	1 000
399230	综合类指数	1991-04-3	1 000
399305	深市基金指数	2000-06-30	1 000

十二、个股即时行情解读

1. 行情报表解读

运行证券交易软件，在其主界面状态下，选择“报价”/“商品顺序”/菜单，即可进入沪深证券交易所行情报表主页面，如图2-11所示，读者可以选择自己想要查看的商品类别。下面以选择“上海A股”为例，说明行情报表中各有关指标的内涵。

代码：证券（股票）代码是证券（股票）交易中用来代表上市交易证券（股票）名称的数码。目前，上海和深圳证券交易所的交易代码均为6位数字，其中：上海A股以6开头，B股以9开头；深圳A股以0开头，B股以2开头。

名称：证券（股票）名称是证券（股票）的简称，一般由三至四个汉字组成，如东北高速即是东北高速公路股份有限公司的简称。

涨幅：当前价格与前一交易日收盘价格相比的上涨或下跌的百分比幅度。

现价：最近一次成交时的成交价格。

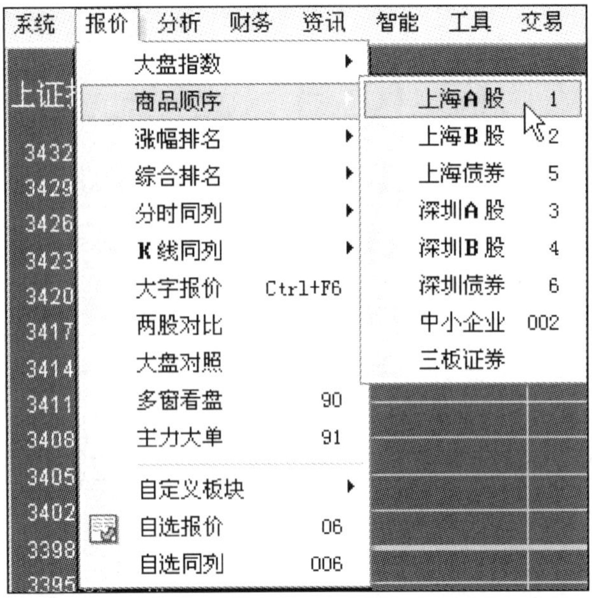

代码	名称	涨幅%	现价	总手	现手	昨收	开盘	最高	最低	叫买	叫卖
600000	浦发银行	-2.05	28.23	148085	114↑	28.82	29.15	29.45	28.19	28.21	28.23
600001	邯郸钢铁	-0.12	8.12	522549	50↓	8.13	8.13	8.23	8.04	8.12	8.13
600003	东北高速	-1.93	8.15	726989	83↑	8.31	8.46	8.47	8.00	8.14	8.15
600004	白云机场	-1.25	14.21	124209	7↑	14.39	14.45	14.61	14.10	14.20	14.21
600005	武钢股份	+0.78	11.56	652491	124↑	11.47	11.50	11.89	11.47	11.55	11.56
600006	东风汽车	+0.48	8.38	295436	83↑	8.34	8.33	8.46	8.25	8.38	8.39
600007	中国国贸	+3.26	16.48	94310	51↓	15.96	15.97	16.88	15.97	16.48	16.49

图 2-11 沪深证券交易所行情报表主页面

总手：从开盘到最近一次成交为止累计的总成交量，一手为 100 股。

现手：现手与现价相对应，是指最近一次成交时的成交量。

昨收：前一交易日的收盘价。收盘价通常指某种证券在证券交易所一个交易日内最后一笔买卖成交价格，根据我国沪、深证券交易所交易规则规定，每个交易日闭市前，每只证券当日有成交的最后一分钟内所有成交价格以成交量加权的平均价为该证券的收盘价。当日无成交的，以前一交易日收盘价为该交易日的收盘价。

开盘：证券在当前交易日的第一笔成交价。

最高：从当前交易日开盘到最近一次成交为止，证券所达到的最高成交价格。

最低：从当前交易日开盘到最近一次成交为止，证券所达到的最低成交价格。

叫买：目前申报买入证券（尚未成交）的最高委托价格。

叫卖：目前申报卖出证券（尚未成交）的最低委托价格。

2. 个股行情解读

运行证券交易软件，在其主界面状态下，输入股票代码或股票简称拼音的第一个字母，即可查看到相应的个股行情。如输入 601988 或 ZGYH，即可进入中国银行分时走势图（见图 2-12），在这个界面下，输入 05 ＋回车键，即可进入中国银行日 K 线走势图（见图 2-13）。下面简单介绍有关指标的内涵及其研判要点。

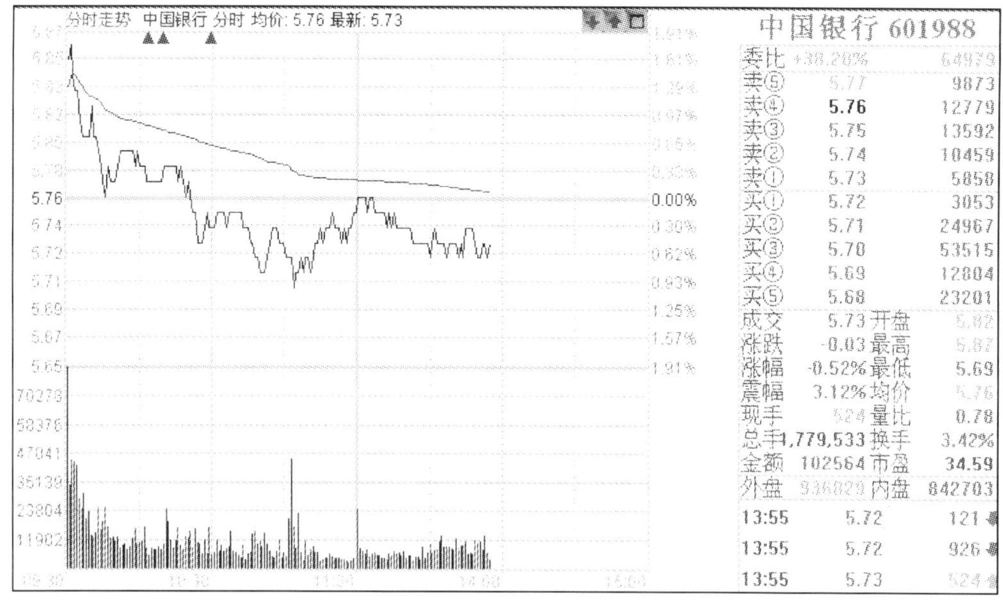

图 2-12 中国银行分时走势图

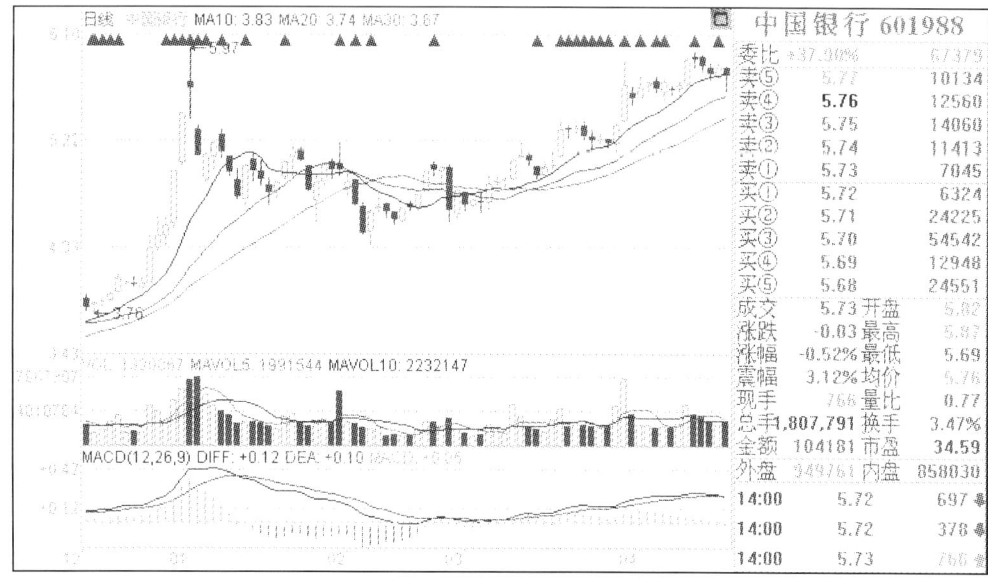

图 2-13 中国银行日 K 线走势图

成交：当前最近一次成交时的成交价。此处的“成交”即是“现价”。

涨跌：当前价格（成交）与昨天收盘价相比上涨或下跌的百分比。

振幅：当前最大涨幅与最大跌幅之间的差距。

现手：当前最近一次成交时的成交量。

总手：自开盘开始到最近一次成交为止累计成交的股数。1 手 = 100 股。

金额：自开盘开始到最近一次成交为止累计成交的金额。

开盘：当天的第一笔成交价。

最高：自开盘开始到最近一次成交为止，期间达到的最高成交价。

最低：自开盘开始到最近一次成交为止，期间达到的最低成交价。

均价：自开盘开始到最近一次成交为止，平均的成交价格。

量比：它是开市后每分钟的平均成交量与过去 5 个交易日每分钟平均成交量之比。其公式为：

量比 = 现成交总手 ÷（过去 5 日平均每分钟成交量 × 当日累计开市分钟数）

【分析要点】如量比值大于 1，表示这个时刻的成交量较近 5 天的平均成交量有所放大，说明该股成交变得活跃；如量比值小于 1，表示这个时刻的成交量较近 5 天的平均成交量有所萎缩，说明该股成交变得清淡。

市盈：即市盈率，又叫本益比，其计算公式为：公司股票最新市价 / 公司最新年度每股盈利。

【分析要点】市盈率是分析股票市价高与低的重要指标，是衡量股票投资价值的一种方法。设某股票的市价为 10 元，其每股盈利为 0.5 元，则其市盈率为 20 倍。假设该公司未来的股价和盈利均保持不变，且该公司每年均将所有盈利分配给股东，在不考虑货币时间价值的前提下，股东需要 20 年时间收回成本。可见，市盈率是衡量股票投资价值高低的重要指标。当然，市盈率只是衡量股票投资价值的重要指标，而非唯一指标，且股票的市盈率水平还与上市公司的行业背景、证券市场总体走势等诸多因素密切相关，上面的例子只是用静态的眼光去看市盈率，读者切不可照搬照套。

外盘：指股票在卖出价成交的累计手数。

内盘：指股票在买入价成交的累计手数。

【分析要点】外盘形象地说明了投资者按卖出者的要求（卖出委托价格）买入股票，从非该公司股东的行列进入该公司股东的行列，是对该股的主动性买盘，外盘数量越多，反映了看好该股票的投资者越多。内盘则说明了投资者按买入者的要求（买入委托价格）卖出股票，从该公司股东的行列出来，变成非该公司股东投资者，是对该股的主动性抛盘，内盘的数量越多，反映了看空该股票的投资者越多。一般来说，如果某股票的外盘大于内盘，其价格上涨的可能较大；反之，如果某股票的内盘大于外盘，则其价格下跌的可能性较大。

某股票的行情报价如表 2-6 所示。

表 2-6

委买价 / 元	委买数量 / 手	委卖价 / 元	委卖数量 / 手
25.20	350	25.21	420

由上可见，买卖双方的报价有一定差距，无法成交，此时该股票的交易处于暂时僵持状态。这时，如果有投资者非常迫切想买进该股，报出一笔委托价为 25.21 元的委托单，则其在这一价格会立即成交，这笔成交即被划入外盘。

委比：委比 =（A−B）÷（A+B）×100%，其中，A= 买 ① 量 + 买 ② 量 + 买 ③ 量 + 买 ④ 量 + 买 ⑤ 量；B= 卖 ① 量 + 卖 ② 量 + 卖 ③ 量 + 卖 ④ 量 + 卖 ⑤ 量。如买 ① 量是指所有委托价格为 12.36 元的委托买入手数的总和。

【分析要点】委比是用来衡量（较短）一段时间内买卖盘力量对比的指标，A 代表了推动该股价格上升的动力，B 代表了推动该股价格下跌的动力，其取值范围在 +100 ～ −100 之间。如果委比大于零，表示在较短的一段时间内买盘的力量强于卖盘，股价上涨的可能性较大；反之，如果委比小于零，表示在较短的一段时间内卖盘的力量强于买盘，股价下跌的可能性较大。

第二节 外汇交易实验模拟软件介绍

一、用户登录和用户信息录入

（一）登录

打开 IE 浏览器，输入虚拟交易所参赛用户端访问地址，即可打开登录界面，如图 2-14 所示。

在用户登录区域填入账号、密码和验证码，点击“登录”即登入系统，如图 2-15 所示。

（二）密码管理

记住密码：用户登录区域的“记住密码”，可帮助系统用户自动记录账号登录信息，简化登录过程。

忘记密码：用户登录区域的“忘记密码”，可帮助系统用户找回账号密码，输入账号后，点击“忘记密码”，系统会将用户密码发送到系统用户的注册邮箱内，如图 2-16 所示。

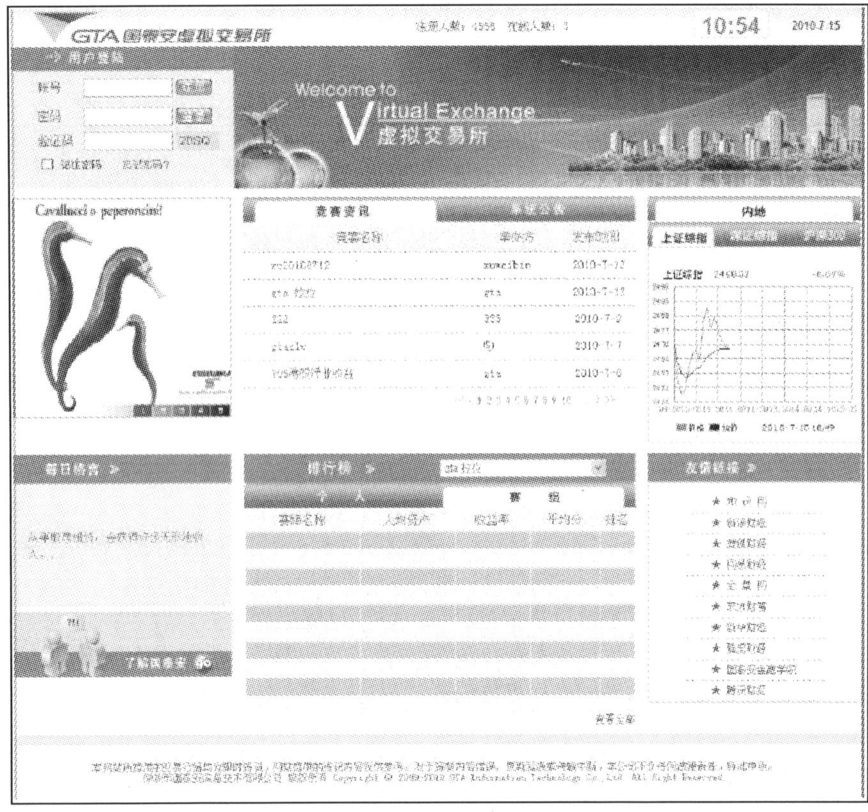

图 2-14 虚拟交易所登录界面

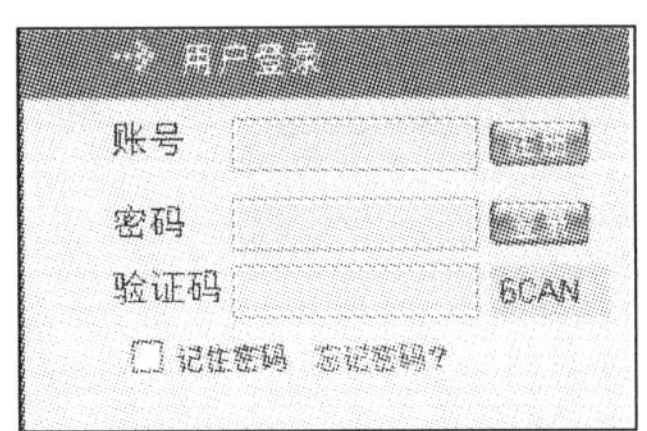

图 2-15 用户登录

图 2-16 忘记密码

（三）用户注册

用户登录区域的“注册”按钮，支持非系统用户进行注册申请，以获取有效的系统用户身份，登录系统参加竞赛。

1. 注册须知

阅读注册须知，点击“接受”则递进到下一步，点击“取消”则返回到登录界面，如图 2-17 所示。

2. 资料填写

用户注册信息填写界面，如图 2-18 所示。

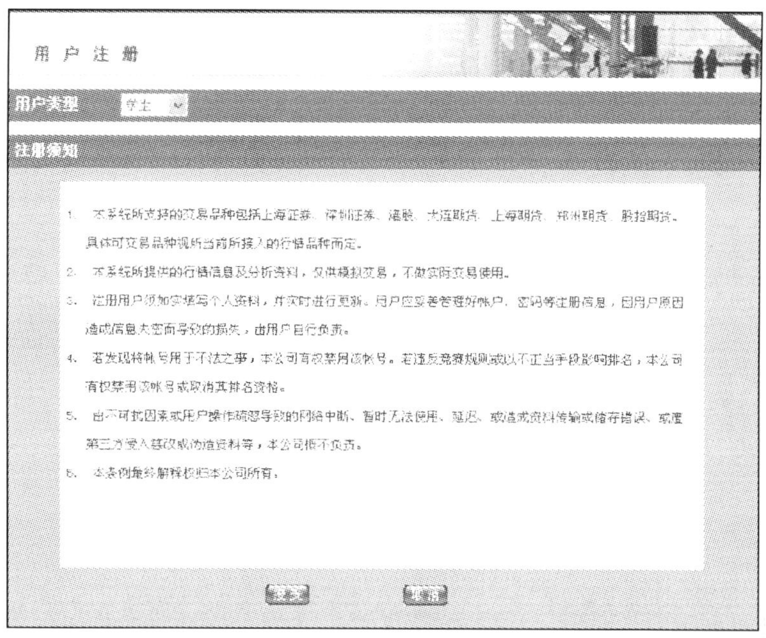

图 2-17 用户注册须知

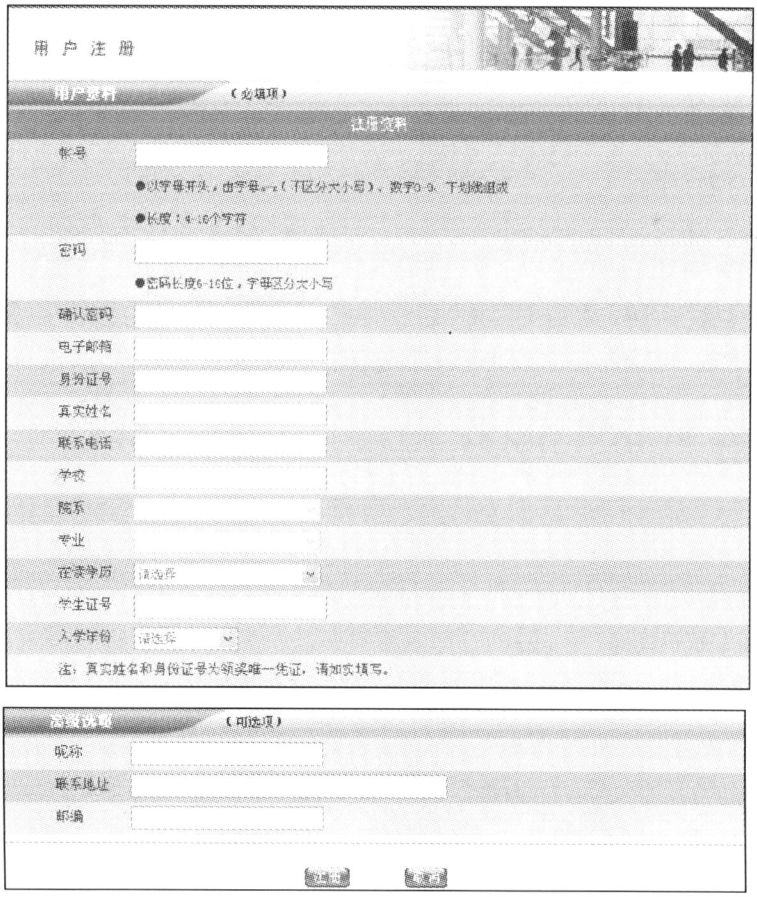

用 户 注 册

用户资料 （必填项）

注册资料

帐号

●以字母开头，由字母a-z（不区分大小写）、数字0-9、下划线组成

●长度：4-16个字符

密码

●密码长度6-16位，字母区分大小写

确认密码

电子邮箱

身份证号

真实姓名

联系电话

学校

院系

专业

在读学历 请选择

学生证号

入学年份 请选择

注：真实姓名和身份证号为领奖唯一凭证，请如实填写。

高级选项 （可选项）

昵称

联系地址

邮编

注册 取消

图 2-18 用户注册信息填写

注册用户对必填项和可选项填写完成后，点击“注册”则提交注册申请，系统会提示“注册成功”，如图 2-19 所示。注册完成后，即可用该注册账号登录系统。

图 2-19 注册成功

（四）基本界面

登录成功后进入外汇交易模拟竞赛管理界面，包括竞赛主页、行情交易、查询、排行榜、资讯中心、返回六个栏目，以及快速通道，如图 2-20 所示。

图 2-20 外汇交易系统客户端主界面

二、查看外汇行情

1. 进入交易页面

在竞赛主页可点击外汇行情报价窗，查看当前外汇交易行情，如图 2-21 所示。

报价窗 行情自选 行情预警 保证金预警

代码	名称	买入价	卖出价	点差	点值	保证金	最高价 最低价	买入利息	卖出利息
AUDCAD	澳元兑加元	1.0229	1.022	9	10.51	1074.9	1.0255 1.02042	3.28	-3.58
AUDCHF	澳元兑瑞郎	0.9504	0.9495	9	11.31	1074.9	0.95204 0.9487	3.28	-3.58
AUDJPY	澳元兑日元	88.18	88.12	6	12.19	1074.9	88.519 87.085	-3.28	0
AUDNZD	澳元兑纽元	1.3415	1.3404	11	8.01	1074.9	1.342 1.3385	3.28	-3.58
AUDUSD	澳元兑美元	1.0749	1.0745	4	10	1074.9	1.0775 1.0711	-0.3	-0.3
CADCHF	加元兑瑞郎	0.9296	0.9288	8	11.31	1051.52	0.9315 0.927	0	0
CADJPY	加元兑日元	86.27	86.21	6	12.19	1051.52	86.457 86.09	-6.43	3.51
CHFJPY	瑞郎兑日元	92.81	92.789	2.1	12.19	1131.61	93.012 92.602	-6.92	3.77
EURAUD	欧元兑澳元	1.3574	1.3568	6	10.74	1458.6	1.3605 1.3535	-4.86	4.46

图 2-21 外汇行情报价窗

点击☆，将货币对添加入自选组。如图 2-22 所示。

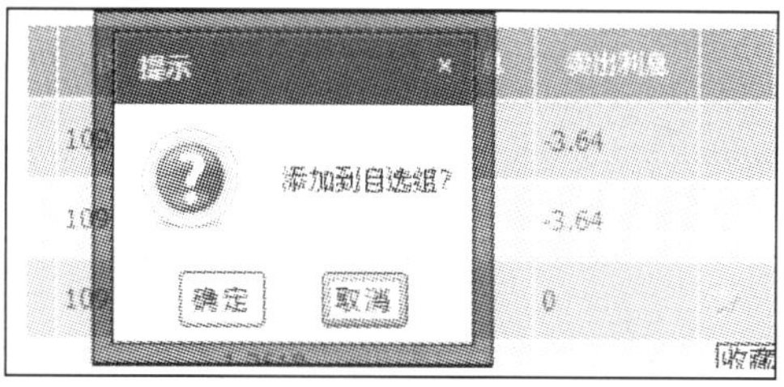

图 2-22 添加到自选组

2. 汇率的解读说明

（1）交易币种的规定。目前银行提供的交易货币有：美元 USD、港币 HKD、欧元 EUR、日元 JPY、英镑 GBP、瑞士法郎 CHF、加拿大元 CAD、新加坡元 SGD、澳大利亚元 AUD。

美元、欧元、日元、英镑、港币等外汇品种都是目前外汇市场上交易频繁、交易量较大的外汇；同时，它们也可看成是外汇市场上的晴雨表，它们的剧烈、频繁变动往往会导致整个外汇市场上的剧烈变动。

（2）交易汇率的规定。交易汇率可以分为基准汇率和交叉汇率，其区分主要看汇率中是否包括美元。

基准汇率主要有：

美元 / 港币 USD/HKD　　美元 / 日元 USD/JPY
欧元 / 美元 EUR/USD　　英镑 / 美元 GBP/USD
澳元 / 美元 AUD/USD　　美元 / 瑞郎 USD/CHF
美元 / 新元 USD/SGD　　美元 / 加元 USD/CAD

交叉汇率主要有：

日元 / 港币 JPY/HKD　　欧元 / 港币 EUR/HKD
英镑 / 港币 GBP/HKD　　澳元 / 港币 AUD/HKD
加元 / 港币 CAD/HKD　　瑞郎 / 港币 CHF/HKD
欧元 / 日元 EUR/JPY　　英镑 / 日元 GBP/JPY
澳元 / 日元 AUD/JPY　　加元 / 日元 CAD/JPY
瑞郎 / 日元 CHF/JPY

有关汇市报价。外汇报价其实是两种货币的汇率，或者说是两种货币的比率。

由于银行的报价是参照国际金融市场的即时汇率加上一定幅度的买卖点差报的，所以汇率变化是随着国际市场的变化而变化的。

外汇汇率有两种标价方式：直接标价法（见图 2-23）和间接标价法（见图 2-24）。

06/23/2006 02:24 GMT				
	Bid	Ask	Change	%
EUR USD	1.256 5	1.256 7	−0.001 3	−0.103 4
USD JPY	116.15	116.19	0.14	0.120 7
GBP USD	1.827 9	1.828 4	0	0
USD CAD	1.119 5	1.120 1	0.000 8	0.071 5
AUD USD	0.733 5	0.733 8	0.001	0.136 5
USD CHF	1.243 9	1.244 4	0.001 3	0.104 6
USD DKK	5.931 8	5.934 6	0.006 5	0.109 7
USD SEK	7.344 1	7.349 1	0.007 5	0.102 2
USD MXN	11.442 5	11.460 5	−0.003 7	−0.032 3
USD BRL	2.223	2.228	0.148	7.132 5
USD NZD	1.636 2	1.637 2	−0.003	−0.183
USD KRW	959.20	959.90	4.5	0.471 4
USD SGD	1.595 4	1.596 1	−0.001 8	−0.112 7
USD HKD	7.766 9	7.767 9	0.000 7	0.009

图 2-23 直接标价法

06/23/2006 02:24 GMT				
	Bid	Ask	Change	%
EUR USD	1.2565	1.2567	−0.0013	−0.1034
EUR JPY	145.95	146.00	0	0
EUR GBP	0.6871	0.6877	−0.0007	−0.1018
EUR CAD	1.4066	1.4076	−0.0007	−0.0497
EUR AUD	1.7122	1.7134	−0.0039	−0.2273
EUR CHF	1.5631	1.5638	0.0001	0.0064
EUR DKK	7.4564	7.4574	0.002	0.0268
EUR SEK	9.23	9.235	0.0004	0.0043
EUR MXN	12.876	12.886	−0.008	−0.0621
EUR BRL	2.755	2.759	0.001	0.0363
EUR NZD	2.056	2.0575	−0.0056	−0.2716
EUR KRW	1239.80	1241.30	−10.5	−0.8398
EUR SGD	2.0045	2.0062	−0.0049	−0.2439
EUR HKD	9.7593	9.7623	−0.0092	−0.0942

图 2-24 间接标价法

Base Currency 基础货币，外汇市场所有的交易都是相对基础货币进行的，在货币交易中，如果第一个货币（基础货币）是 USD，则为直接标价法。美元通常被认为是用作报价的“基础”通货，在国际金融市场上，直接报价法占多数。如果 USD 在第二位，非美元为基础货币，则为间接标价法。比如在 EUR/USD 货币对中，欧元是基础货币。

在交易终端里所有的交易都是相对基础货币进行的，比如点击“ BUY”按钮这意味着你买进基础货币。

外汇汇率又分买入价和卖出价。

“买入”和“卖出”都是站在银行的角度而言的，是针对报价中的前一个币种（基础货币）来说，即分别指银行买入前一个币种的价格和卖出前一个币种的价格（注意：站在客户的角度正好和银行相反）。

例如：BUY USD/JPY 的交易，意思是你买进美元卖出日元，选择银行美元对日元报价中美元的卖价。卖出美元收进日元和在 CHF/USD 中那对货币一样。如果某个人进行 SELL EUR/USD 的交易，意思是他卖出欧元买进美元，选择银行欧元对美元报价中欧元的买价。

三、外汇账户

“外汇账户”区域，列示了参赛用户当前竞赛的外汇资金账户状况，如图 2-25 所示。

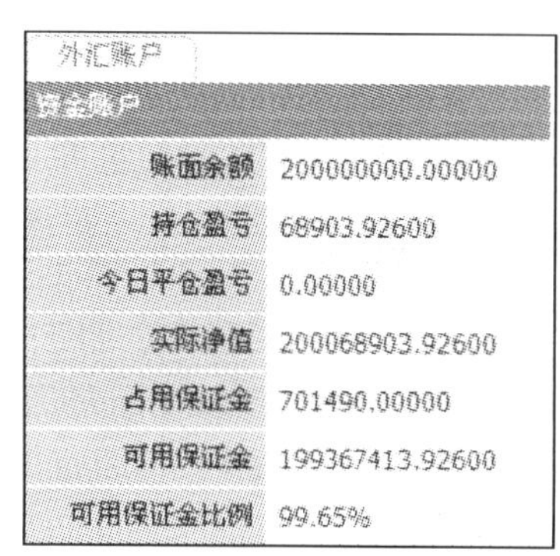

图 2-25　外汇账户

四、外汇交易委托方式

在外汇行情报价窗，点击价格进行市价开仓，如图 2-26 所示。

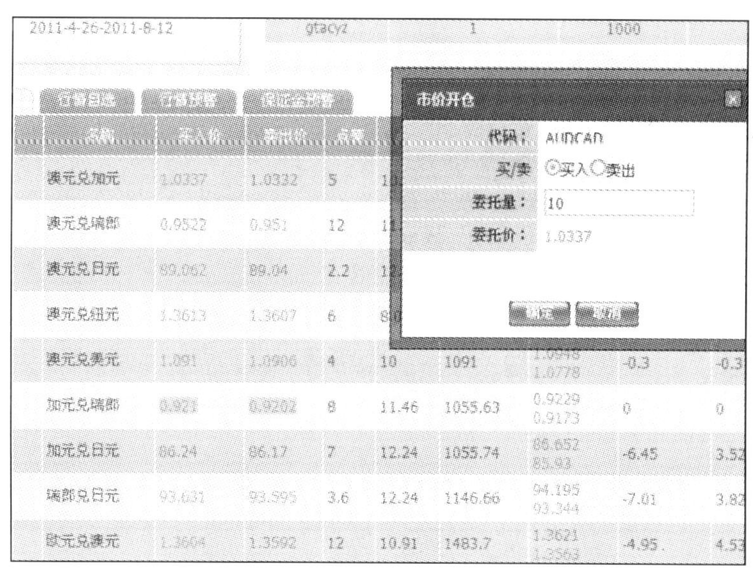

图 2-26　外汇行情报价窗

外汇“行情自选”窗口显示自选货币对报价，也可以点击价格进行市价开仓，如图 2-27 所示。

“行情预警”窗口可以设置行情预警，同时会显示行情预警历史记录。输入货币对代码参考价、上坡价和下坡价，点击保存即可启用行情预警功能，如图 2-28 所示。

报价窗 | 行情自选 | 行情预警 | 保证金预警

代码	名称	买入价	卖出价	点差	点值	保证金	最高价 最低价	买入利息	卖出利息	
AUDUSD	澳元兑美元	1.075	1.0745	5	10	1075	1.0775 1.0711	-0.3	-0.3	×

图 2-27 外汇“行情自选”窗口

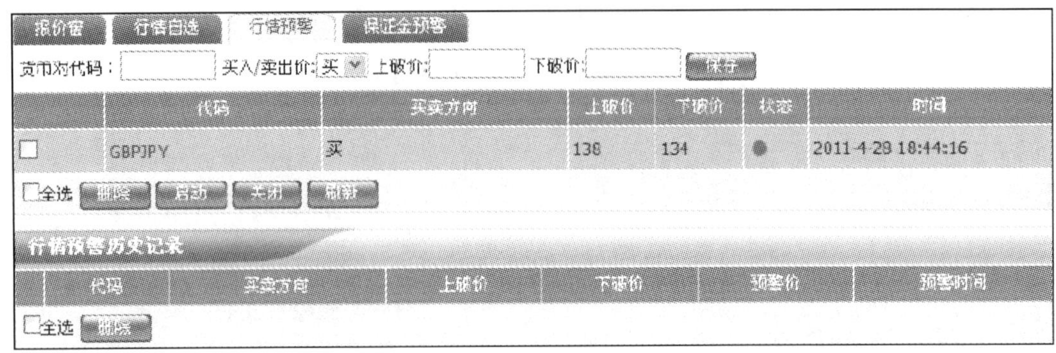

图 2-28 “行情预警”窗口

“保证金预警”窗口可以设置保证金预警水平，同时会列示保证金预警历史记录。输入保证金预警水平，点击保存，即可启用保证金预警功能，如图 2-29 所示。

报价窗 | 行情自选 | 行情预警 | 保证金预警

保证金报警水平：45 % 保存

	帐号	可用保证金比例	状态	设置时间
□	gtacyz	40.00%	●	2011-4-27 10:44:40

全选 删除 启动 关闭 刷新

保证金预警历史记录

	帐号	可用保证金比例	预警比例	预警时间

全选 删除

图 2-29 “保证金预警”窗口

“持仓明细”窗口列示当前持仓货币对，可以点击平仓价进行平仓，也可对该货币对进行止盈止损委托设置，如图 2-30 所示。

持仓明细 | 当日平仓 | 持仓汇总 | 现有挂单 | 今日委托 | 今日成交

主单号	代码	持仓量	买/卖	开仓价	平仓	止损	止盈	占用保证金	盈亏点数	持仓盈亏	过夜利息	开仓时间
110425140854671494	AUDUSD	500	买	1.07300	1.0744	1.04000	1.10000	536500.00	14.0	70000.00	0.00	2011-4-25 14:12:21
110425140533015488	GBPJPY	100	卖	135.56000	135.61	--	--	164990.00	-5.000	-6096.07	0.00	2011-4-25 14:05:33
汇总								701490.00		63903.93	0.00	

图 2-30 持仓明细窗口

第三节　黄金行情分析系统介绍

一、登录系统

宏艺黄金行情分析系统为上海澎博网络数据信息咨询有限公司制定的行情分析系统，双击桌面上的宏艺黄金图标，就会弹出登录界面，如图 2-31 所示。

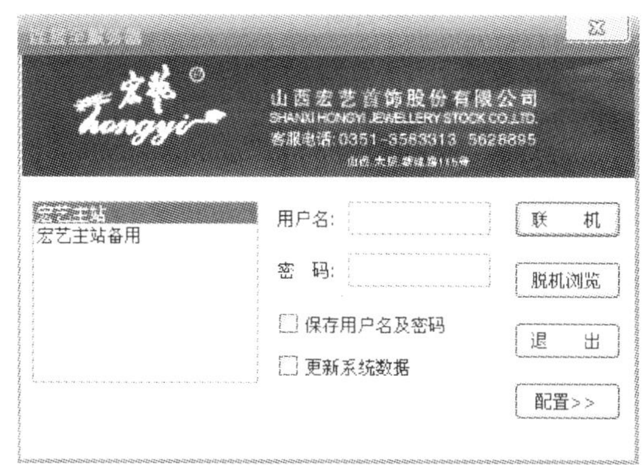

图 2-31　宏艺黄金行情分析系统登录界面

二、界面介绍

软件的“报价画面”如图 2-32 所示。

序	名称	最新	现手	买价	卖价	买量	卖量	成交量	涨跌	开盘	最高	最低	昨收/昨结	幅度%	代码
1	[illegible]	[illegible]	[illegible]	[illegible]	[illegible]	[illegible]	[illegible]	[illegible]	[illegible]	[illegible]	[illegible]	[illegible]	[illegible]	[illegible]	AU
2	现货白银	11.26	0	11.26	11.29	0	0	0	-0.24	11.43	11.45	11.20	11.50	-2.09	AG
3	现货白金	984.50	0	984.50	994.50	0	0	0	23.00	963.50	996.00	958.00	961.50	2.39	AP
4	美原油连	47.95	2	47.93	47.97	1	2	3703	-0.63	48.41	48.93	47.61	48.58	-1.30	CONC
5	美元指数	82.81	0	82.81	—	0	0	0	0.00	82.88	83.25	82.74	82.81	0.00	USD
6	欧元美元	1.3524	0	1.3524	1.3528	0	0	0	-0.0011	1.3520	1.3542	1.3433	1.3535	-0.08	EURUSD
7	英镑美元	1.4912	0	1.4912	1.4915	0	0	0	-0.0003	1.4954	1.4966	1.4862	1.4915	-0.02	GBPUSD
8	美元日元	93.62	0	93.62	93.65	0	0	0	0.00	93.85	94.10	93.20	93.62	0.00	USDJPY
9	人民币	6.8334	0	6.8334	6.8339	0	0	0	0.0024	6.8377	6.8428	6.8277	6.8310	0.04	USDCNY
10	道琼指数	9015.10	800	9015.10	—	0	0	2114100	62.21	8954.57	9088.06	8940.95	8952.89	0.69	INDI
11	标普 500	934.67	0	934.67	—	0	0	21424300	7.22	931.17	943.85	927.28	927.45	0.78	SPCI
12	黄金9999	189.70	4	189.70	189.80	200	280	17916	1.99	186.57	190.45	186.10	187.71	1.06	Au9999
13	黄金9995	189.70	8	189.70	189.79	4	24	4430	1.98	188.60	190.00	188.22	187.72	1.05	Au9995
14	铂金9995	230.50	6	—	—	0	0	290	12.73	225.50	231.00	225.50	217.77	5.85	PT9995
15	黄金 T+5	—	0	—	—	0	0	0	—	—	—	—	—	—	AuT+5
16	黄金100g	189.60	0	189.20	189.80	4	20	40	1.83	187.48	190.50	186.50	187.77	0.97	Au100g
17	金条 50g	—	0	—	—	0	0	0	—	—	—	—	—	—	Au50g
18	黄金 T+D	189.40	2	189.40	189.50	10	1	9052	2.17	186.01	189.80	186.01	187.23	1.16	AuT+D
19	黄金T+N1	190.10	6	—	—	0	0	12	3.10	189.40	190.10	189.40	187.00	1.66	AuT+N1
20	黄金T+N2	188.80	400	—	190.00	0	10	800	1.80	188.80	188.80	188.80	187.00	0.96	AuT+N2
21	白银 999	—	0	—	2425	0	10	0	—	—	—	—	—	—	Ag999
22	白银 T+D	2488	110	2486	2487	17	14	26812	26	2450	2500	2450	2462	1.06	AgT+D

图 2-32　报价画面

软件的“分时走势图”如图 2-33 所示。

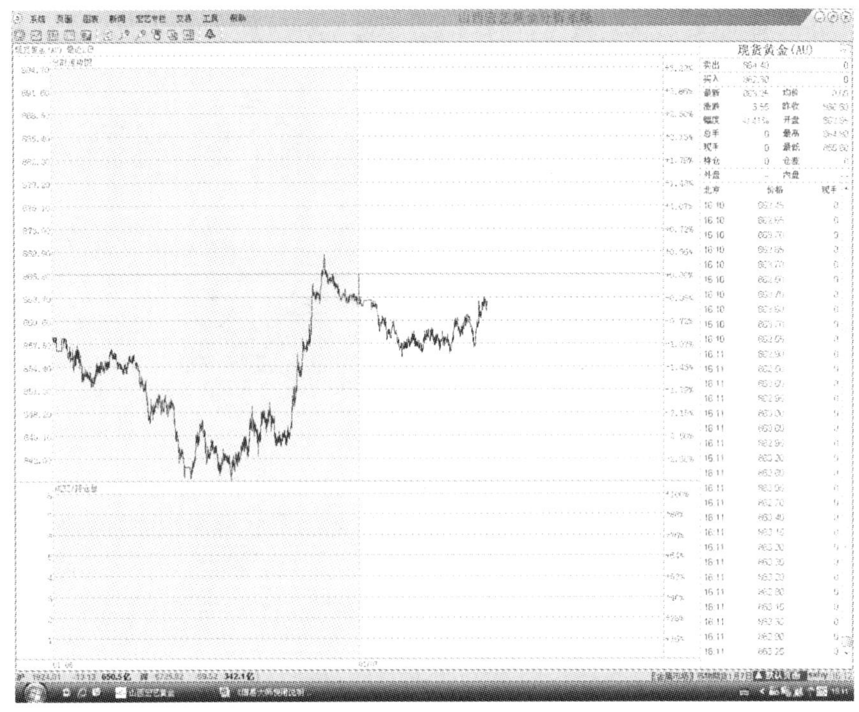

图 2-33 分时走势图

软件的“K 线图”如图 2-34 所示。

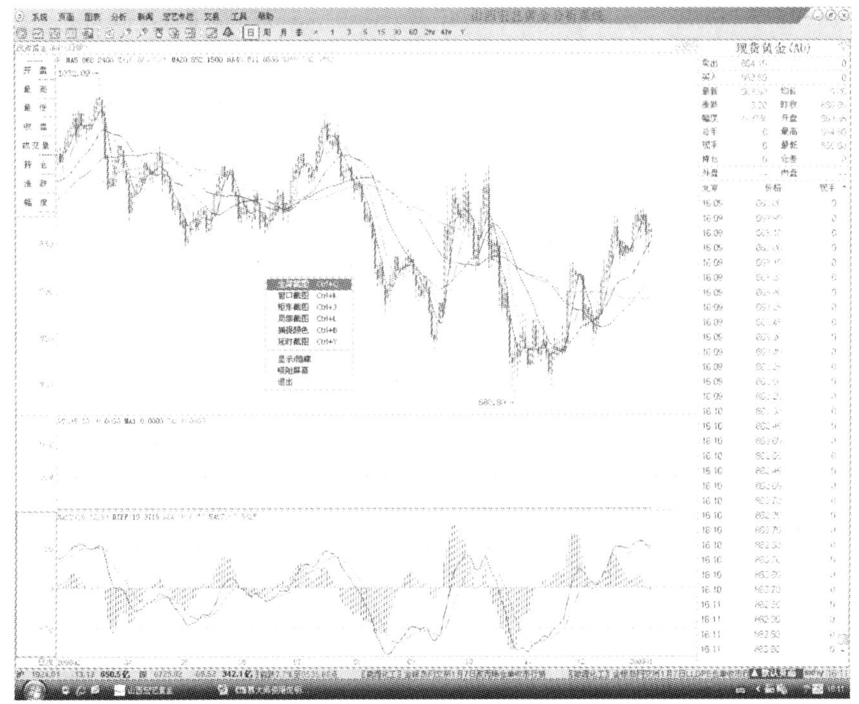

图 2-34 K 线图

软件的“闪电图”如图 2-35 所示。

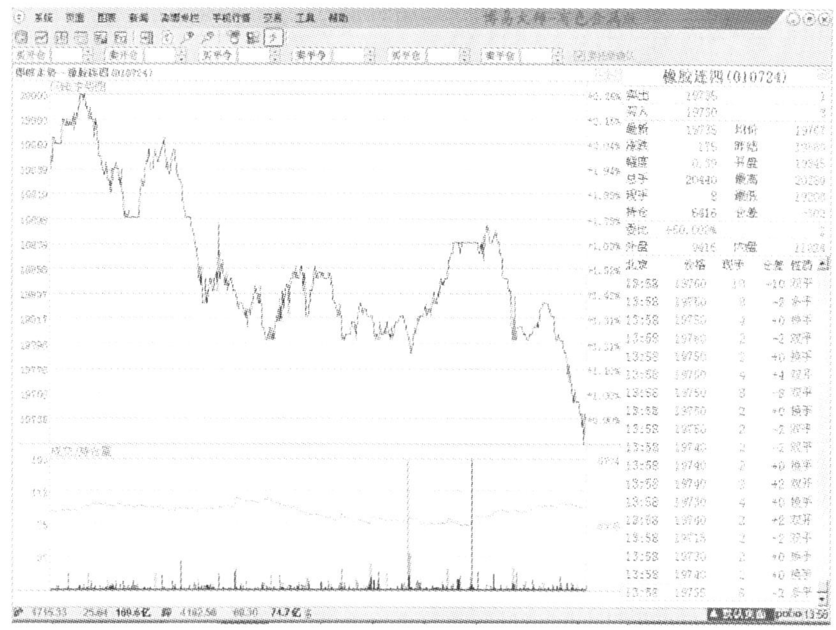

图 2-35 闪电图

软件的“新闻”如图 2-36 所示。

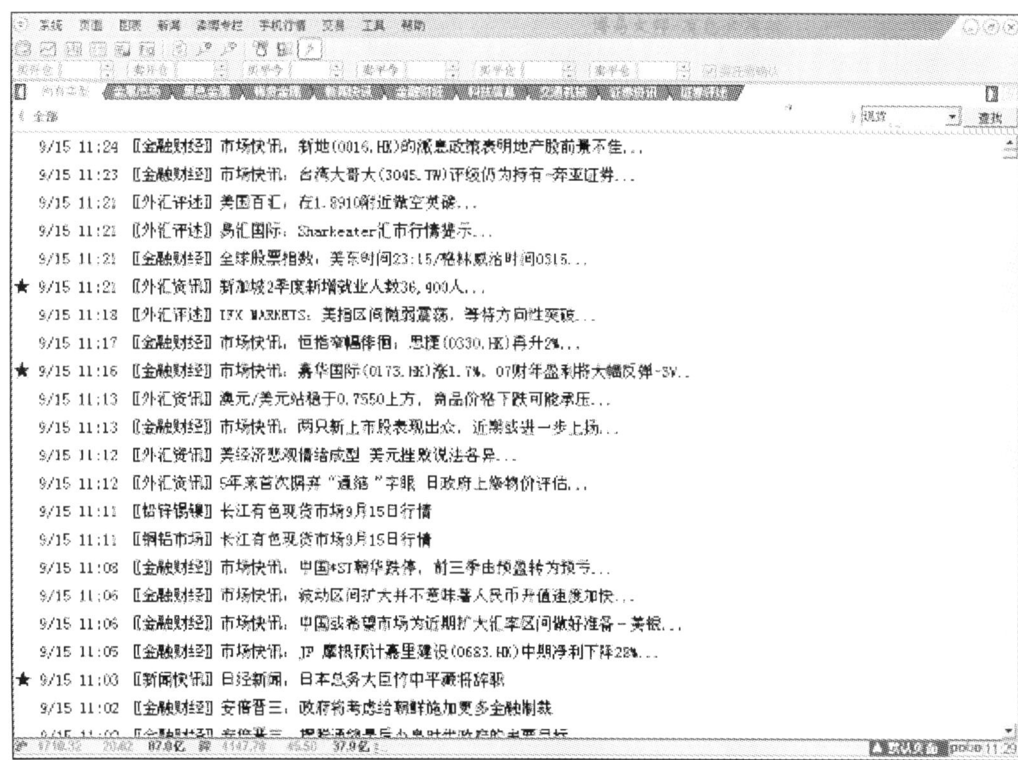

图 2-36 新闻资讯图

三、调入页面

方法一：菜单方式

用鼠标选择以下相应的页面，然后单击鼠标左键即可，如图 2-37 所示。

方法二：快捷方式

通过鼠标直接左键单击界面右下角的“默认页面”，再选择所需要的页面，如图 2-38 所示。

系统 页面 板块 图表 新闻 宏艺专栏 交易 工具 帮助

	名称	最新	现手	买价	卖价	买量
1	现货黄金	861.45	0	862.10	863.70	0
2	现货白银	11.31	0	11.31	11.39	0
3	现货白金	997.00	0	997.00	1002.00	0
4	美原油连	48.22	3	48.22	48.25	1
5	美元指数	82.69	0	82.69	---	0
6	欧元美元	1.3556	0	1.3556	1.3557	0
7	英镑美元	1.4873	0	1.4873	1.4871	0

图 2-37 菜单方式图

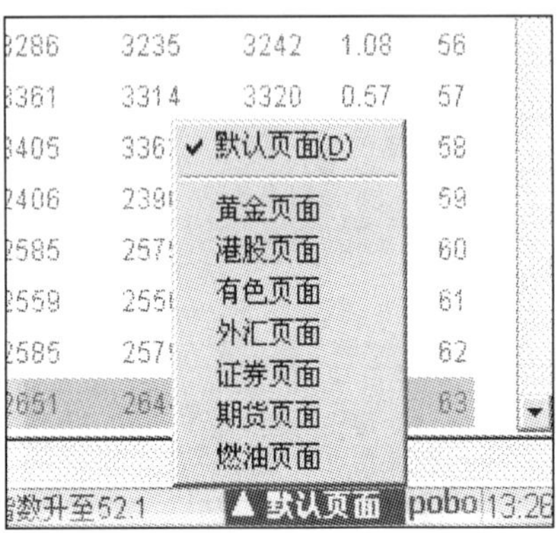

图 2-38 快捷方式图

四、变换画面

在“闪电图”“分时图”“K 线图”和“新闻”窗口之间切换。

方法一：菜单方式

在菜单栏中的“图表”中选择，如图 2-39 所示。

方法二：右键快捷方式

在窗口中单击右键，在快捷菜单中的“变换画面”下进行选择所需窗口，如图 2-40 所示。

图 2-39 菜单方式图

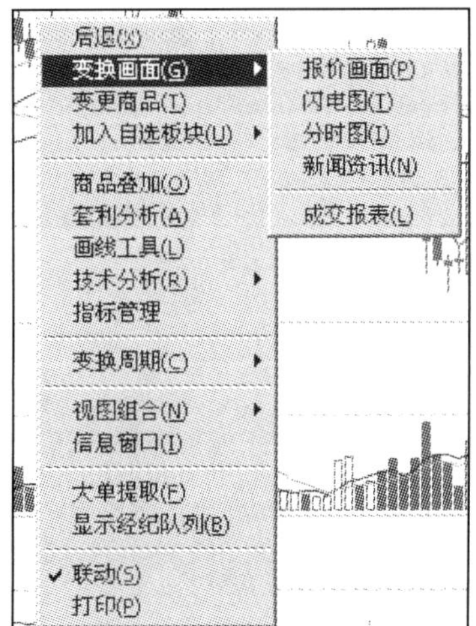

图 2-40 右键快捷方式图

方法三：图标点击方式

单击工具栏上的快捷图标来切换窗口，如图 2-41 所示。

图　标	说　明
	闪电图
	K 线图
	报　价
	新　闻

图 2-41　图标点击方式图

五、选择板块

点击屏幕下方书签样式的板块，或使用鼠标选择以下相应的板块，如图 2-42 所示。

六、选入品种

方法：输入拼音字头

输入品种名字汉语拼音的第一个字母，按“↑”或“↓”键选择，然后按回车键。例：[现货黄金] 输入“au”(见图 2-43)

图 2-42　选择板块图

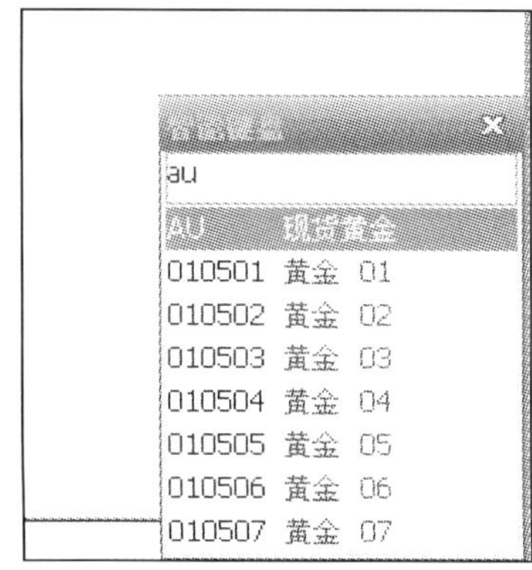

图 2-43　选入品种图

七、调出K线图

方法一：在分时走势图中，按F5或在智能键盘中输入05调出K线图；

方法二：用鼠标左键点击菜单工具栏上▦图标调出K线图；

方法三：在行情报价窗口里选择品种后，单击鼠标右键，在“变换画面”中用鼠标左键单击选择“K线图”，如图2-44所示。

沪铜0703	68100	4	67950	68090	1	1	
沪铜0704						1	
沪铜0705						1	
沪铜0706						1	
沪铜0707						1	
沪铜0708				7980	1	1	
沪铜0609				9980	5	5	36
沪铜0610				9220	1	5	1104
沪铜0611				9000	5	38	1025
沪铜0612				8800	4	6	27
沪铝连续	19840	10	19830	19900	5	5	39
沪铝连三	18910	2	18900	18920	11	5	935
沪铝连四	18740	2	18730	18740	10	14	213

变换画面(P) ▸ 闪电图(T) / 分时图(M) / K线图(K) / 新闻资讯(N)
添加板块 Ctrl+M
关闭板块 Ctrl+C
加入自选板块(U) ▸
加入预警(B)
删除商品(D)
板块设置(O)
编辑栏目(E)
打印(P)...

图 2-44

八、十字光标

作用：在技术分析图中，移动鼠标，既能显示当时日期，也能显示当时的价位，如图2-45所示。

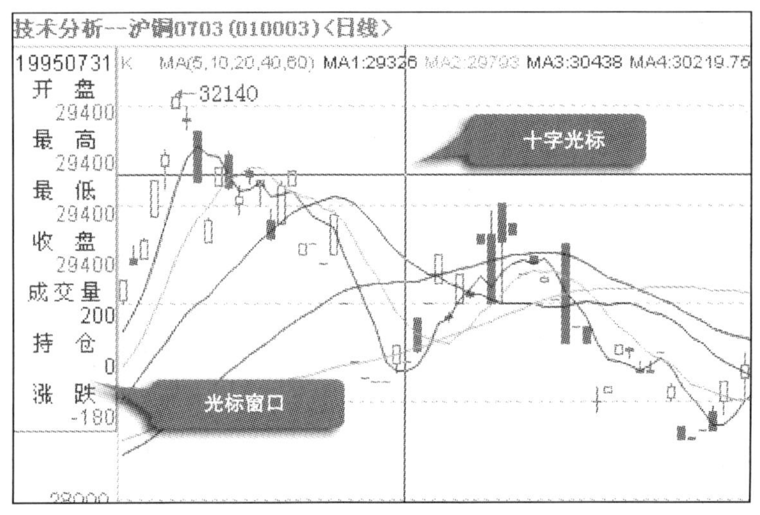

图2-45 十字光标图

方法一：直接在K线图下双击鼠标左键，调出十字光标；再次双击鼠标左键即可关闭十字光标。

方法二：按“←”或“→”也可以直接调出十字光标。

九、图表移动和缩放

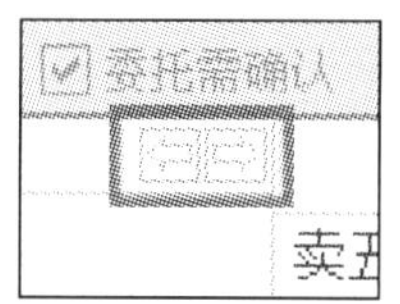

图 2-46　图表移动

方法一：用鼠标控制右上方的按钮来进行图的移动和缩放。

移动：用户点击界面工具栏中 或 图标，就可以对闪电图和K线图进行向前移动或向后移动，如图 2-46 所示。

缩放：在界面的工具栏中点击 或 进行放大和缩小，如图 2-47 所示。

图 2-47　图表缩放

方法二：热键方式的移动和缩放。如图 2-48 所示。

热　键	功　能
Ctrl + ←	向左移动整屏 K 线
Ctrl + →	向右移动整屏 K 线
Shift + ←	向左移动半屏 K 线
Shift + →	向右移动半屏 K 线
↑	放　大
↓	缩　小

图 2-48　热键方式的移动和缩放

小技巧：局部放大。

方法：用鼠标在主图中左键单击拖动到右下方的指定位置。

原图　如图 2-49 所示。

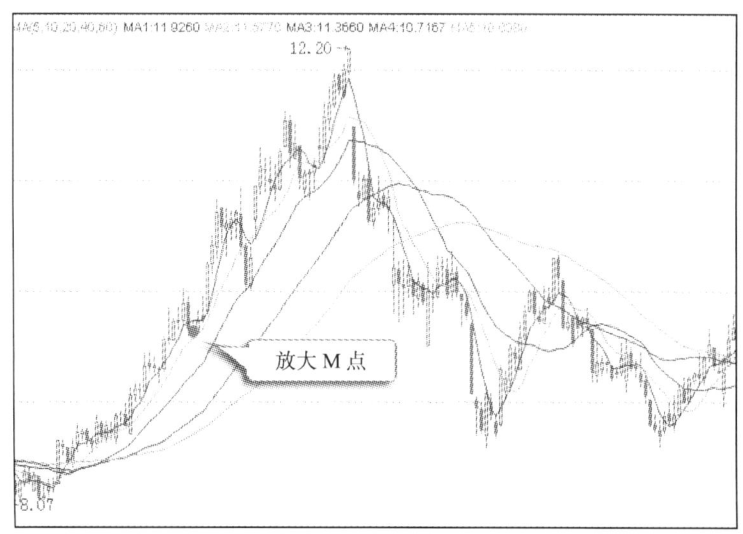

图　2-49

方法图 如图 2-50 所示。

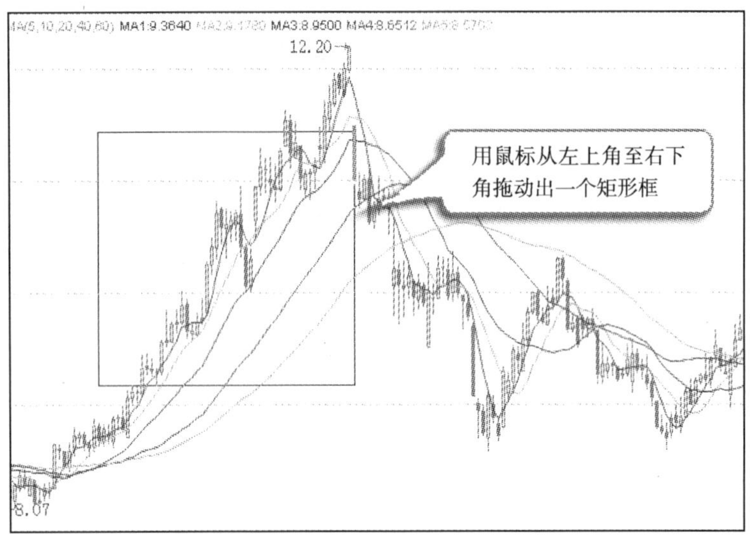

图 2-50

效果图 如图 2-51 所示。

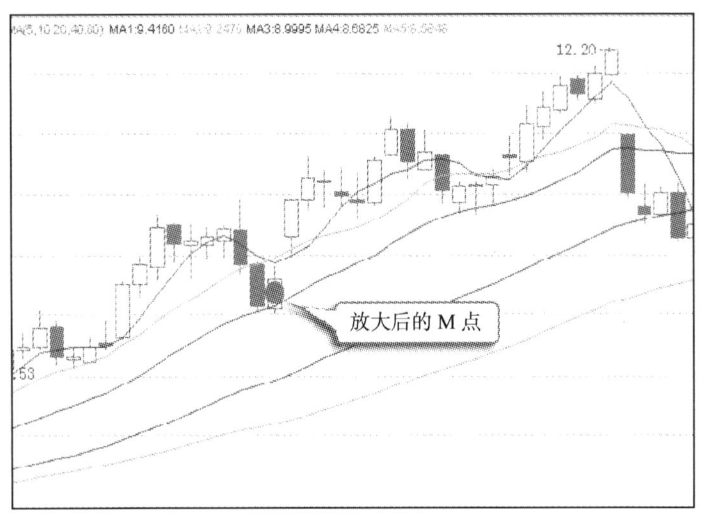

图 2-51

十、信息窗口的调入

功能：信息窗口提供了单一期货的基本信息，包括开盘、收盘、最高、最低、持仓等；同时还提供了最新的即时信息，每分钟的价格、现手、仓差及性质都会实时地显示出来，为用户的买卖操作提供依据。

方法一：图标方式。直接点击界面工具栏上的图标，即可调出信息窗口，如图 2-52 所示。

方法二：快捷菜单方式。在分析图中的空白处单击右键，选择“信息窗口”即可，如图 2-53 所示。

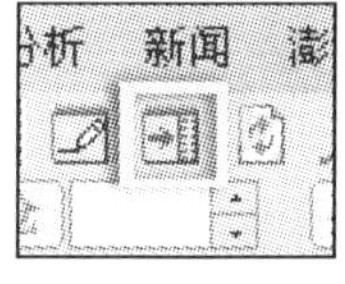

图 2-52

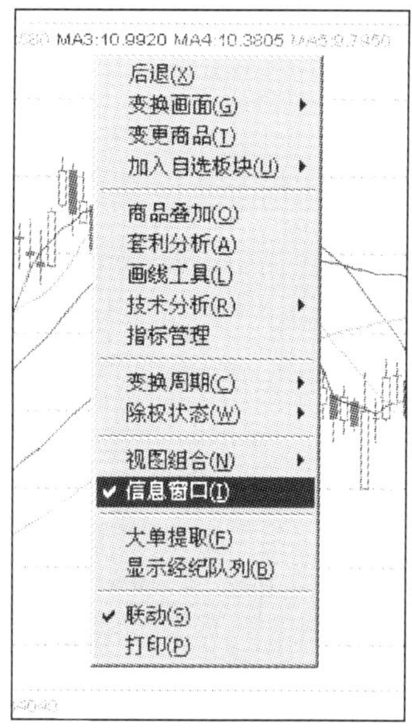

图 2-53

调出信息窗口的效果图，如图 2-54 所示。

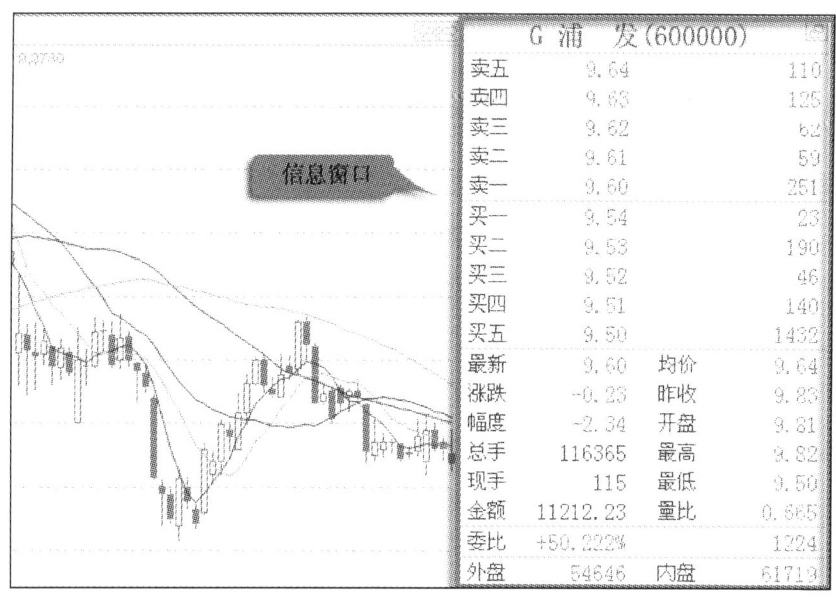

图 2-54

十一、视图组合

方法：在 K 线图中单击右键，选择“视图组合”，如图 2-55 所示。

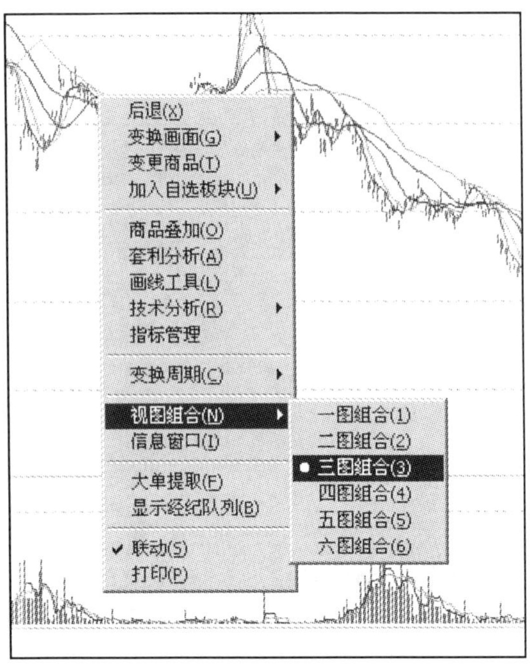

图 2-55

十二、改变分析周期

宏艺行情分析系统提供了“日”、“周”、“月”、“季”、“分钟”等不同分析周期的K线图，而且在每一种分析周期界面的最上方都显示了该品种的名称、代码以及开、高、低、收等情况。改变分析周期的方法如下。

方法一：直接用鼠标在右上方按钮区域里选择，如图 2-56 所示。

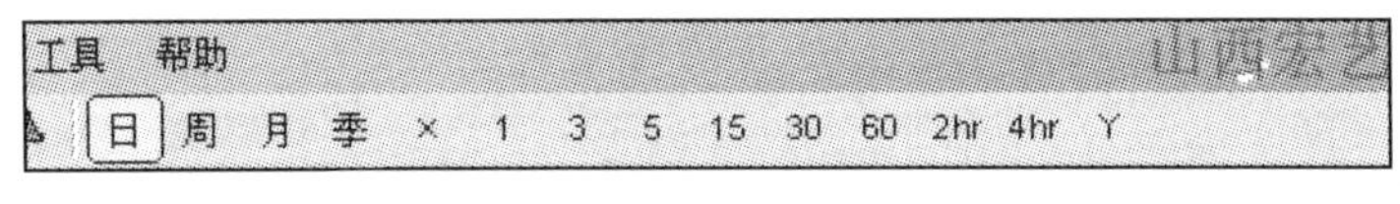

图 2-56

注：X——可以任意天查看主图，Y——可以任意分钟查看主图。

方法二：按 F8 可以选择正向循环周期，按 Ctrl+F8 可以选择反向循环周期。

方法三：选择菜单中“分析”下的变换周期，单击选择所需的周期，如图 2-57 所示。

方法四：在分析图中的空白处单击右键，从快捷菜单中“变换周期”下选择所需的周期，如图 2-58 所示。

十三、选择主图指标

方法一：选择菜单中“分析”下“选择指标”中的“主图指标”，如图 2-59 所示。

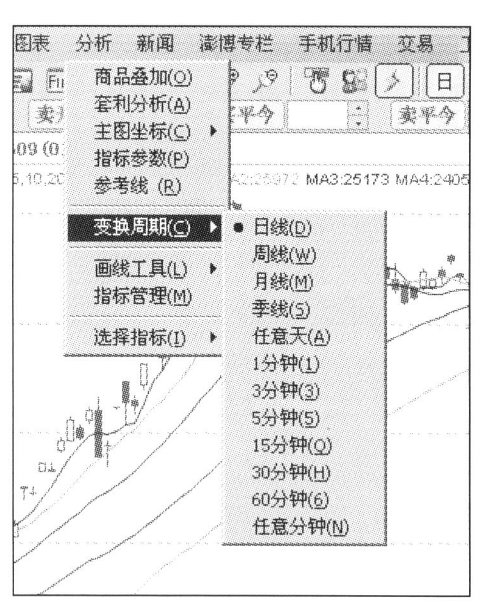

图　2-57

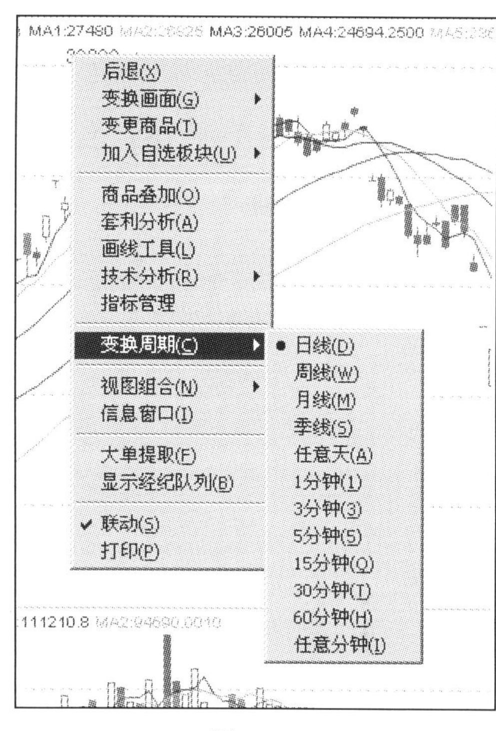

图　2-58

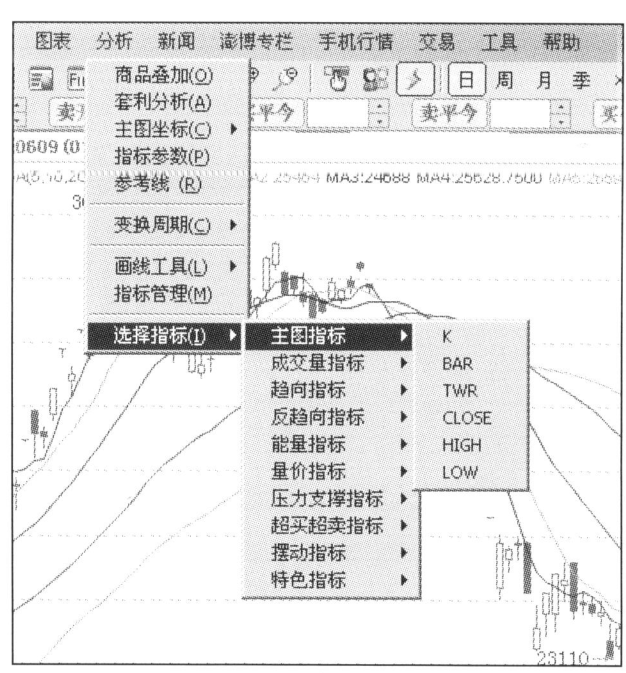

图　2-59

方法二：直接在分析图中单击右键，从快捷菜单中“技术分析”下的主图指标中选择，在单击左键即可调用用户需要的主图指标，如图 2-60 所示。

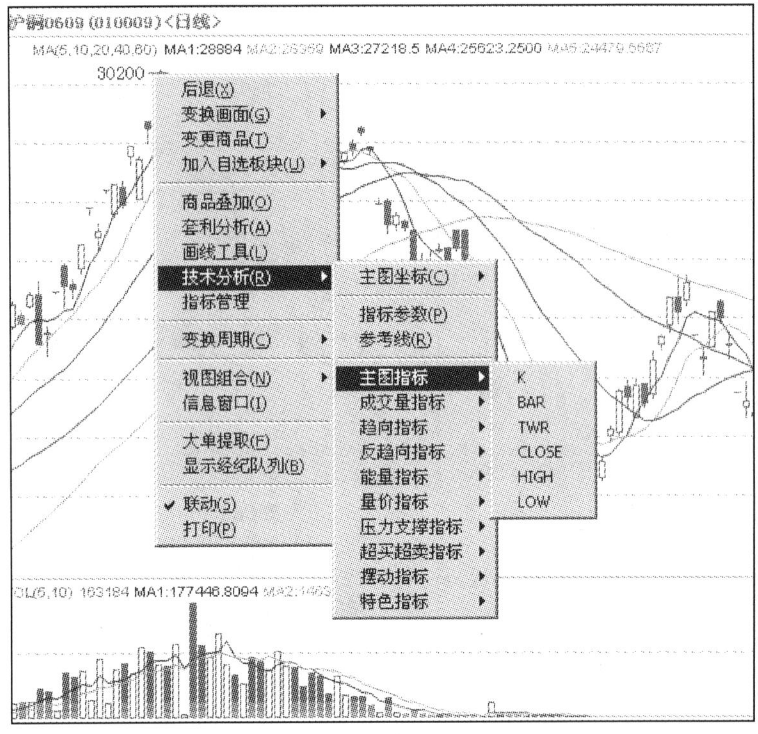

图 2-60

十四、变换分析指标

方法一：菜单方式。用鼠标在界面中进行选择，在菜单“分析”下“选择指标”中进行选择即可，如图 2-61 所示。

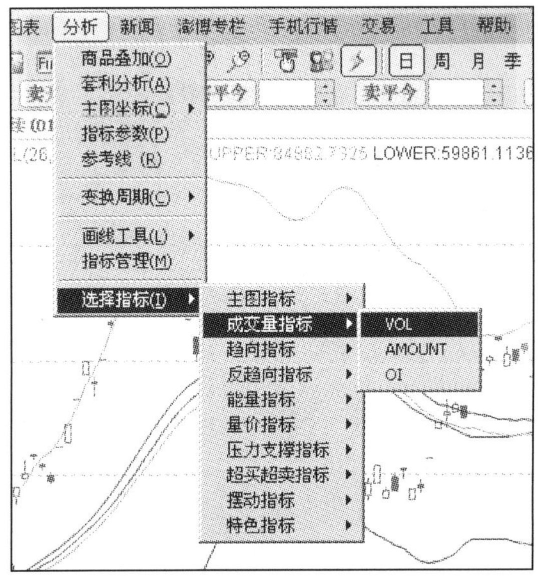

图 2-61

方法二：快捷方式。在分析图的空白处单击右键，在“技术分析”中选择所需的分析指标，如图 2-62 所示。

方法三：智能热键。输入指标的英文名字，然后敲回车键即可显示相应的分析指标。例：指数平滑异同平均线，输入“MACD”，如图 2-63 所示。

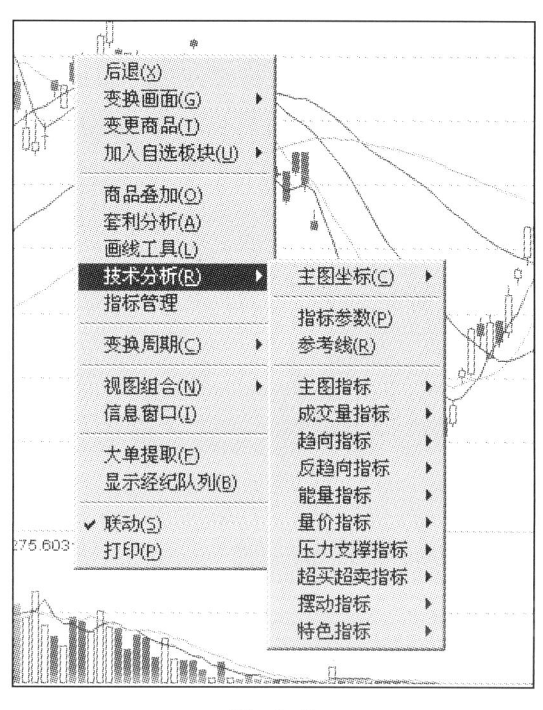

图　2-62

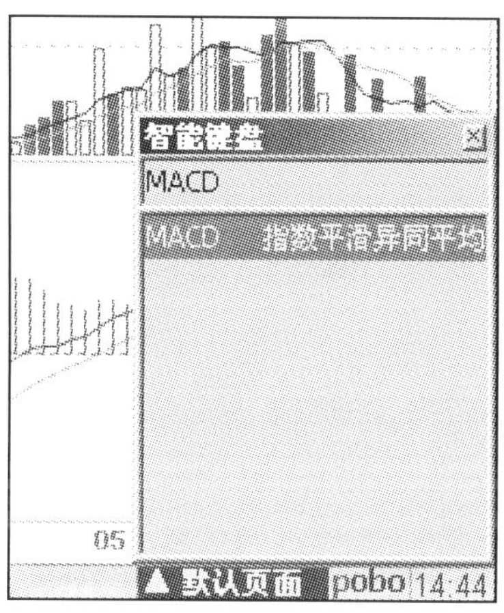

图　2-63

十五、新闻的查看与检索

1. 新闻的查看

方法一：图标方式。直接左键点击工具栏中的 图标调出新闻，如图 2-64 所示。

方法二：菜单方式。点击菜单“新闻”中的“即时新闻”，如图 2-65 所示。

图　2-64

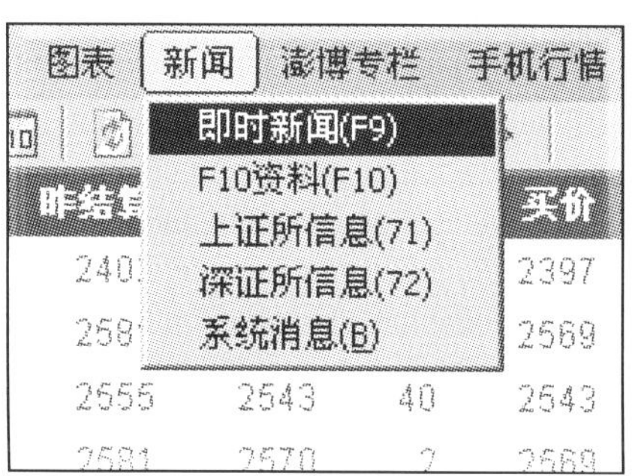

图 2-65

2. 分类新闻检索

宏艺行情分析系统提供“金属市场”、“新闻快讯”、“科技信息”和“金融财经”等分类新闻，只需点击相应新闻的书签快捷方式即可，如图 2-66 所示。

图 2-66

3. 关键字方式的查找

在查找前的空白处进行选择您想了解的相关新闻，也可以直接输入关键字，按 查找 即可。例：查找“现货”的相关新闻，如图 2-67 所示。

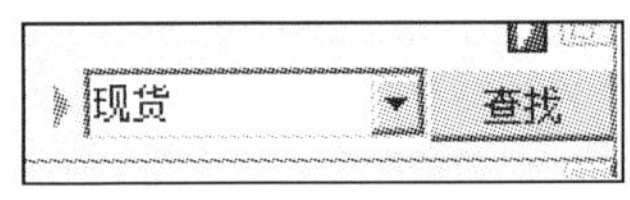

图 2-67

十六、价量仓统计

在分时走势图中，可以直接按 F2 调出价量仓统计界面，如图 2-68 所示。

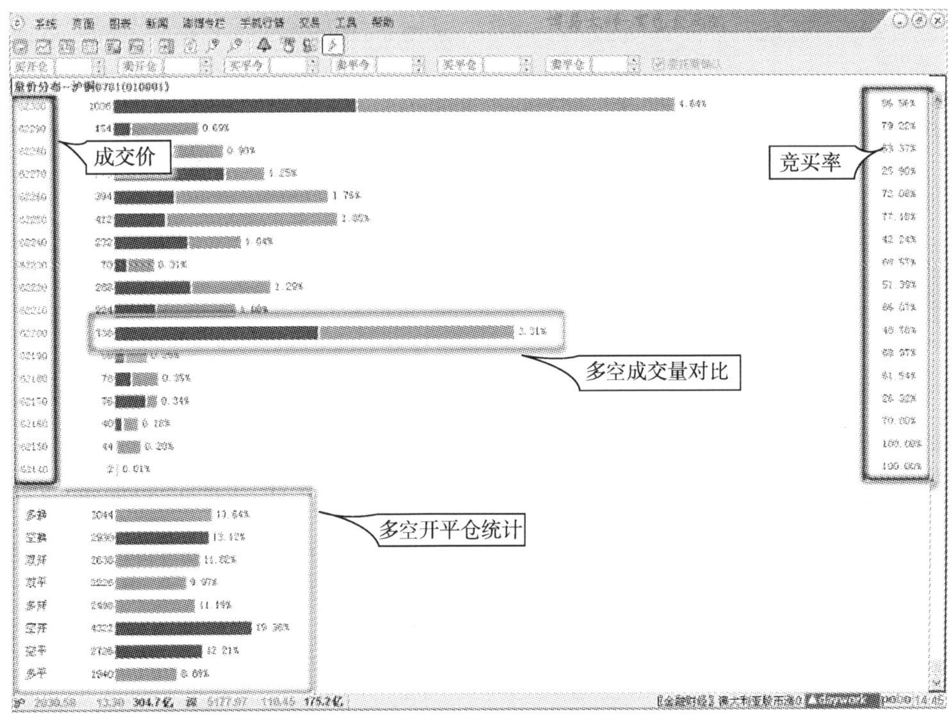

图 2-68

十七、历史回忆

功能：在“分时走势图”中可以查看近十日或某一日的历史回忆，如图 2-69 所示。

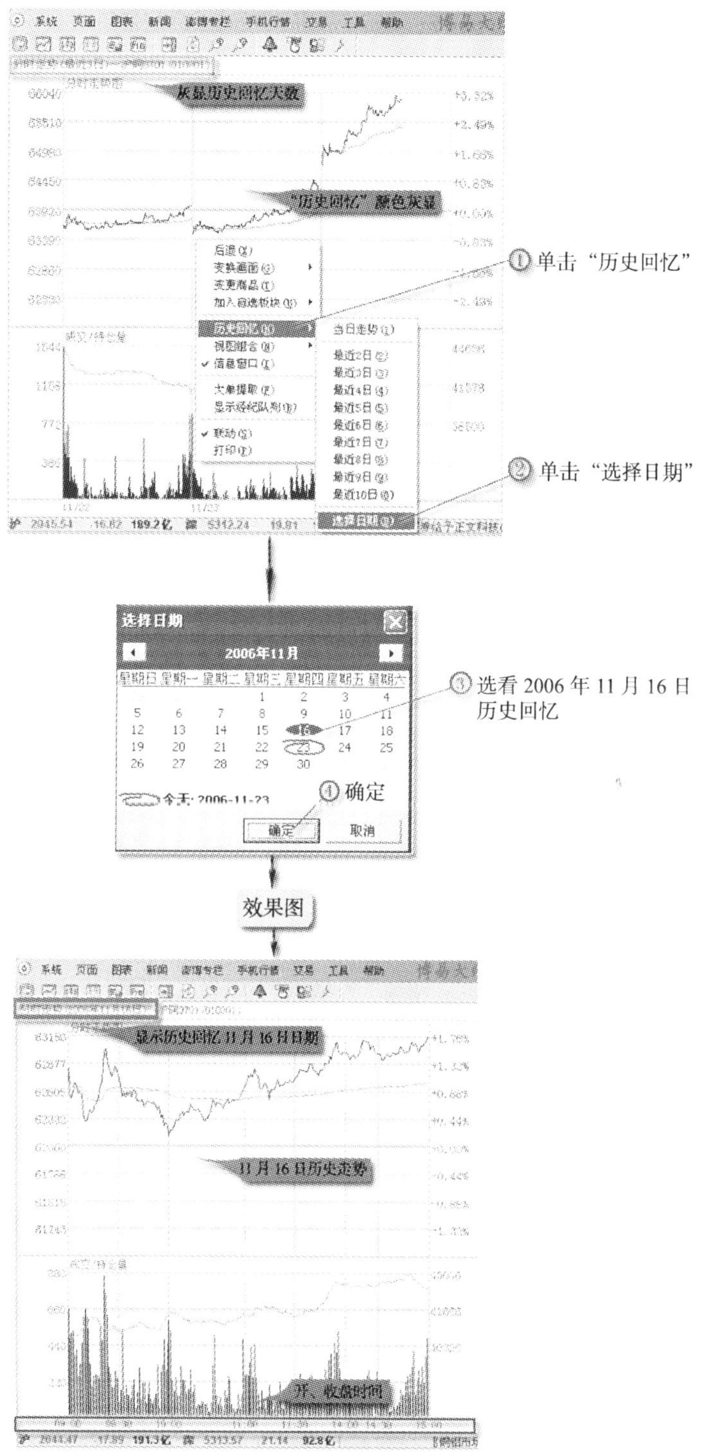

图　2-69

十八、退出系统

方法一：直接点击窗口右上角的⊗图标即可，如图 2-70 所示。

方法二：在菜单条的“系统”中通过“退出系统”来关闭宏艺行情分析系统，如图 2-71 所示。

图 2-70　　图 2-71

第四节　期货模拟交易及行情分析软件介绍

期货模拟交易软件介绍

一、用户登录

打开 IE 浏览器，输入虚拟交易所参赛用户端访问地址，即可打开登录界面，如图 2-72 所示。

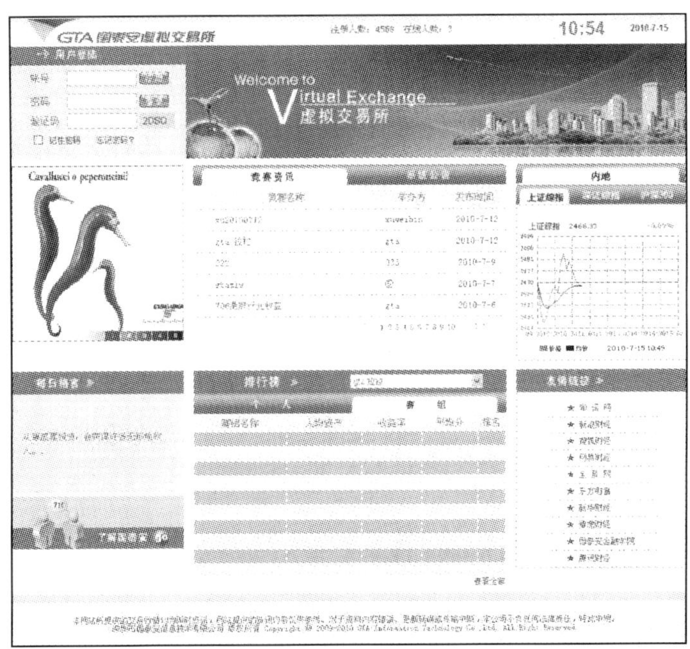

图 2-72　虚拟交易所参赛用户端

在用户登录区域填入账号、密码和验证码，点击“登录”即可登入系统，如图 2-73 所示。账户一般由老师分配，也可自行注册取得。

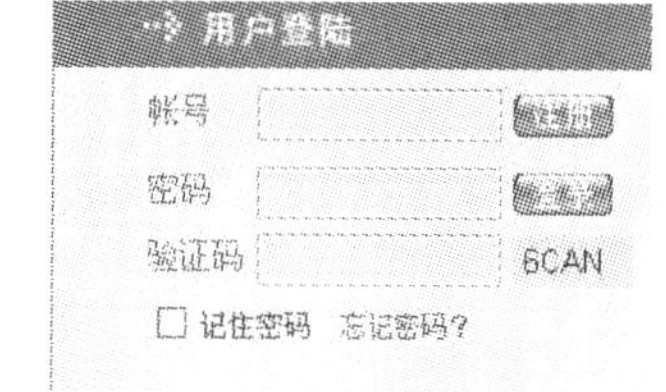

图 2-73

（一）登录

1. 用户注册

用户登录区域的“注册”按钮，支持非系统用户进行注册申请，以获取有效的系统用户身份，登录系统参加竞赛。注册用户对必填项和可选项填写完成后，点击“注册”则提交注册申请，系统会提示“注册成功”。注册完成后，即可用该注册账号登录系统。

2. 登录界面所显示信息

在登录界面同时显示了排行榜、公告、指数行情、每日格言等信息窗口。可以了解系统中已开赛的所有竞赛的个人和赛组的前十名排名情况，竞赛资讯和系统公告情况，上证综指、深证成指、沪深 300 的行情走势图，系统设置的格言内容等。

（二）登入界面

在登录成功后，首次进入登入页，系统会自动弹出导航助手提示窗口，快速引导用户使用报名参赛、进入竞赛等登入页的主要功能，如图 2-74 所示。

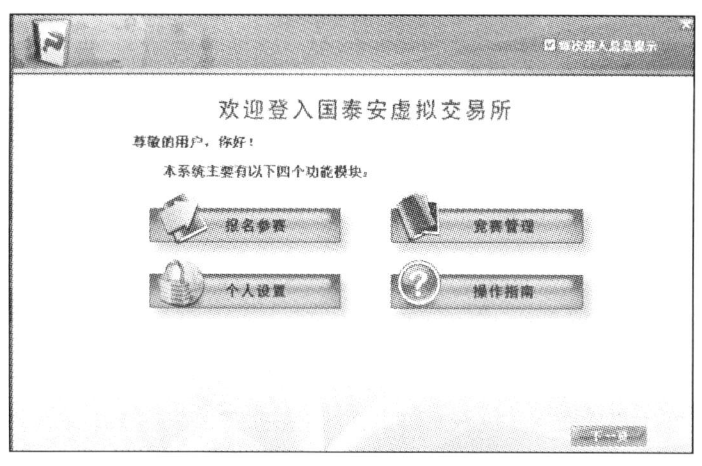

图 2-74

当取消“每次进入总是提示”的勾选，此提示窗口将不再自动跳出，用户可以通过点击导航图标，再次打开导航提示窗口。

1. 竞赛管理

进入普通用户功能界面的“竞赛管理”模块，支持对试玩中的竞赛、已开赛的竞赛、已结束的竞赛进行管理，如图 2-75 所示。

图 2-75 “竞赛管理”模块

2. 个人设置

进入普通用户功能界面的“个人设置”模块，支持对用户账号密码、个人资料信息、信息屏蔽设置进行更新维护。

点击“个人设置”模块内的“修改账号密码”，可进行账号密码重置。

点击“个人设置”模块内的“修改个人资料”，可进行个人资料更新。用户修改个人资料。

点击“个人设置”模块内的“信息屏蔽设置”，可对信息屏蔽范围进行设置。

其中，屏蔽信息内容指所参与竞赛的投组分析部分内容与历史成交委托记录信息。

选择“对所有人可见”，则用户所参加竞赛的参赛者及观摩人均可查看其投组分析部分内容及历史成交委托记录信息。

选择“屏蔽所有人”，则用户所参加竞赛的参赛者及观摩人均不可查看其投组分析部分内容及历史成交委托记录信息。

选择“屏蔽指定账号”，则用户屏蔽掉的用户不能够查看用户所参加竞赛的投组分析部分内容及历史成交委托记录信息。

选择“屏蔽指定账号”，在账号输入框中输入要屏蔽的账号，点击“添加”按钮，将此账号添加到屏蔽列表中。

点击屏蔽列表中的“删除”按钮，可将对应账号从屏蔽列表中删除。

3. 操作指南

进入普通用户功能界面的“操作指南”模块，提供用户操作指南浏览和下载。

（三）交易登入

根据登录权限，在已开赛竞赛列表中，点击“进入竞赛”，登录交易界面。首次进入竞赛主页，系统会自动弹出导航助手提示窗口，快速引导用户使用银证转账、委托下单等竞赛页面的主要功能，如图 2-76 所示。取消“每次进入总是提示”的勾选，此提示窗口将不再自动跳出，用户可以通过点击导航图标，再次打开导航提示窗口。

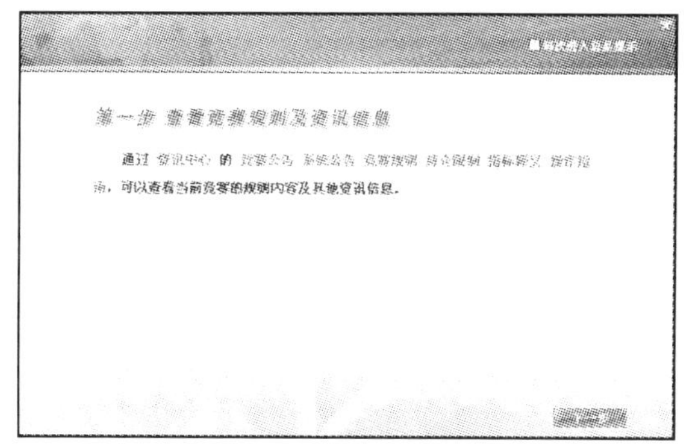

图 2-76

按导航提示逐步完成后，进入竞赛管理界面。此时，可根据功能按钮，开始交易及各项准备工作。

二、交易操作

已开赛的竞赛（非外汇大赛）包括竞赛主页、行情中心、交易中心、排行榜、投组分析、资讯中心、返回七个栏目，以及系统导航提示功能，“竞赛主页”为进入竞赛的默认展示页，主要列示当前排名、资产情况、持仓明细、当前竞赛、商品快速检索、指数行情、今日委托、今日成交，如图 2-77 所示。

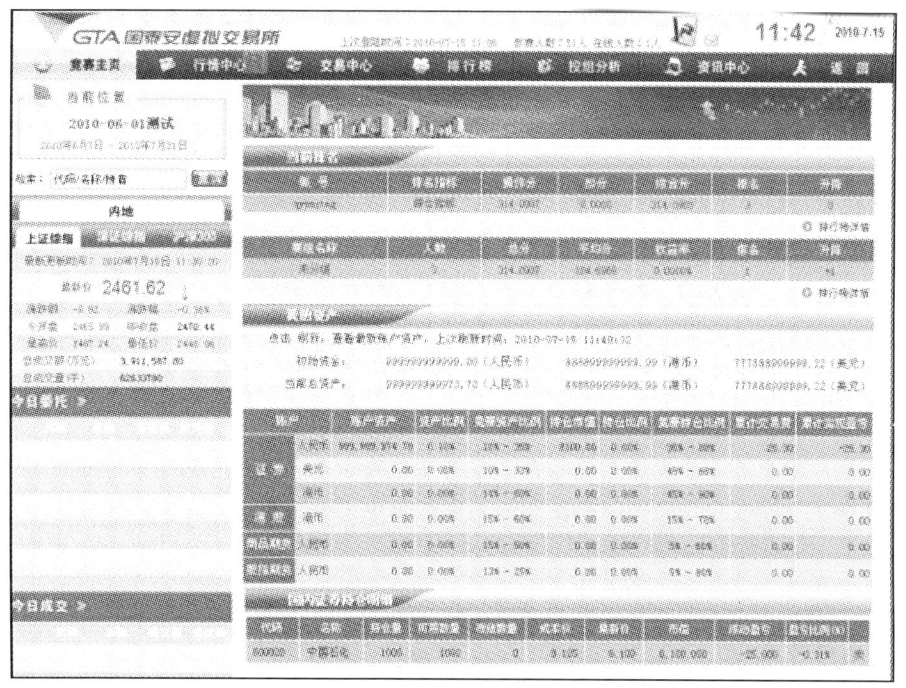

图 2-77

其中，若用户在当前竞赛中的期货资金账户保证金不足，则该界面变为保证金不足提醒界面。

（一）竞赛主页的基本情况

（1）当前位置区域，提示了当前竞赛的名称及起止日期。

（2）商品快速检索具体功能同行情中心的商品检索功能。只输入需要检索的商品代码、名称或拼音，点击“查询”按钮，右边界面切换到该商品行情记录所在界面，并突出显示。

（3）今日委托区域，列示了参赛用户今日的最新委托信息，如图 2-78 所示。

鼠标放在某条记录上时，鼠标变为手型，同时该记录出现亮色条码。点击进入该记录对应的查询界面。最左列的“买”、“卖”图标表明了对应委托的类型。最右列的“撤”支持委托撤销，当按钮为灰色时，表明该委托不可撤；按钮为红色时，点击可以撤销对应委托单，系统会提示撤单成功信息。

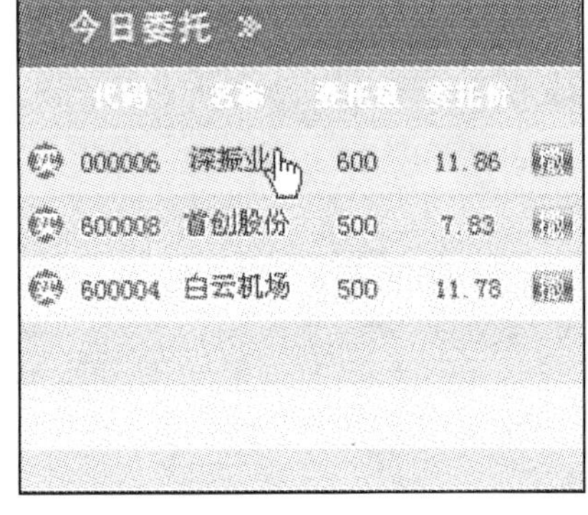

图 2-78

（4）今日成交回报区域，列示了参赛用户当前挂单的撮合成交情况。点击“今日成交”，可以直接进入交易中心的“今日成交”记录查询界面。鼠标放在某条记录上时，鼠标变为手型，同时该记录出现亮色条码。点击进入该记录对应的查询界面。最左列的“买”、“卖”、“多”、“空”、“平”图标表明了对应交易的类型。

（5）当前排名区域，列示了参赛用户在当前竞赛的排名情况。若当前竞赛设置了分组对抗，则还会展示参赛用户所属赛组的排名情况。点击“排行榜详情”，可链接切换到排行榜栏目的个人或赛组排行榜界面。

（6）我的资产区域，列示了参赛用户当前竞赛的资金状况。点击“刷新”，查看最新数据。

（7）持仓明细区域列示了参赛用户当前竞赛的各类商品持仓情况。点击“卖”或“平”按钮，支持对持仓商品快速卖出或平仓。

（二）行情中心

“行情中心”为当前竞赛投资商品的行情信息栏目，包括自选、推荐池、商品行情（上海证券、深圳证券、港股、股指期货、上海期货、大连期货、郑州期货）、明星商品、预警。

1. 自选

自选行情，列示了参赛用户所有自选商品的行情信息。从“查看”下拉框中，选择要查看的自选组，则行情显示区自动更新为该自选组的行情信息。要添加自选行情，则在“代码 / 名称 / 拼音”处，输入所要添加品种的代码、名称或拼音，下拉框中列示系统根据关键字自动匹配的商品代码及名称，从下拉框中选择要添加的品种，点击“加入”按钮，将该商品添加到当前查看的自选组，如图 2-79 所示。

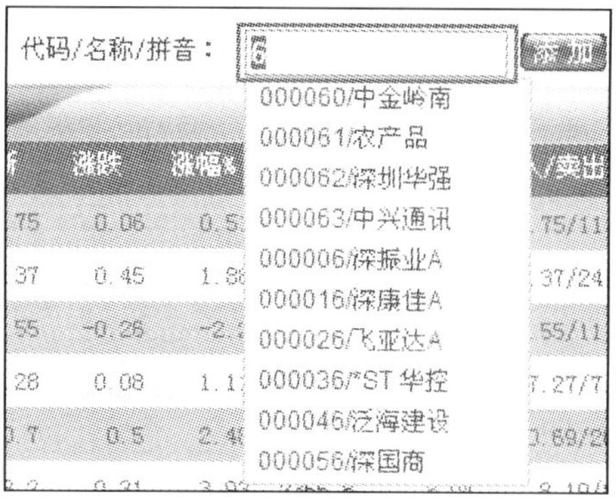

图　2-79

勾选或全选要删除的商品，点击“删除”按钮，将对应商品从当前自选组中删除，如图 2-80 所示。

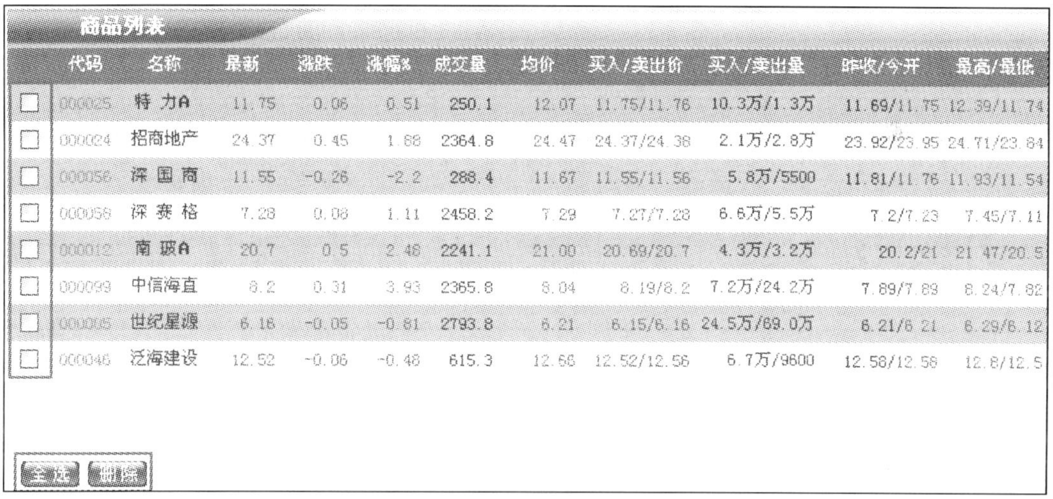

商品列表

代码	名称	最新	涨跌	涨幅%	成交量	均价	买入/卖出价	买入/卖出量	昨收/今开	最高/最低
000025	特 力A	11.75	0.06	0.51	250.1	12.07	11.75/11.76	10.3万/1.3万	11.69/11.75	12.39/11.74
000024	招商地产	24.37	0.45	1.88	2364.8	24.47	24.37/24.38	2.1万/2.8万	23.92/23.95	24.71/23.84
000056	深 国 商	11.55	-0.26	-2.2	288.4	11.67	11.55/11.56	5.8万/5500	11.81/11.76	11.93/11.54
000058	深 赛 格	7.28	0.08	1.11	2458.2	7.29	7.27/7.28	6.6万/5.5万	7.2/7.23	7.45/7.11
000012	南 玻A	20.7	0.5	2.48	2241.1	21.00	20.69/20.7	4.3万/3.2万	20.2/21	21.47/20.5
000099	中信海直	8.2	0.31	3.93	2365.8	8.04	8.19/8.2	7.2万/24.2万	7.89/7.89	8.24/7.82
000005	世纪星源	6.16	-0.05	-0.81	2793.8	6.21	6.15/6.16	24.5万/69.0万	6.21/6.21	6.29/6.12
000046	泛海建设	12.52	-0.06	-0.48	615.3	12.66	12.52/12.56	6.7万/9600	12.58/12.58	12.8/12.5

全选　删除

图　2-80

点击“自选组管理”，弹出自选组管理窗口，即可添加、修改、删除自选组。

2. 推荐池

点击“推荐池”，切换到推荐池查看界面，列示了该竞赛中推荐池中的所有商品，具体如图 2-81 所示。

在检索输入框中输入需要检索的商品代码、名称或拼音，点击“查询”按钮，则直接显示所查询商品所在界面，并突出显示。

3. 商品行情（非香港证券）

以上海证券为例，点击“上海证券”，行情展示区切换为上海证券行情信息内容，并可根据品种、行业、板块、关键字查看行情（只有深圳证券的股票行情，可以根据板块查看行情），如图 2-82 所示。

自选 | 推荐池 | 上海证券 | 深圳证券 | 港股 | 股指期货 | 上海期货 | 大连期货 | 郑州期货 | 明星商品 | 预警

检索： 代码/名称/拼音 查询

商品列表

代码	名称	最新	涨跌	涨幅%	成交量	均价	买入/卖出价	买入/卖出量	昨收/今开	最高/最低
000001	深发展A	17.51	0	0	0	0.00	0/0	0/0	17.51/0	0/100000
000002	万 科A	7.05	0.07	1	921.8	7.04	7.04/7.05	7.2万/1.3万	6.98/7	7.08/6.96
000004	ST国农	8.28	0.05	0.61	6.5	8.29	8.28/8.36	700/1900	8.23/8.21	8.38/8.16
000005	世纪星源	3.81	0.03	0.79	98.8	3.80	3.81/3.82	1.8万/1.1万	3.78/3.79	3.84/3.72
000006	深振业A	5.38	0	0	58	5.37	5.38/5.39	2230/5.7万	5.38/5.36	5.41/5.32
000007	ST零七	6.98	0.04	0.58	5.6	7.02	6.98/6.99	1700/7752	6.94/6.99	7/6.93
000008	ST宝利来	9.93	0.03	0.3	4.5	9.93	9.93/9.95	340/999	9.9/9.83	9.98/9.78
000009	中国宝安	7.87	0.16	2.08	224.8	7.83	7.86/7.87	4.7万/2900	7.71/7.68	7.9/7.66
600000	浦发银行	13.54	0.01	0.07	499.9	13.54	13.54/13.55	2.2万/4.2万	13.53/13.54	13.6/13.45
600004	白云机场	8.96	-0.03	-0.33	63.9	8.97	8.95/8.96	5.2万/1.1万	8.99/8.91	9/8.91

<< < 1 2 3 4 5 6 7 8 9 10 ... > >>

图 2-81

品种： 上证A股 行业： 制造业 板块： 全部 检索： 600066/宇通客车 查询

商品列表

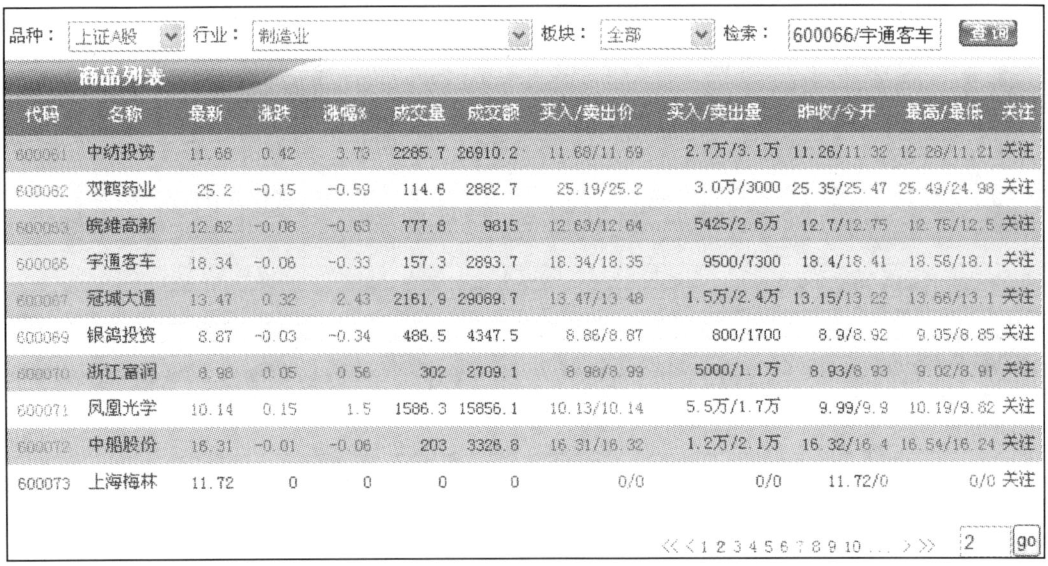

代码	名称	最新	涨跌	涨幅%	成交量	成交额	买入/卖出价	买入/卖出量	昨收/今开	最高/最低	关注
600061	中纺投资	11.68	0.42	3.73	2285.7	26910.2	11.68/11.69	2.7万/3.1万	11.26/11.32	12.28/11.21	关注
600062	双鹤药业	25.2	-0.15	-0.59	114.6	2882.7	25.19/25.2	3.0万/3000	25.35/25.47	25.49/24.98	关注
600063	皖维高新	12.62	-0.08	-0.63	777.8	9815	12.63/12.64	5425/2.6万	12.7/12.75	12.75/12.5	关注
600066	宇通客车	18.34	-0.06	-0.33	157.3	2893.7	18.34/18.35	9500/7300	18.4/18.41	18.56/18.1	关注
600067	冠城大通	13.47	0.32	2.43	2161.9	29089.7	13.47/13.48	1.5万/2.4万	13.15/13.22	13.66/13.1	关注
600069	银鸽投资	8.87	-0.03	-0.34	486.5	4347.5	8.86/8.87	800/1700	8.9/8.92	9.05/8.85	关注
600070	浙江富润	8.98	0.05	0.56	302	2709.1	8.98/8.99	5000/1.1万	8.93/8.93	9.02/8.91	关注
600071	凤凰光学	10.14	0.15	1.5	1586.3	15856.1	10.13/10.14	5.5万/1.7万	9.99/9.9	10.19/9.82	关注
600072	中船股份	16.31	-0.01	-0.06	203	3326.8	16.31/16.32	1.2万/2.1万	16.32/16.4	16.54/16.24	关注
600073	上海梅林	11.72	0	0	0	0	0/0	0/0	11.72/0	0/0	关注

<< < 1 2 3 4 5 6 7 8 9 10 ... > >> 2 go

图 2-82

点击商品列表最右列的“关注”按钮，弹出如下自选组选择窗口，从下拉框中选择自选组，点击“确定”按钮，将商品添加到该自选组。

4. 商品行情（香港证券）

香港证券行情在原有港股行情基础上新增窝轮、牛熊证行情显示和交易，如图 2-83 所示。

5. 委托下单

委托下单区域，支持参赛用户对当前竞赛投资商品进行委托下单，如图 2-84 所示。

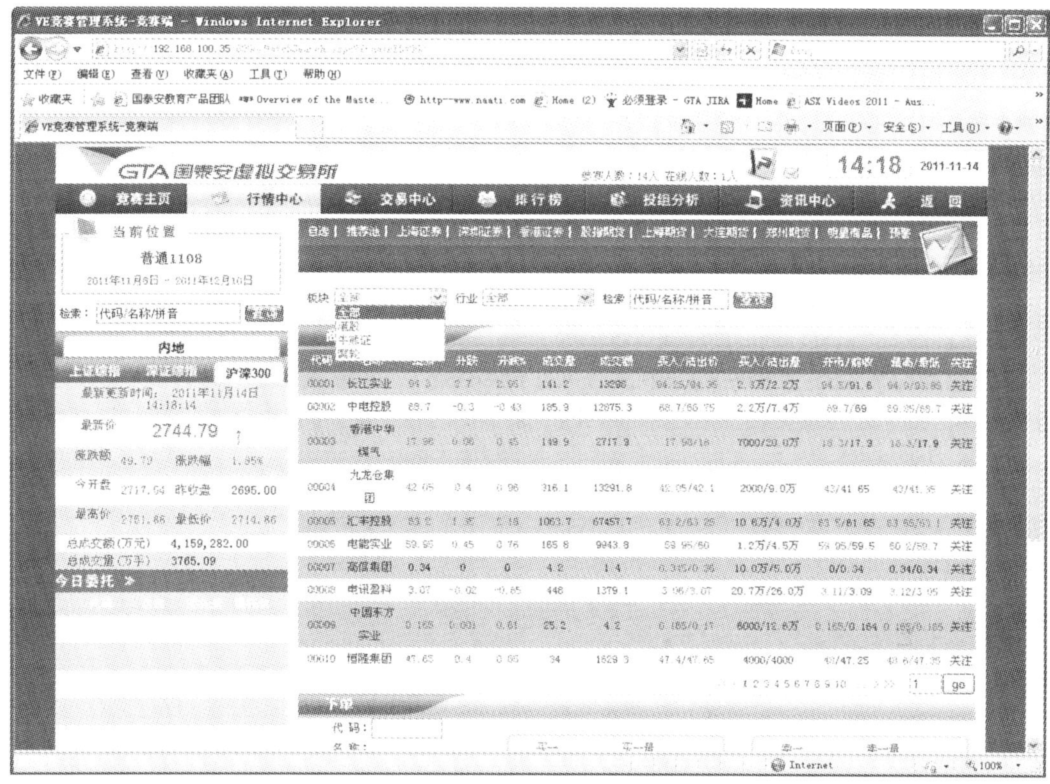

图　2-83

下单

代　码：600016

名　称：**民生银行**

买卖方向：◉买入　○卖出

委托类型：◉限价　○市价

委托价格：6.81

委托数量：　股

可交易量：1463800（股）

可用资金：10,000,000.00

买一	6.82	买一量	67900
买二	6.81	买二量	246008
买三	6.8	买三量	1169710
买四	6.79	买四量	371100
买五	6.78	买五量	632600

卖一	6.83	卖一量	149378
卖二	6.84	卖二量	494435
卖三	6.85	卖三量	193081
卖四	6.86	卖四量	233753
卖五	6.87	卖五量	210299

最新价	6.81	换手率	2.16	最高/最低价	7.2/6.61	昨收/今开盘	7.25/7.2
涨跌幅	-6.07	涨跌额	-0.44	成交量(万)	38579.90	成交额(万)	265577.60

☑ 下单原因（限150字）：

确定　清除

图　2-84

在代码框，可手动输入商品代码，也可点击行情展示区中对应商品的代码，由系统自动将代码填入代码框。交易信息区会自动根据代码框中的代码，显示该商品的详细行情信息。买卖方向、委托类型、委托价格和委托数量均由参赛用户进行设置。其中，当委托类型虚拟交易所操作说明为市价时，委托价格不可设置；在填写委托数量时，可参考系统自动结合参赛用户当前的可用资金、商品价格或持仓中的可用数量，估算出可交易数量（不含交易费用）。

在下单原因区域，填参赛用户可写交易委托的依据，便于竞赛管理员进行查看和指导。对于下单原因中出现的敏感字段，系统自动将其以“ * ”屏蔽。设置完毕后，点击“发送”按钮，发送下单委托，系统弹出下单成功提示。

6. 明星商品

明星商品界面展示了该竞赛中所有参赛者所持有的商品按涨幅、持有人数、持仓市值 / 持仓保证金的排序结果，具体如图 2-85 所示。

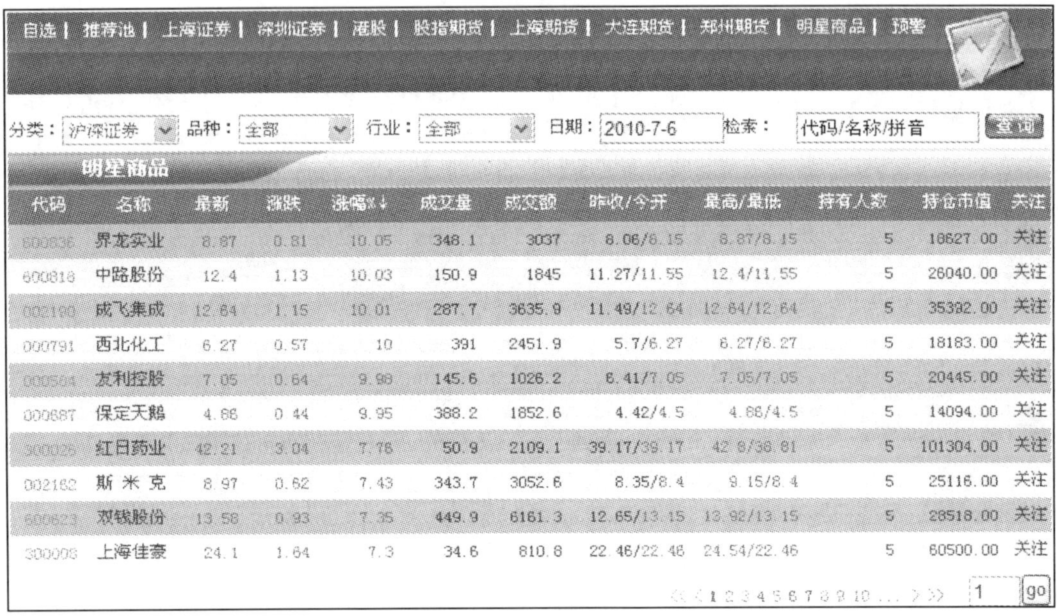

自选 | 推荐池 | 上海证券 | 深圳证券 | 港股 | 股指期货 | 上海期货 | 大连期货 | 郑州期货 | 明星商品 | 预警

分类：沪深证券 品种：全部 行业：全部 日期：2010-7-6 检索： 代码/名称/拼音 查询

明星商品

代码	名称	最新	涨跌	涨幅%↓	成交量	成交额	昨收/今开	最高/最低	持有人数	持仓市值	关注
600836	界龙实业	8.87	0.81	10.05	348.1	3037	8.06/8.15	8.87/8.15	5	18627.00	关注
600818	中路股份	12.4	1.13	10.03	150.9	1845	11.27/11.55	12.4/11.55	5	26040.00	关注
002190	成飞集成	12.64	1.15	10.01	287.7	3635.9	11.49/12.64	12.64/12.64	5	35392.00	关注
000791	西北化工	6.27	0.57	10	391	2451.9	5.7/6.27	6.27/6.27	5	18183.00	关注
000584	友利控股	7.05	0.64	9.98	145.6	1026.2	6.41/7.05	7.05/7.05	5	20445.00	关注
000687	保定天鹅	4.86	0.44	9.95	388.2	1852.6	4.42/4.5	4.86/4.5	5	14094.00	关注
300026	红日药业	42.21	3.04	7.76	50.9	2109.1	39.17/39.17	42.8/38.81	5	101304.00	关注
002162	斯 米 克	8.97	0.62	7.43	343.7	3052.6	8.35/8.4	9.15/8.4	5	25116.00	关注
600623	双钱股份	13.58	0.93	7.35	449.9	6161.3	12.65/13.15	13.92/13.15	5	28518.00	关注
300008	上海佳豪	24.1	1.64	7.3	34.6	810.8	22.46/22.46	24.54/22.46	5	60500.00	关注

<< < 1 2 3 4 5 6 7 8 9 10 … > >> 1 go

图 8-85 明星商品

7. 预警

点击“预警”，进入预警管理界面，如图 2-86 所示。

预警列表列示了当前所有的预警条件。预警历史记录列示了预警触发事件历史记录。在“关键字”处，输入商品的代码、名称、拼音等关键字，系统会自动根据默认设置中的参数，自动生成上、下破价。用户也可调整上、下破价，点击“保存”，将预警添加到预警列表。当行情价格达到预警条件时，系统自动弹出预警提示窗口。

勾选或全选预警条件，可进行删除、启动、关闭操作。点击“刷新”按钮可以查看预警的最新状态。状态图标为绿色时，预警为关闭状态。状态图标为红色时，预警为启动状态。勾选或全选预警历史记录，可进行删除操作。点击“默认设置”按钮，弹出“默认设置”窗口，如图 2-87 所示。

自选 | 推荐池 | 上海证券 | 深圳证券 | 港股 | 股指期货 | 上海期货 | 大连期货 | 郑州期货 | 明星商品 | 预警

关键字 代码/名称/拼音　上破价　下破价　保存　默认设置

预警列表

	代码	名称	上破价	下破价	状态
□	000010	SST 华新	14.700	14.630	●
□	600028	中国石化	9.000	8.260	●
□	601808	中海油服	15.000	12.000	●
□	600073	上海梅林	11.000	8.770	●

□全选　删除　启动　关闭　刷新

预警历史记录

	代码	名称	上破价	下破价	预警价	预警时间
□	601808	中海油服	15.000	12.000	10.680	2010-7-6 10:10:34
□	600028	中国石化	9.000	8.260	7.850	2010-7-6 10:10:24
□	600028	中国石化	9.000	8.260	7.830	2010-7-6 9:52:44
□	601808	中海油服	15.000	12.000	10.660	2010-7-6 9:52:44

□全选　删除

图 2-86　预警管理界面

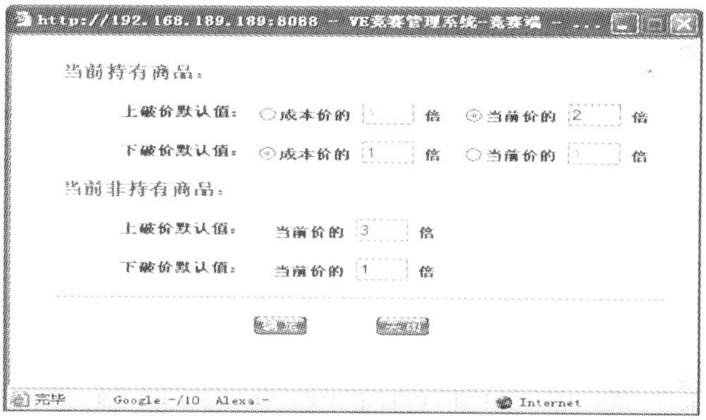

http://192.168.189.189:8088 - VE竞赛管理系统-竞赛端 - ...

当前持有商品：

上破价默认值：○成本价的 [ ] 倍　⊙当前价的 [2] 倍

下破价默认值：⊙成本价的 [1] 倍　○当前价的 [ ] 倍

当前非持有商品：

上破价默认值：当前价的 [3] 倍

下破价默认值：当前价的 [1] 倍

确定　关闭

完毕　Google -/10　Alexa:-　Internet

图　2-87

对于“当前持有商品”，用户可以选择预警默认价格设置为成本价或当前价的一定倍数。系统默认选择“成本价”。

对于“当前非持有商品”，用户可以将预警默认价格设置为当前价的一定倍数。

(三) 交易相关操作

1. 交易中心

“交易中心”支持参赛用户银证转账、下单以及查询与交易有关信息，包括下单、持仓明细、银证转账、操作查询、违规记录、查看点评六个栏目。

（1）下单。“下单”区仅包含下单功能，便于参赛用户快速下单，交易者只需输入商品代码、委托价格、开仓方向以及数量，点击确定，就可完成交易下单指令。当选择已有持仓进行平仓交易，交易方向将自动选择以便完成平仓。

（2）持仓明细。“持仓明细”界面，在列表区域列示了参赛用户在当前竞赛中的持仓情况，在下单区域支持及时的下单委托。

当证券资金账户、港股资金账户、商品期货资金账户、股指期货资金账户的资产比例违反竞赛持仓限制时，资产比例、持仓比例或资金风险率会变为红色字体，鼠标放上去后，出现浮动提示信息。

点击“品种”中各品种名称，可分品种查看对应的持仓情况，默认显示为“沪深证券”。

点击持仓明细列表最右列的“卖”按钮，系统会自动将该商品的相关信息填入下单区域，进行委托下单，如图 2-88 所示。

持仓明细

代码	名称	持仓量	可用数量	冻结数量	成本价	最新价	市值	浮动盈亏	盈亏比例(%)	
500058	基金银丰	100	100	0	0.836	0.808	80.800	-2.800	-3.35%	卖
600017	日照港	100	100	0	6.240	6.170	617.000	-7.000	-1.12%	卖
000001	深发展 A	100	100	0	21.504	22.070	2,207.000	56.600	2.63%	卖
200002	万科B	100	100	0	9.750	10.000	1,000.000	25.000	2.56%	卖
160613	鹏华创新	500	500	0	1.413	1.435	717.500	11.000	1.56%	卖

图 2-88

点击右上角的导出图标，可导出查看持仓明细信息。

（3）银证转账。银证转账为参赛用户进行账户资金划拨的功能栏目，在开始交易以前，交易者必须将交易资金从银行转入相应交易账户中，才能进行交易。

在转账区域，可以进行不同账户和币种之间的资金划拨；在转账记录区域，可以查询转账信息的历史记录，如图 2-89 所示。

（4）查询。“操作查询”支持参赛用户对今日委托、今日成交、今日资金流水、历史委托、历史成交、历史资金流水、期货结算单七个栏目的查询。

点击“今日委托”，就列示了参赛用户今日委托商品代码、名称、价量、时间等详细信息。用户可在该界面，进行下单原因编辑、委托撤单、委托改单等操作。

在“今日成交”界面中，列示了参赛用户今日成交商品代码、名称、价量、时间等详细信息。

图 2-89 银证转账

进入“今日资金流水”界面，则列示了参赛用户今日证券卖出、自由转账、分红、期货买平、期货卖平、期货买开、期货卖开、期货买入日结、期货卖出日结等资金变动详细信息，并可根据账户、币种对流水记录进行查询。

在“历史委托”界面，列示了参赛用户历史委托商品代码、名称、价量、时间等详细信息，用户可在该界面，进行下单原因编辑操作。还可根据品种、委托状态、时间段对委托记录进行查询。

在“历史成交”界面，列示了参赛用户历史成交商品代码、名称、价量、时间等详细信息，可根据品种、时间段对成交记录进行查询。

在“历史资金流水”界面，列示了参赛用户历史证券卖出、自由转账、分红、期货买平、期货卖平、期货买开、期货卖开、期货买入日结、期货卖出日结等资金变动详细信息，还可根据账户、币种、时间对流水记录进行查询。

在“期货结算单”界面，可以查阅参赛用户股指期货和商品期货历史每日的结算单信息，包括资金状况、成交记录、平仓明细、持仓明细四个部分，如图 2-90 所示。

今日委托 | 今日成交 | 今日资金流水 | 历史委托 | 历史成交 | 历史资金流水 | 期货结算单

选择品种：◉股指期货 ○商品期货 时间：2010-7-5 查询

资金状况

期初权益	期末权益	出入金	交易费	可用资金	持仓保证金	平仓盈亏	持仓盯市盈亏	持仓浮动盈亏	资金风险度
1,897,621.73	1,831,801.73	0.00	719.47	509,611.73	1,322,190.00	0.00	0.00	-1,167,481.20	72.18%

成交记录

成交日期	交易所	合约名称	买卖	开平	成交量	成交价	成交金额	交易费	平仓盈亏

平仓明细

成交日期	交易所	合约名称	买卖	平仓数量	成交价	成交金额	平仓盈亏

持仓明细

交易所	合约名称	买卖	总持仓	开仓均价	昨结算	今结算	持仓保证金	浮动盈亏	盯市盈亏
中金所	IF1007	买	5	2,798.00	2,543.60	2,531.40	379,710.00	-399,900.00	0.00
中金所	IF1012	买	12	2,831.22	2,631.20	2,618.00	942,480.00	-767,581.20	0.00

图 2-90

（5）违规记录。“违规记录”界面，列示了参赛用户触发当前竞赛违规扣分的原因、状态、时间等详细信息，如图 2-91 所示。

下单 | 持仓明细 | 银证转账 | 查询 | 违规记录 | 操作点评

时间： 2010-6-29 - 2010-7-5 查询

违规时间	扣分时间	违规原因	违规扣分	当前状态
2010-07-05		违反推荐池持仓比例的限制 [查看详情]	25	距离扣分还有“0”天
2010-07-05		违反对期货当前保证金占有比例的限制 [查看详情]	30	距离扣分还有“0”天
2010-07-05		违反资金账户持仓限制 [查看详情]	30	距离扣分还有“0”天
2010-07-05		违反资金分配比例限制 [查看详情]	10	距离扣分还有“0”天
2010-07-01	2010-07-02	违反推荐池持仓比例的限制 [查看详情]	25	已扣分
2010-07-01	2010-07-02	违反对期货当前保证金占有比例的限制 [查看详情]	30	已扣分
2010-07-01	2010-07-02	违反资金账户持仓限制 [查看详情]	30	已扣分
2010-07-01	2010-07-02	违反资金分配比例限制 [查看详情]	10	已扣分

图 2-91 “违规记录”界面

查看点评

“查看点评”界面，列示了竞赛管理员对参赛用户操作点评的信息内容。

2. 排行榜

“排行榜”为当前竞赛的排行信息栏目，包括个人排行榜、赛组排行榜、组内排行榜。若竞赛排名指标为收益率，则个人排行榜包括总排行榜、周排行榜、月排行榜、季度排行榜。

（1）个人排行榜。在“个人排行榜”界面，列示了根据竞赛排行指标得到的用户日排行信息，包括账号、操作分、综合分、排名、升降、投资等级、Top10 次数、总资产、总损益、收益率等。通过“日期”筛选，可调出查看对应日期的大赛用户排行情况；点击“我是第 * 名”，可标黄定位参赛用户当前竞赛排名；点击具体账号可以查看相应参赛用户的详细操作记录，包括个人资产、风险收益指标、历史委托、历史成交记录；点击导出图标，可导出当前排行榜信息；点击“个人排名走势”，可查询和导出参赛用户的月度排行信息，如图 2-92 所示。

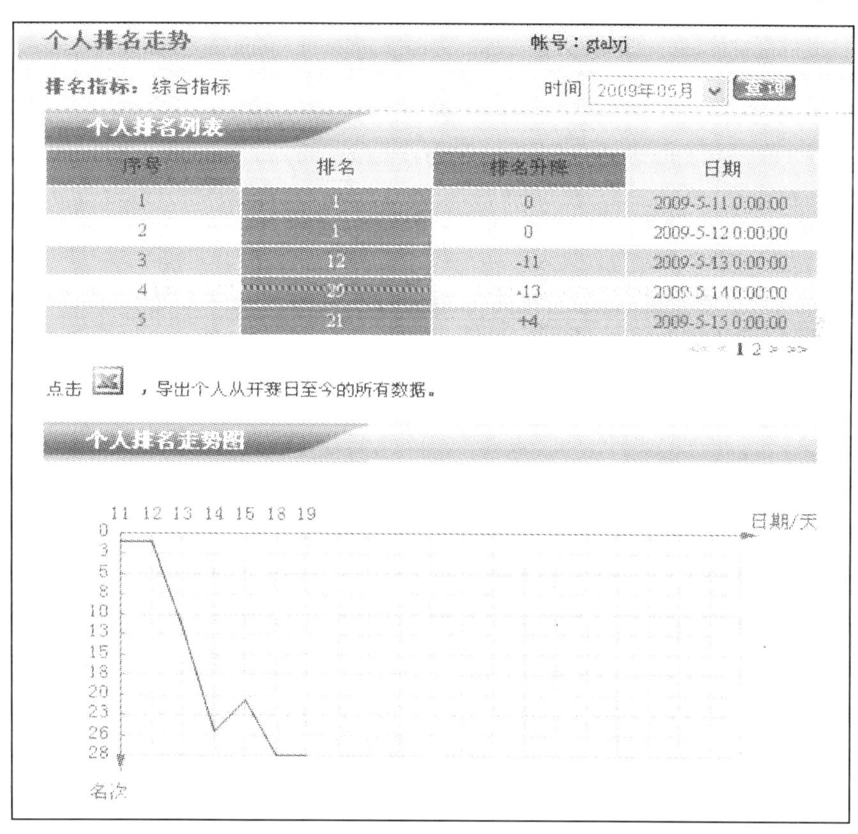

图 2-92

点击排行榜中“比较”按钮，可将参赛用户添加到“比一比”列表中，如图 2-93 所示。

排名指标： 综合指标

日期： 2010-7-2 查询

	帐号	综合指标	排名	升降	初始资金	总资产	总损益	投资等级
比较	gtasut	0.0000	1	0	2,029,497,675,212.32	2,029,504,824,939.28	7,149,726.96	5
比较	gtazlw	0.0000	2	0	2,029,497,675,212.32	2,029,489,302,583.50	-8,372,628.82	3
比较	daniel	0.0000	3	0	2,029,497,675,212.32	2,029,497,667,988.90	-7,223.43	3
比较	xuting	0.0000	4	0	2,029,497,675,212.32	2,029,497,673,929.71	-1,282.61	3
比较	yangmj	-0.0002	5	0	2,029,497,675,212.32	2,029,103,839,641.90	-393,835,570.43	1

比一比
gtasut
daniel
yangmj
GO

图 2-93

点击比一比中的“Go”按钮，打开“比一比”窗口，可以查看所选择参赛用户的对比信息。

（2）赛组排行榜。在“赛组排行榜”界面，列示了根据收益率得到的赛组日排行信息，包括赛组名称、总分、平均分、排名升降、总资产、人均损益、收益率等。

通过“日期”筛选，可调出查看对应日期的赛组排行情况；点击“我的赛组”，可标黄定位参赛用户所属赛组排名；对比功能操作请参见个人排行榜；点击“赛组排名走势”，可查询和导出参赛用户所属赛组的月度排行信息，如图 2-94 所示。

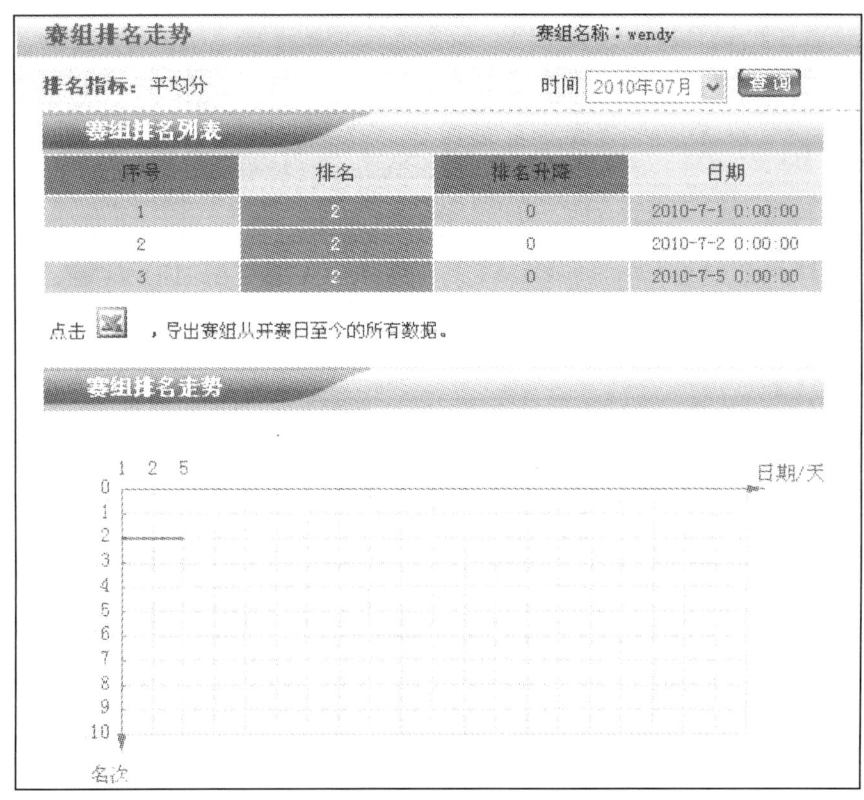

图 2-94

点击赛组名称，可以查看该赛组的详细信息包括基本信息、统计信息、风险收益水平三个部分。

（3）组内排行榜。在“组内排行榜”界面，列示了根据竞赛排行指标得到的参赛用户所在赛组的日排行信息，包括账号、操作分、综合分、排名、升降、投资等级、Top10次数、总资产、总损益、收益率等。

通过“日期”筛选，可查看对应日期的大赛用户排行情况；点击“我是第*名”，可标黄定位参赛用户当前竞赛排名；点击具体账号可以查看相应参赛用户的详细操作记录；点击导出图标，可导出当前排行榜信息。

3. 投组分析

“投组分析”为参赛用户投资情况分析栏目，包括资产概况、历史持仓、投资损益、行业收益、风险管理、导出数据、报告点评。

（1）资产概况。“资产概况”界面，展示了参赛用户的排名、资产、收益、持仓等情况。同时可以选择一定时间段或月份，查看对应的统计信息情况。点击账户资产的“饼图”按钮，可以查看账户资产配置图表，如图2-95所示。

点击“选择对比对象”按钮，弹出选择对比对象窗口，用户可以选择需要在收益率走势图中显示的指数图线。

（2）历史持仓。在“历史持仓”界面，可以查看竞赛所有历史交易日收市后的持仓情况。

（3）投资损益。在“投资损益”界面，分品种和币种对参赛用户的投资损益情况进行分析展示。点击品种名称，则展示该品种的详细信息。

（4）行业收益。在“行业收益”界面，展示了A股、上海B股、深圳B股、港股在不同时间段或月份的收益情况，并与市场收益进行对比，如图2-96所示。

点击“饼图”，弹出各行业区间收益率及市场区间收益率对比图，如图2-97所示。

（5）风险管理。“风险管理”界面，包括风险收益指标、股票归因分析两个部分，对参赛用户投资组合的风险收益水平进行分析。

（6）导出数据。导出数据包括对资产概况、历史持仓、投资损益、行业收益、风险管理五部分数据的导出。选择需要导出数据的时间段，勾选需要导出数据的字段。点击“导出”按钮，即可导出数据。

（7）报告点评。“报告点评”界面，依次列示竞赛管理员对从开赛到当前日跨越的所有完整月份的报告的点评内容。

4. 资讯中心

“资讯中心”为用户提供竞赛公告、系统公告、信息提示、竞赛规则、持仓限制、指标释义、操作指南六个栏目信息，便于用户在竞赛过程中及时查看。

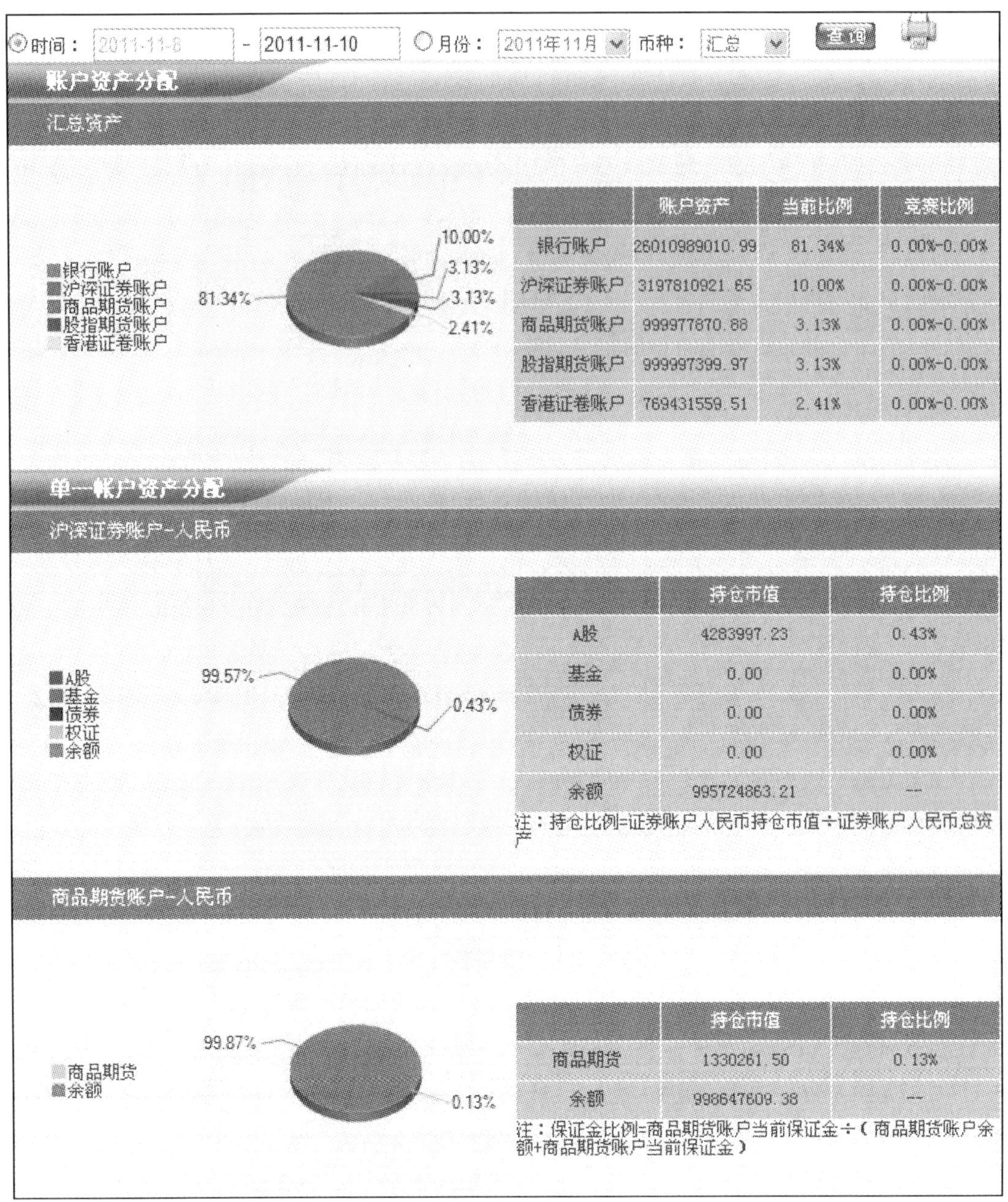

图 2-95 “资产概况”界面

期货行情分析软件操作

期货行情分析软件将交易所行情数据通过报表及图形的形式表达出来传递给最终用户，同时增加了一些技术指标、买卖信号、画线分析等分析功能，以供期货投资者参考。作为期货交易者，通过行情分析软件进行投资分析是非常必要的，了解和掌握期货行情分析软件的使用技巧将有利于学生进行期货投资实验操作。目前常用的期货行

资产概况 | 历史持仓 | 投资损益 | 行业收益 | 风险管理 | 导出数据 | 报告点评

◉时间：2010-6-22 - 2010-7-2 ○月份：2010年07月 品种：A股 查询

行业收益

行业	持仓市值	持仓比例	区间收益率	市场区间收益率	币种
农、林、牧、渔业	7350.00	0.25%	0.00%	0.00%	人民币
采掘业	0.00	0.00%	0.00%	-12.84%	人民币
制造业	13561.00	0.45%	-8.05%	-9.62%	人民币
电力、煤气及水的生产和供应业	2127.00	0.07%	-15.69%	5.61%	人民币
建筑业	0.00	0.00%	0.00%	0.00%	人民币
交通运输、仓储业	0.00	0.00%	0.00%	0.00%	人民币
信息技术业	18030.00	0.60%	-16.75%	-16.82%	人民币
批发和零售贸易	0.00	0.00%	0.00%	0.00%	人民币
金融、保险业	0.00	0.00%	0.00%	0.00%	人民币
房地产业	0.00	0.00%	0.00%	0.00%	人民币
社会服务业	0.00	0.00%	0.00%	-12.57%	人民币
传播与文化产业	0.00	0.00%	0.00%	0.00%	人民币
综合类	0.00	0.00%	0.00%	0.00%	人民币

图 2-96 “行业收益”界面

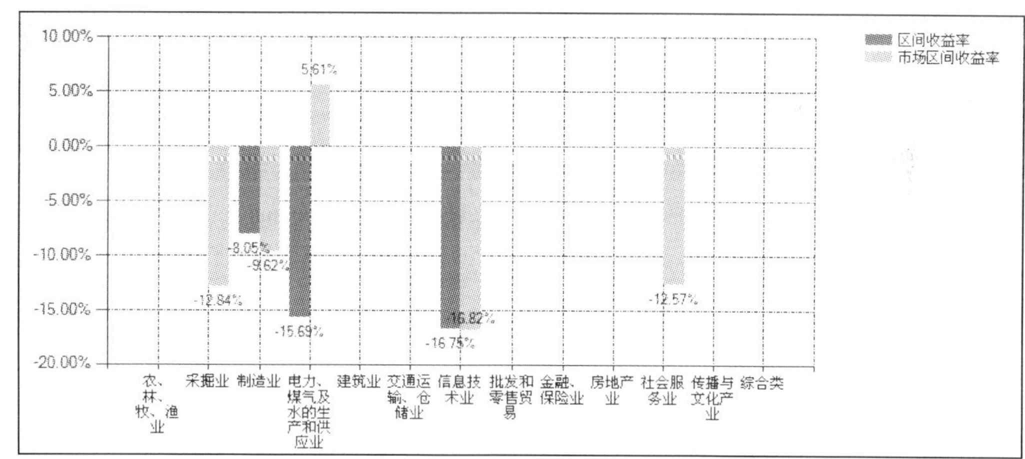

图 2-97

情分析软件有博易大师和文华财经等，许多证券行情分析软件也提供期货行情信息及辅助分析手段。为了方便教学，本书以博易大师 3.1 版本为例进行介绍。

一、基本使用方法

（一）登录系统

双击博易大师登录图标，就会弹出登录界面。登录用户名和密码一般是 guest，然后点击“联机”就可登录。

（二）界面介绍

在登录软件后，最初会显示软件的报价界面，如图 2-98 所示。

工具栏
菜单条
报价画面
板块选择菜单
状态栏
自定义页面
快捷选择菜单

图 2-98

选择某一品种，双击后进入该品种的分时走势图，如图 2-99 所示。

图 2-99 上坐标的横轴是开市的时间，纵轴的上半部分是价格，下半部分显示的是成交量及持仓量。白色曲线表示该品种的分时成交价格。黄色曲线表示该品种的平均价格。下方柱线表示每分钟的成交量，下方曲线为持仓量情况。博易大师中可查看某商品近 10 日或某一具体日期的历史回忆。在分时图界面点击菜单中的【特色功能】，选择【历史回忆】。

此时按键盘的 F5，将进入该品种价格 K 线图，如图 2-100 所示。

K 线图界面由主图和副图组成，可实现多图组合，只需在 K 线图空白处单击鼠标右键选择“视图组合”即可。鼠标双击 K 线副图，可对其进行放大功能。

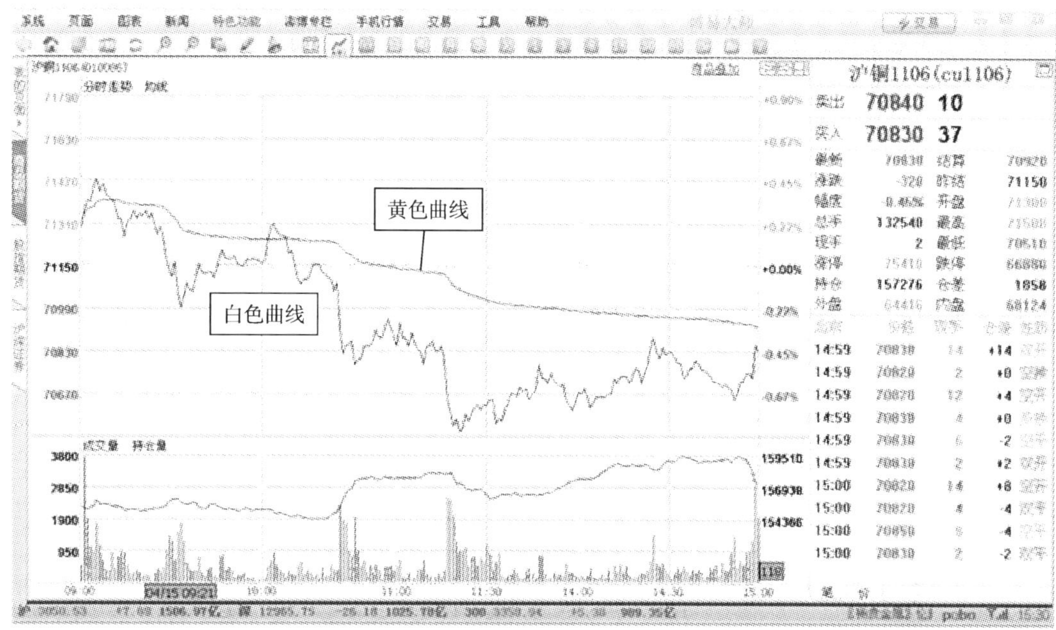

图　2-99

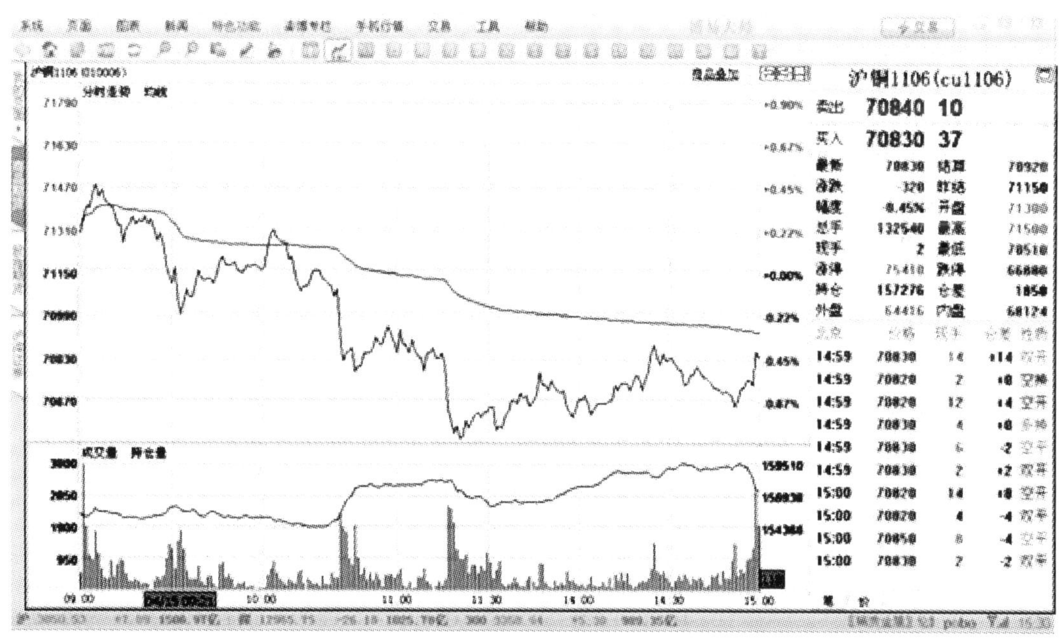

图　2-100

（三）选择品种

要了解某一个品种的信息，可以通过键盘输入期货品种代码来选择，具体期货品种代码如表 2-7 所示。

表 2-7 期货品种代码

中国金融期货交易所	品种	代码	合约成数	涨跌幅度	最小变动价位	保证金比例
	沪深 300 指数	IF	每点 300 元	± 10%	0.2 点	12%
上海期货交易所	品种	代码	交易单位（手）	涨跌幅度	最小变动价位	保证金比例
	铜	CU	5 吨	± 6%	10 元 / 吨	5%
	铝	AL	5 吨	± 5%	5 元 / 吨	5%
	锌	ZN	5 吨	± 6%	5 元 / 吨	5%
	黄金	AU	1000 克	± 5%	0.01 元 / 克	7%
	白银	AG	1500 克	± 5%	0.001 元 / 克	7%
	螺纹钢	RB	10 吨	± 6%	1 元 / 吨	7%
	线材	WR	10 吨	± 6%	1 元 / 吨	7%
	燃料油	FU	50 吨	± 6%	1 元 / 吨	8%
	天然橡胶	RU	5 吨	± 6%	5 元 / 吨	5%
	铅	PB	25 吨	± 6%	5 元 / 吨	8%
大连商品交易所	玉米	C	10 吨	± 5%	1 元 / 吨	7%
	大豆 1 号	A	10 吨	± 5%	1 元 / 吨	7%
	大豆 2 号	B	10 吨	± 5%	1 元 / 吨	7%
	豆粕	M	10 吨	± 5%	1 元 / 吨	7%
	豆油	Y	10 吨	± 5%	2 元 / 吨	7%
	棕榈油	P	10 吨	± 5%	2 元 / 吨	7%
	线型低密度聚乙烯	L	5 吨	± 5%	5 元 / 吨	7%
	聚氯乙烯	V	5 吨	± 5%	5 元 / 吨	7%
	焦炭	J	100 吨	± 6%	1 元 / 吨	5%
郑州商品交易所	优质强筋小麦	WS	10 吨	± 6%	1 元 / 吨	5%
	硬白小麦	WT	10 吨	± 6%	1 元 / 吨	5%
	棉花	CF	5 吨	± 7%	5 元 / 吨	5%
	白砂糖	SR	10 吨	± 7%	1 元 / 吨	6%
	精对苯二甲酸 PTA	TA	5 吨	± 6%	2 元 / 吨	6%
	菜籽油	RO	5 吨	± 6%	2 元 / 吨	5%
	早籼稻	ER	10 吨	± 7%	1 元 / 吨	5%
	甲醇	ME	50 吨	± 4%	1 元 / 吨	6%

在选择品种时，可直接输入该品种的第一个拼音字母或者代码来选择，例如：在键盘上直接输入“hj”（黄金的第一个拼音字母），然后通过上下箭头在屏幕右下方的智能键盘选择品种后，就可以查看所关心的黄金品种行情信息，具体如图 2-101 所示。

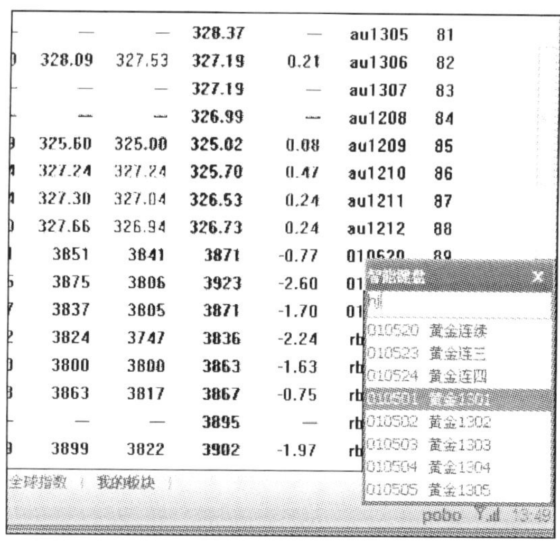

图 2-101

也可以输入“au1302”，则可进入查看黄金 1302 品种的行情信息。

(四) 常用快捷命令

利用系统已经设计好的快捷键可以使操作更方便、快速，可在系统界面【帮助】菜单，选择【快捷键】来查看，具体如表 2-8 所示。

表 2-8 常用快捷命令

键盘组合	含义
ESC	后退
F1 或 01	成交明细列表
F2 或 02	价量分布图
F3 或 03	上证领先指标
F4 或 04	深证领先指标
F5 或 05	切换走势图与技术分析图
F6 或 06	自选品种
F7 或 07	窗口放大、还原
F8 或 08	技术分析图周期循环
F9 或 09	新闻
F10 或 10	背景资料
F12	网上交易
0	闪电图
1 至 9、M、D	技术分析图周期切换
16	信息地雷
0 至 64	切换自定义页面
←和→	报价窗口切换板块，走势图技术分析图查价
Ctrl +←和→	闪电图、技术分析图向左、右移动整屏
Shift +←和→	闪电图、技术分析图向左、右移动半屏
/ 和 *	技术分析指标循环
“=-”	循环报价

（续）

键盘组合	含义
↑和↓	闪电图技术分析图放大、缩小，走势图历史回忆
Del	技术分析图删除选中的指标或自画线
Ctrl+S	页面循环
Shift+Ctrl+S	反向页面循环
Ctrl+Z	设为自选
Ctrl+L	走势图、技术分析图显隐信息窗口
Ctrl+O	技术分析图商品叠加
Ctrl+A	技术分析图套利
Ctrl+R	技术分析图坐标反转
Ctrl+F	技术分析图指标管理
Alt+F12	技术分析图画线
Ctrl+M	报价窗口添加板块
Ctrl+C	报价窗口关闭板块
Ctrl+F4	关闭窗口
Ctrl+P	全屏显示

二、常用分析功能

（一）商品叠加分析

在期货投资过程中，有时候需要对不同品种进行价格对比分析，此时，就要用到商品叠加分析功能。在K线图界面点击菜单中的【特色功能】选择【商品叠加】或直接点击K线图右上方的快捷按键，然后在“选择商品”对话框中选择要叠加的商品、坐标类型，然后点击【确定】，如图2-102所示。

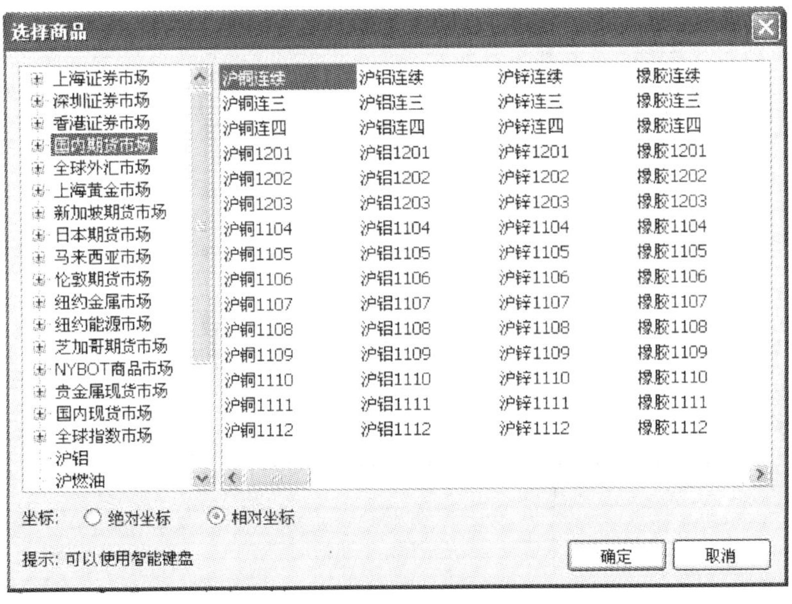

图 2-102

商品价格相差较小可选择“绝对坐标”叠加；商品价格相差较大时可选择“相对坐标”叠加。目前博易大师 3.1 版本支持 8 个商品以不同的颜色同时叠加。若要删除叠加的商品时，先选中该商品 K 线，然后按“Del”键即可。

（二）套利分析

在商品叠加功能的基础上，博易大师软件也提供了初步的套利分析功能。在 K 线图界面点击菜单中的【特色功能】，选择【套利分析】；或者在该品种 K 线图单击右键，选择【套利分析】，都可进入套利商品选择的界面。在“选择商品”对话框中选择套利的商品、数据项、类型，然后点击【确定】，如图 2-103 所示。

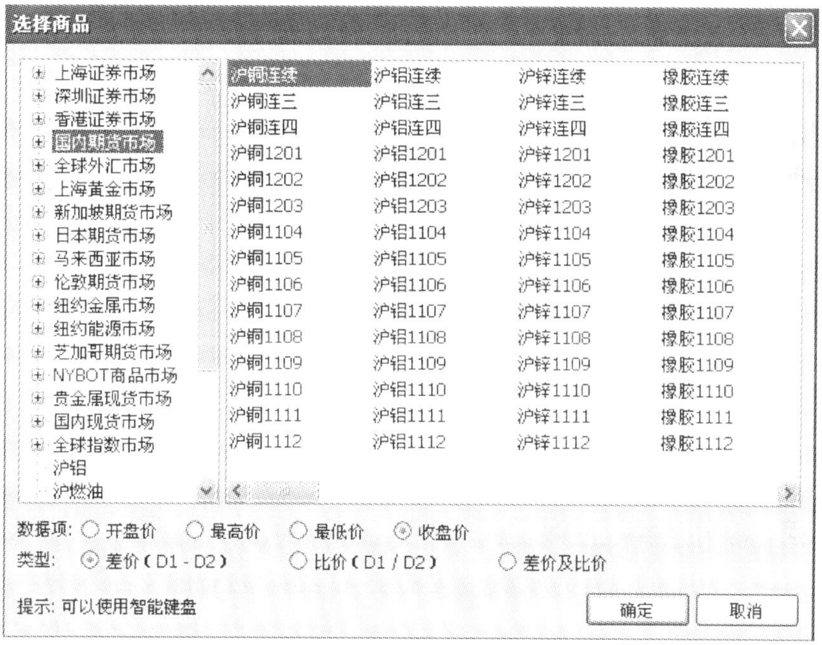

图　2-103

一般而言，若商品交易的货币单位相同（如都是人民币）或价格差距不大时可选择“差价”进行套利分析；交易的货币单位不同或差价较大时可选择“比价”进行套利分析。同时，博易大师还提供差价和比价同时套利分析，可选择“差价及比价”完成。

（三）分析指标的选择与修改

在 K 线图界面，点击菜单中的【特色功能】，选择【选择指标】，就可以选择相关指标进行辅助分析。在投资分析过程中，可以根据自己的分析经验创建新的分析指标，在 K 线图界面，点击菜单中的【特色功能】，选择【指标管理】。在“指标管理”对话框中点击【新建】即可按照操作提示创建新的分析指标。在“指标管理”对话框中选中指标，然后点击【修改】就可对已有指标进行修改。

(四) 分析周期的修改

在期货交易中，由于其 T+0 交易制度的特点，更注重于短期分析，因此，经常切换分析周期是投资分析较为普遍的活动。在博易大师分析软件中，在 K 线图界面直接点击右上角的【周期】按钮即可进行周期选择操作，具体如图 2-104 所示。

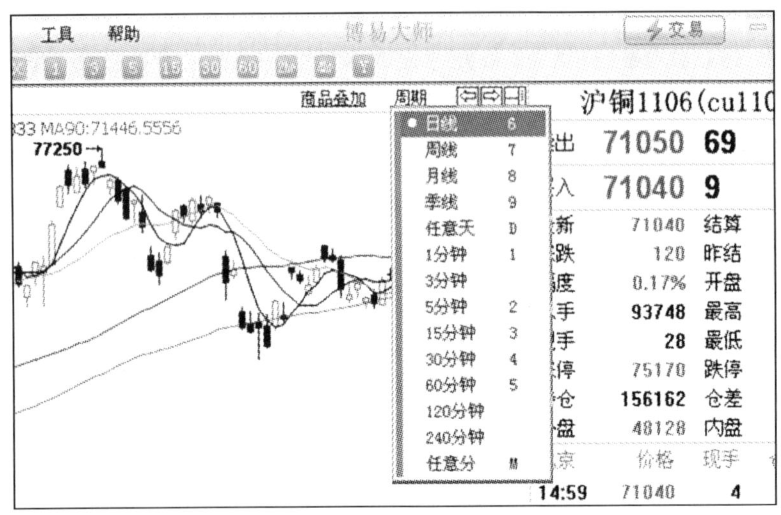

图 2-104

工具栏显示的依次是 1 分钟、3 分钟、5 分钟、15 分钟、30 分钟、60 分钟、120 分钟、240 分钟及任意自设分钟等不同时间分析周期。

(五) 画线工具

在 K 线图界面，点击工具栏中的画线工具图标即会弹出画线工具对话框，如图 2-105 所示。

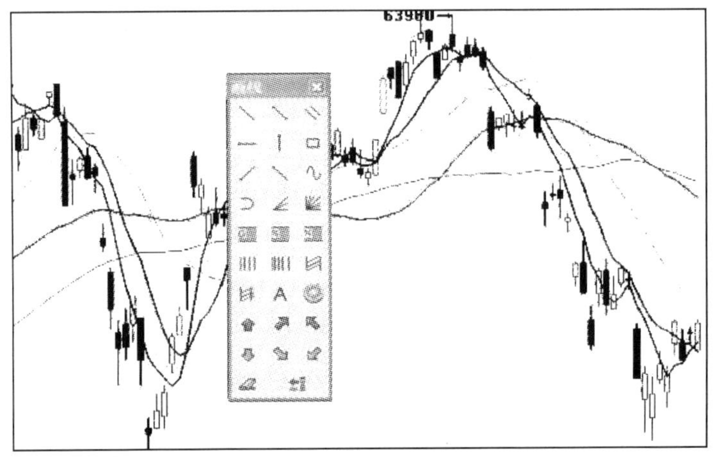

图 2-105

删除自画线时，先点击画线工具对话框中的图标，再点击自画线即可删除掉该线。点击画线工具对话框中的图标可删除全部自画线。

（六）更改主图坐标

在 K 线图界面，点击鼠标右键，选择【技术分析】，再选择【主图坐标】，就所以将坐标在绝对数值和相对比例之间切换，如图 2-106 所示。

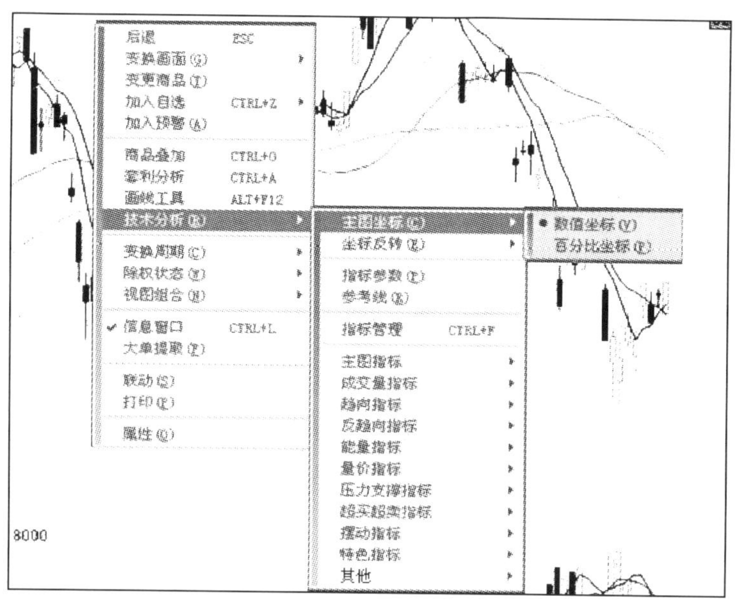

图 2-106

在 K 线图界面，点击鼠标右键，选择【技术分析】，再选择【坐标反转】，就可将原来分析界面的纵坐标由小变大的变动方向颠倒过来。

（七）区间统计

为了方便投资者进行分析，博易大师软件还提供了区间简单统计的功能。具体操作时，拖住鼠标左键在 K 线图拉出选中框，会出现“区间放大”、“区间统计”选项。选择“区间统计”选项，统计后的界面如图 2-107 所示。

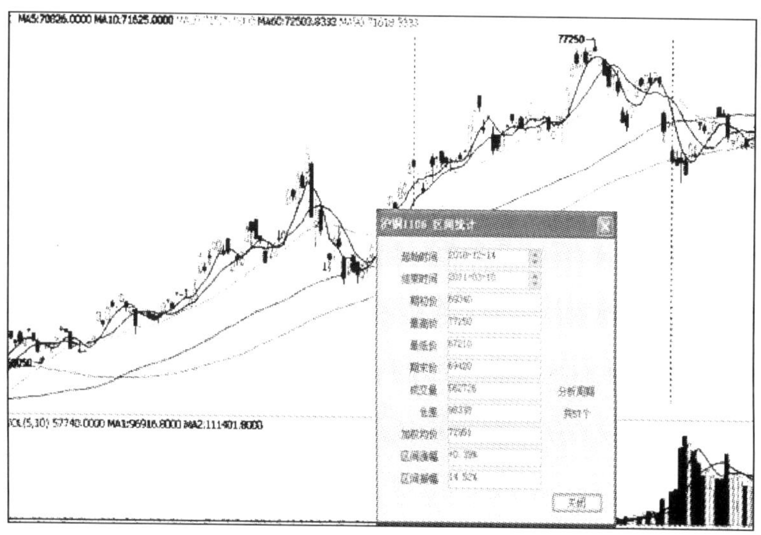

图 2-107

第二篇

证券交易业务实验

第三章

实验一 证券品种与证券市场认识

第一节 实验的目的和内容

一、实验目的

（1）通过本实训，要求收集我国证券市场交易产品的种类、数量信息，识别和查询各类证券品种的代码，并在此基础上理解其不同证券品种的收益与风险等基本特点，以便于投资对象的选择。

（2）理解各类证券及其收益、风险等基本特点，以便于不同的投资者选择不同的投资对象。

（3）掌握各种类型证券市场的表现形式，我国和世界范围内主要的证券交易所的基本状况，主要证券投资机构的发展现状和证券公司、基金管理公司的机构设置，我国和世界范围内主要股票价格指数和股价平均数情况。

二、实验内容

（1）认识中国证券市场中证券投资工具；

（2）认识沪深两市有代表性证券投资工具；

（3）认识我国证券交易所及世界著名证券交易所。

三、实验资料和实验步骤

（一）实验资料准备

（1）场地准备：配备电脑的证券实训实验室、学院及周边环境；

（2）教学资料准备：多媒体课件、某财经网站、交易所与某证券公司网站。

（二）实验步骤

（1）教师课堂讲授；

（2）登录上海证券交易所、深圳证券交易所、证监会官方网站、四大期货交易所（上海、大连、郑州、中国金融）或一些财经网站（使用同花顺、通达信等行情软件也可实现大部分功能，市盈率需要搜索），可根据填写内容分步进行登录查询；

（3）查询并填写表 3-4 至表 3-7（基金品种可登录一些财经网站，如好买基金网 www.howbuy.com 查询）；

（4）登录证券行情软件或前面的一些官网或通过搜索，查询并填写表 3-8、表 3-9；

（5）登录前面的官网或财经网站，填写表 3-10。

第二节　证券投资工具与证券市场认识实训

一、理论要点

我国境内现在有上海和深圳两个证券交易所。另外还有上海、大连、郑州、中国金融等四家期货交易所。两家证券交易所里有很多交易品种，包括股票（A 股和 B 股）、债券（国债和企业债券）、封闭式基金、ETF 和权证等。

（一）上海证券交易所证券代码分配规则

1. 首位代码规则

首位代码规划如表 3-1 所示。

表 3-1　上海证券交易所首位代码规则

首位代码	产品定义	首位代码	产品定义
0	国债 / 指数	5	基金 / 权证
1	债券	6	A 股
2	回购	7	非交易业务（发行、权益分配）
3	期货	8	备用
4	备用	9	B 股

2. 二、三位代码规则

二、三位代码规则如表 3-2 所示。

表 3-2 上海证券交易所二、三代码规则

第 1 位	第 2 ～ 3 位	业务定义
0	00	上证指数、沪深 300(行情论坛) 指数、中证指数
	09	国债（2000 年前发行）
	10	国债（2000 ～ 2009 年发行）
	90	新国债质押式回购质押券出入库（对应 010*** 国债）
	99	新国债质押式回购质押券出入库（对应 009*** 国债）
1	00	可转债 (行情论坛)（对应 600***），其中 1009** 用于转债回售
	10	可转债（对应 600***）
	12	可转债（对应 600***）
	13	可转债（对应 601***）
	20	企业债（席位托管方式）
	21	资产证券化
	26	分离交易的可转换公司债
	29	企业债（席位托管方式）
	81	可转债转股（对应 600***）
	90	可转债转股（对应 600***）
	91	可转债转股（对应 601***）
2	01	国债回购 (行情论坛)（席位托管方式）
	02	企业债回购
	03	国债买断式回购
	04	新质押式国债回购（账户托管方式）
3	10	国债期货（暂停交易）
5	00	契约型封闭式基金
	10	交易型开放式指数证券投资基金
	19	开放式基金申赎
	21	开放式基金认购
	22	开放式基金跨市场转托管
	23	开放式基金分红
	24	开放式基金转换
	80	权证 (含股改权证、公司权证)
	82	权证行权
6	00	A 股证券
	01	A 股证券
7	00	配股（对应 600***）
	02	职工股配股（对应 600***）
	04	持股配转债（对应 600***）
	05	基金扩募
	06	要约收购
	30	申购、增发（对应 600***）
	31	持股增发（对应 600***）
	33	可转债申购（对应 600***）

（续）

第 1 位	第 2～3 位	业务定义
7	35	基金申购
	38	网上投票（对应 600***）
	40	申购款或增发款（行情论坛）(对应 600***）
	41	申购或增发配号（对应 600***）
	43	可转债发债款（对应 600***）
	44	可转债配号（对应 600***）
	45	基金申购款
	46	基金申购配号
	51	国债分销
	60	配股（对应 601***）
	62	职工股配股（对应 601***）
	64	持股配转债（对应 601***）
	80	申购、增发（对应 601***）
	81	持股增发（对应 601***）
	83	可转债申购（对应 601***）
	88	网络投票（对应 601***）
	90	申购款或增发款（对应 601***）
	91	申购或增发配号（对应 601***）
	93	可转债申购款（对应 601***）
	94	可转债配号（对应 601***）
	99	指定交易（含指定交易、撤销指定（行情论坛）、回购指定撤销、A 股密码服务等）
8	00	B 股证券
	38	网上投票 (B 股）
	39	B 股网络投票密码服务（现仅用 939988）

（二）深圳证券交易所证券代码分配规则

深圳证券交易所证券代码分配规则如表 3-3 所示。

表 3-3 深圳证券交易所证券代码分配规则

第 1 位	第 2～3 位	业务定义
0	00	A 股主板证券
	01	A 股主板证券
	02	A 股中小板证券
	3	A 股认购或认沽权证（注 1）
	7	A 股增发
	8	A 股配股权证
1	00-01	国债
	08	贴债
	09	地方政府债
	11	企业债
	12	公司债
	15	认股权和债券分离交易的可转换公司债券

（续）

第 1 位	第 2～3 位	业务定义
1	2	可转换债券
	3	债券回购
	5	开放式基金（注 2）
	6	开放式基金（注 2）
	8	证券投资基金
2	0	B 股证券
	8	B 股权证
3	0	创业板证券
	6	网络投票证券（注 3）
	7	创业板增发
	8	创业板权证
	9	综合或成分指数 / 成交量统计指标（注 4）

注：1.【030000，032999】是认购权证代码区间；【038000，039999】是 A 股认估权证代码区间；【033000，037999】为权证业务预留的代码区间。

2. XXZQJB 字段值为 L 的，是上市开放式基金（LOF）；XXZQJB 字段值为 E 的是交易型开放式指数基金（ETF），ETF 基金代码区间为【159900，159999】；XXZQJB 字段值为 F 的是非交易型开放式基金（暂不交易，仅揭示基金净值及开放申购赎回业务）；XXZQJB 字段值为 N 的是净值揭示服务开放式基金。

3. 369999 为用于投资者服务密码激活 / 挂失处理的专用证券。

4. 代码以 395 开头的证券用于揭示成交量统计指标。

二、实验项目

项目一：中国证券市场中证券投资工具的认识

截至实验日，收集中国证券市场证券和基金基本概况，完成表 3-4、表 3-5 和表 3-6。

表 3-4 沪深两市股票概况

	上市公司总数	A 股股票数	B 股股票数	总市值（亿元）	流通市值（亿元）	平均市盈率
上海						
深圳主板						
中小板						
创业板						

表 3-5 沪深两市未到期债券数量概况 （单位：只）

	国债	地方债	公司 / 企业债	可转换债
上海				
深圳				

表 3-6 中国市场基金数量概况 （单位：只）

封闭式	ETF 型	LOF 型	股票型	混合型	债券型	保本型	指数型	货币市场型

项目二：沪深两市主要证券投资工具的认识

（1）从中国主板市场、中小板市场、创业板市场的股票中各找出股价最高和最低的2只股票，完成表3-7。

表3-7　代表性上市公司股票基本情况

股票代码	股票简称	上市地点	股本量（万股）	市盈率（倍）	当前股价（元）	历史最高价（元）	历史最低价（元）	当前总市值（亿元）

（2）找出截至实验日，沪深两市中上市交易的国债、地方债、公司/企业债、可转换债各2只，并完成表3-8。

表3-8　沪深两市各类代表性债券基本情况品种概况

挂牌代码	挂牌简称	发行量（亿元）	发行价格	发行数量	到期日	到期期限（年）	票面利率（%）	付息方式	付息时间

（3）找出截至实验日，中国市场有代表性各类基金各1个品种，并完成表3-9。

表3-9　中国市场基金数量概况

	封闭式	ETF型	LOF型	股票型	混合型	债券型	保本型	指数型	货币市场型
基金名称									
单位净值（元）									
累计净值（元）									
累计收益率（%）									
上一年度收益率（%）									
发行份数（份）									

项目三：我国证券交易所及世界著名证券交易所的认识

调查分析我国上海、深圳证券交易所（含中小板、创业板）的情况，以及世界范围内5家著名证券交易所的情况，并填写表3-10。

表 3-10 中国及全球主要证券交易所概况

交易所名称	建立时间	上市公司总数	总市值（亿元）	交易时间	主要指数名称	当前指数数值	与年初相比（%）

第四章

实验二 证券（股票）开户与交易流程

第一节　实验的目的与内容

一、实验目的

（1）了解证券（股票）账户开户的基本流程和主要的交易账户类型；

（2）掌握证券（股票）交易的基本流程与规则，并能计算股票除权除息后的价格。

二、实验内容

（1）开户流程；

（2）交易流程及相关规则；

（3）其他事项的理解：如相关费用、收益、除权除息及其计算等。

三、实验资料和实验步骤

（一）实验资料准备

（1）场地准备：配备电脑的证券实训实验室、学院及周边环境；

（2）教学资料准备：多媒体课件、证券行情软件、某证券公司资料及网站。

（二）实验步骤

（1）教师课堂讲授；

（2）客户到营业部柜台咨询开户及交易的相关知识；

（3）介绍开设证券账户和资金账户程序；

（4）介绍如何填写委托单；

（5）介绍交易所交易的基本规则与费用；

（6）介绍股票的除权（息）价的计算；

（7）将以上过程及心得写入实验报告。

第二节 证券（股票）开户与交易流程实训

一、理论要点

（一）证券交易概述

证券交易的种类是根据交易的对象来划分的，目前，我国证券交易市场上主要交易品种如表 4-1 所示。

表 4-1 我国证券交易的主要品种

	股票交易	债券交易	基金交易	其他交易
证券交易种类	A 股	国债	封闭式基金	权证
	B 股	企业债券	开放式基金	回购
		金融债券	LOF	
		可转换债券	ETF	

证券交易的参与者包括自然人和法人两类。投资者买卖证券的途径主要有两条：一是直接进入证券交易场所自行交易；二是委托经纪人代理买卖证券。就我国证券市场来看，上海证券交易所（以下简称上交所）和深圳证券交易所（以下简称深交所）构成了我国证券交易市场的主要场所，参与这两个证券交易所的投资者除境内的自然人和法人外，还包括境外自然人和法人（如合格的境外投资者）。一般的投资者不能直接进入上交所和深交所，只能委托证券公司（我国也称券商，国外一般称为投资银行）代理买卖证券。

我国证券交易市场的主要参与者如图 4-1 所示。

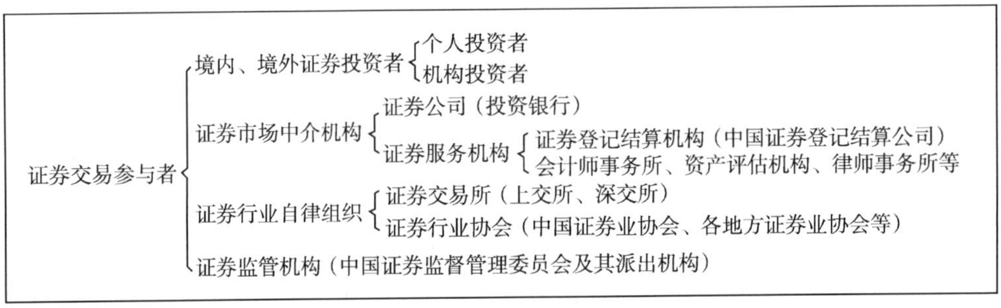

- 证券交易参与者
  - 境内、境外证券投资者
    - 个人投资者
    - 机构投资者
  - 证券市场中介机构
    - 证券公司（投资银行）
    - 证券服务机构
      - 证券登记结算机构（中国证券登记结算公司）
      - 会计师事务所、资产评估机构、律师事务所等
  - 证券行业自律组织
    - 证券交易所（上交所、深交所）
    - 证券行业协会（中国证券业协会、各地方证券业协会等）
  - 证券监管机构（中国证券监督管理委员会及其派出机构）

图 4-1 我国证券交易市场的主要参与者

（二）证券交易程序

由于证券交易所是我国证券交易的主要场所，因此，后面介绍的证券交易程序和证

券交易规则均是针对证券交易所而言。目前，我国沪、深证券交易所的交易程序如图 4-2 所示。

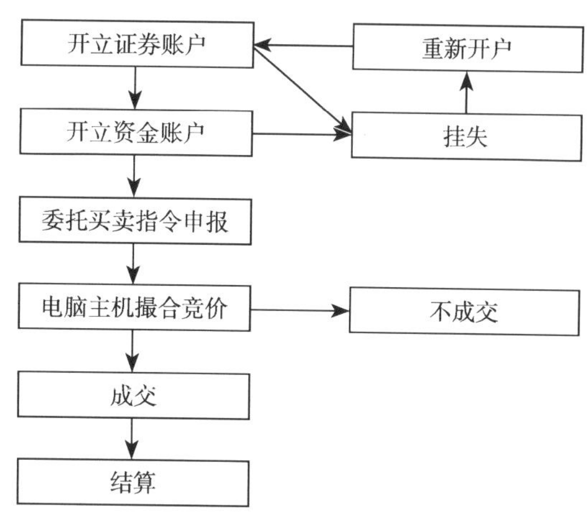

图 4-2 我国沪、深证券交易所的交易程序

1. 开立证券账户

开立证券账户是指投资者到中国证券登记结算有限公司及其开户代理机构处开设上交所和深交所证券交易账户的行为。

（1）开户要求。投资者可以带齐有效身份证件和复印件，到中国证券登记结算有限公司在全国各地的营业点及其开户代理机构处（目前，绝大多数券商营业部均办理证券账户代理开户业务）办理开户，委托他人代办的，还需要提供代办者身份证及复印件。如果是法人办理开户，需要提供法人营业执照原件及复印件、法人委托书、法人代表证明书和经办人身份证原件和复印件等材料。

根据我国现行规定，以下人员不得开户：

证券管理机关工作人员、证券交易所管理人员、证券从业人员（均不得开设股票账户）、未成年人未经法定监护人的代理或允许者、未经授权代理法人开户者、市场禁入期限未满者和其他法律法规规定不得开户的自然人。

（2）证券账户种类。按证券交易所场所划分，我国的证券账户分为上海证券账户和深圳证券账户。按证券账户用途划分，划分为人民币普通股账户、人民币特种股票账户、证券投资基金账户和其他账户等。

A. 人民币普通股票账户

人民币普通股票账户简称 A 股账户，其开立仅限于国家法律法规和行政规章允许买卖 A 股的境内投资者，A 股账户包括自然人证券账户（上海为 A 字头账户）、一般机构证券账户（上海为 B 字头账户）、证券公司自营证券账户和基金管理公司的证券投资基金专用账户（上海均为 D 字头账户）。

在实际操作中，A 股账户是目前我国用途最广、数量最多的一种通用型证券账户，既可用于买卖人民币普通股票，也可用于买卖债券和证券投资基金。

B. 人民币特种普通股票账户

人民币特种普通股票账户简称 B 股账户（上海为 C 字头账户），是专门用于为投资者买卖 B 股而设置的，按 B 股持有人的不同，可以分为境内投资者 B 股账户（上海以 C90 打头）和境外投资者 B 股账户（上海以 C99 打头）。

C. 证券投资基金账户

证券投资基金账户简称基金账户（上海为 F 字头账户），是一种只能用于买卖基金的一种专用型账户，目前，该账户也可以买卖上市国债。

2. 开立资金账户

投资者在开立证券账户后，在买卖证券之前，先要在证券营业部开立资金账户。其操作程序如下。

第一步，提供相关资料。个人开户需提供身份证原件和复印件，证券账户卡原件及复印件等资料。法人机构开户，需要提供法人营业执照原件及复印件，法定代表人证明书，证券账户卡原件及复印件，法人授权委托书和被授权人身份证原件及复印件，单位预留印鉴等材料。

第二步，填写相关表格。一般包括《风险揭示书》、《开立资金账户申请表》、《授权委托书》、《证券交易委托代理协议书》、《指定交易协书》（参见实训报告），如果要办理网上交易委托，还需要填写《网上交易委托协议书》等相关文件。

我国目前实行指定交易制度，即投资者与某一证券营业部签订协议后，指定该机构为自己买卖证券的唯一交易点。

第三步，材料审核与开户。证券营业部工作人员根据有关规定，对开户申请者提供的资料进行审核，如符合规定，即为申请者办理开户手续。根据规定，我国目前实行的“客户交易结算资金第三方存管”制度，该账户只能用于证券查询、买卖和委托等功能，客户不能通过此账户在证券营业部柜台进行资金存取活动。

第四步，开设客户银行结算账户。投资者在证券营业部开设资金账户后，要选择一家与该证券公司合作的商业银行开立一个与证券营业部资金账户相对应的“客户银行结算账户”，用于证券资金账户中资金的存、取和划转等业务。

3. 委托申报

（1）证券资金账户资金存取。根据“客户交易结算资金第三方存管”制度有关规定，开户投资者无法通过证券营业部自办资金存取，只能通过与证券资金账户相对应的“客户银行结算账户”进行资金的存取。具体做法如下。

第一步，在客户银行结算账户中存入资金；

第二步，通过电话银行、网上银行、（证券营业部）自助办理、证券营业部（银行柜台）办理等途径将资金从客户银行结算账户转入证券资金账户；

第三步，进行证券买卖；

第四步，通过电话（网上）银行、银行柜台办理等途径将资金从证券资金账户转入客户银行结算账户；

第五步，在客户银行结算账户中取出资金。

（2）委托。第一，委托形式。投资者可以通过书面或电话、自助终端、互联网等委托方式委托会员（证券公司）买卖证券。采用电话、自助终端、互联网等委托方式应当按相关规定操作。

第二，委托指令应包括的内容。根据沪、深证券交易所的规定，委托指令中至少要包括以下内容：证券代码、买卖方向、委托数量、委托价格以及交易所和会员要求的其他内容。

第三，委托撤销。在委托尚未成交前，投资者可以撤销委托。

（3）申报。第一，申报时间。沪深证券交易所接受申报的时间为每个交易日的9:15 ～ 9:25、9:30 ～ 11:30、13:00 ～ 15:00。每个交易日 9:20 ～ 9:25 的开盘集合竞价阶段，交易所主机不接受撤单申报，其他接受交易申报的时间内，未成交申报可以撤销。证券公司应按投资者委托时间先后顺序及时向交易所申报。

第二，申报价格。投资者可以采用限价申报或市价申报的方式委托证券公司营业部买卖证券。限价申报是指客户委托证券公司营业部按其限定的价格买卖证券，证券公司营业部必须按限定的价格或低于限定的价格申报买入证券，按限定的价格或高于限定的价格申报卖出证券。

不同证券采用不同的计价单位，股票为每股价格，基金为每份基金价格，债券为每百元债券价格，债券质押式回购为每百元资金到期年收益，债券买断式回购为百元面值债券到期回购价格。并且不同证券申报价格的最小变动单位也各不相同，如表 4-2 所示。

表 4-2 不同证券申报价格最小变动单位一览

上交所		深交所	
交易品种	最小变动单位	交易品种	最小变动单位
A 股、债券、债券买断式回购	0.01 元	A 股、债券、债券质押式回购	0.01 元
基金、权证	0.001 元	基金	0.001 元
B 股	0.001 美元	B 股	0.01 港元
债券质押式回购	0.005 元		

第三，申报数量。关于申报的数量，上交所和深交所的规定有所不同，具体如表 4-3 和表 4-4 所示。

表 4-3 上交所关于申报数量的规定

交易品种	最申报小单位	申报数量	单笔申报数量区间	备注
股票、基金	100 股（份）	应为 100 股（份）或其整数倍，余额不足 100 股（份）的，应一次性申报卖出	100 股（份）～ 100 万股（份）	
债券	1 手	应为 1 手或其整数倍	1 ～ 1 万手	1 手为人民币 1 000 元面值债券
债券买断式回购	1 000 手	应为 1 000 手或其整数倍	1 ～ 5 万手	
债券质押式回购	100 手	应为 100 手或其整数倍	1 ～ 1 万手	1 手为人民币 1 000 元标准券

表 4-4 深交所关于申报数量的规定

交易品种	最小申报单位	申报数量	单笔申报数量区间	备注
股票、基金	100 股（份）	应为 100 股（份）或其整数倍，余额不足 100 股（份）的，应一次性申报卖出	100 ～ 100 万股（份）	
债券	10 张	应为 10 张或其整数倍，余额不足 10 张时，应一次申报卖出	10 ～ 10 万张	1 张为人民币 100 元面值债券
债券质押式回购	10 张	应为 100 手或其整数倍	1 ～ 1 万手	1 张为人民币 100 元标准券

第四，价格涨跌幅限制。目前，上交所和深交所均对股票、基金交易实行价格涨跌幅限制，涨跌幅比例为 10%，其中 ST 股票和 *ST 股票价格涨跌幅比例为 5%。

其计算公式为：涨跌幅价格＝前一交易日收盘价 ×（1± 涨跌幅比例），计算结果按四舍五入原则取至价格最小变动单位。

属于下列情形之一的，首个交易日无价格涨跌幅限制：

第一，首次公开发行上市的股票和封闭式基金；

第二，增发上市的股票；

第三，暂停上市后恢复上市的股票；

第四，交易所认定的其他情形。

4. 竞价

上交所、深交所的证券竞价采用集合竞价和连续竞价两种方式。集合竞价是指在规定时间内对接收到的有效买卖申报一次性集中撮合的竞价方式。每个交易日的 9:15 至 9:25 为开盘集合竞价时间（其中深市 14:57 至 15:00 为收盘竞价时间），9:30 至 11:30、13:00 至 15:00（沪市）为连续竞价时间，开市期间停牌并复牌的证券除外。

5. 成交

证券竞价成交有三大原则：价格优先、时间优先、揭示价优先（连续竞价时的成交原则）。

价格优先：较高价格买入申报优先于较低价格买入申报，较低价格卖出申报优先于较高价格卖出申报。

时间优先：买卖方向、价格相同的，先申报者优先于后申报者。先后顺序按交易主机接受申报的时间确定。

集合竞价时，成交价格的确定原则为：第一，可实现最大成交量的价格；第二，高于该价格的买入申报与低于该价格的卖出申报全部成交的价格；第三，与该价格相同的买方或卖方至少有一方全部成交的价格。集合竞价的所有交易以同一价格成交。

连续竞价时，成交价格的确定原则为：第一，最高买入申报价格与最低卖出申报价格相同，以该价格为成交价格；第二，买入申报价格高于即时揭示的最低卖出申报价格的，以即时揭示的最低卖出申报价格为成交价格；第三，卖出申报价格低于即时揭示的最高买入申报价格的，以即时揭示的最高买入申报价格为成交价格。

例 4-1

交易所电脑主要撮合成交演示。假设在集合竞价期间，关于某一股票的所有买卖申报如图 4-3 所示，交易所电脑主机撮合成交的步骤如下：

第一步，比对买一和卖一，将卖一的 200 股配给买一，卖一完全成交，买一还有 100 股不能成交；

第二步，比对买一和卖二，将卖二的 100 股配给买一，买一完全成交，卖二还有 200 股不能成交；

第三步，比对卖二和买二，将卖二的 200 股配给买二，卖二完全成交，买二还有 200 股不能成交；

第四步，对比买二和卖三，将卖三的 200 股配给买二，买二完全成交，卖三还有 400 股不能成交；

第五步，对比卖三和买三，二者各自申报的价格不能成交，此次撮合成交到此结束，成交价为上述四笔交易中的最低成交价，即 9.99 元，这个价格为所有的已成交的申报者所接受，成交量为 700 股。

委买申报					委卖申报			
编号	时间	价格	数量		数量	价格	时间	编号
买一	10:02	10.00	300	200 / 100	200	9.97	10:02	卖一
买二	10:02	9.99	400	200 / 200	300	9.98	10:01	卖二
买三	10:02	9.98	800		600	9.99	10:01	卖三
买四	10:01	9.98	1000		1000	10.00	10:02	卖四

图 4-3 连续竞价规则举例

6. 结算

结算包括两个过程，即清算和交收。

清算是指每一营业日中每个结算参与人（证券公司）成交的证券数量与价款分别给予轧抵，对证券和资金的应收或应付净额进行计算的处理过程。

交收是指依据清算的结果实现证券与价款的收付，从而结束证券交易过程。

我国目前实行 T + 1、T + 3、T + 0 滚动交收，其中，A 股、基金、债券、回购交易等实行 T + 1 滚动交收，B 股实行 T + 3 滚动交收，权证实行 T + 0 滚动交收。以 T + 1 例，在 T 日成交的证券交易的交收在成交日之后的第一营业日（T + 1）完成。

7. 其他交易事项

（1）开盘价与收盘价。证券的开盘价为当日该证券的第一笔成交价格，通过集合竞价方式产生，不能产生开盘价的，以连续竞价方式产生。

证券的收盘价为当日该证券最后一笔交易前一分钟所有交易的成交量加权平均价（含最后一笔交易）。当日无成交的，以前收盘价为当日收盘价。

（2）挂牌、摘牌、停牌与复牌。上交所和深交所对上市证券实行挂牌交易。

证券上市期届满或依法不再具备上市条件的，证交所终止其上市交易，并予以摘牌。

股票、封闭式基金交易出现异常波动的，证交所可以决定停牌，直至相关当事人做出公告当日的上午 10:30 予以复牌。

根据市场发展需要，证交所可以调整停牌证券的复牌时间。证交所可以对涉嫌违法违规交易的证券实施特别停牌并予以公告，相关当事人应按照证交所的要求提交书面报告。

特别停牌及复牌的时间和方式由证交所决定。

证券停牌时，证交所发布的行情中包括该证券的信息；证券摘牌后，行情中无该证券的信息。

证券开市期间停牌的，停牌前的申报参加当日该证券复牌后的交易；停牌期间，可以继续申报，也可以撤销申报；复牌时对已接受的申报实行集合竞价，集合竞价期间不揭示虚拟开盘参考价格、虚拟匹配量、虚拟未匹配量。

证券挂牌、摘牌、停牌与复牌的，证交所予以公告。

证券挂牌、摘牌、停牌与复牌的其他规定，按照证交所上市规则或其他有关规定执行。

（3）除权与除息。

A. 上市证券分红送配的主要形式

第一，权益分派。上市公司将当年的盈利分派给股东有两种形式，一是向股东派发现金（简称派现或派息），二是向股东派发股票（简称送股）。二者的区别是：派现导致公司的现金流量减少，送股不会减少公司的现金流量，送股后公司的资产、负债、股东权益总额和结构没有发生变化，但总股本增大，每股净资产值降低，股东持有股数也相应增加。

第二，公积金转增股本。公积金转增股本上市公司将资本公积（以前年度盈利中提取出来的资金本公积金）折成股票送给股东，其结果与送股相同。公积金转增股本与送股的区别是：前者用以前年度的盈余增加股东的股数，后者是当年的盈余增加股东的股数。

第三，配股。配股是指上市公司为了获得更多的资金以满足公司发展的需要，而向老股东低价发行新股的行为。

B. 证券交易所关于上市证券分红送配的处理

证券交易所在上市证券发生分红送配的情况时，会在权益登记日（B 股为最后交易日）次一交易日对该证券作除权除息处理。这里涉及两个概念，即权益登记日（有时直接称为股权登记日）和除权（息）日。

权益登记日是指上市证券分红送配方案中指定的某一交易日，在这个交易日收盘时仍持有该证券的投资者可获得此次分红送配。

除权（息）日是在权益登记日后的一个交易日，在此日和此日后买入该证券的投资者无获得此次分红送配的权利。当天该股票开盘参考价为除权报价，涨跌幅以除权报价为基础。在除权（息）日，上市证券简称前往往会加上 XR、XD 和 DR 等字母，如海泰发展（600082）于 2007 年 4 月 17 日除息，其股票简称当天改为 XR 海泰发。XR、XD、DR 含义如下：

XR 是英文 Ex-Right 的简称，表示当除息；XD 是英文 Ex-Divident 的简称，表示当天除权；DR 则是前面二者结合起来，表示当天既除息又除权。

除权（息）参考价格的计算公式为：除权（息）参考价格 = [（除权（息）前价格 − 现金红利）+ 配（新）股价格 × 流通股份变动比例] ÷（1 + 流通股份变动比例）。

例 4-2

某上市公司的分红方案为每 10 股派现 3.6 元，股权登记日收盘价为 6.27 元，求其除息日开盘的参考报价。计算过程如下：

该股票除息日开盘的参考报价 = 6.27−（3.6 ÷ 10）= 5.91 元。

例 4-3

某上市公司的分红方案为每 10 股送 5 股并派现 1.6 元，股权登记日收盘价为 6.7 元。（1）求其除权除息日开盘的参考报价；（2）如果某投资者的买入成本为 5.4 元，求其除权后的每股成本。计算过程如下：

（1）该股票除息日开盘的参考报价 =（6.7−0.16）÷（1+ 0.5）= 4.36 元；

（2）该投资者配股后的每股成本 =（5.4−0.16）÷（1 + 0.5）= 3.49 元。

例 4-4

某上市公司于 2011 年实施配股，其方案为向全体股东每 10 股配 3 股，配股价为每股人民币 10.12 元。股权登记日为 2011 年 8 月 6 日，当天收盘价为 14.53 元。

（1）某投资者于 2011 年 8 月 6 日 13:40 分买入该股票，该投资者能不能获得此次配股权？

（2）某投资者于 2011 年 8 月 7 日 13:40 分买入该股票，该投资者能不能获得此次配股权？

（3）计算 2011 年 8 月 6 日该股票开盘的参考报价。

（4）若一投资者于 2011 年 7 月 12 日以每股 15.30 元的价格买入并一直持有该股，假设其参与了此次配股，计算其配股后的每股成本。

计算过程如下：

（1）该投资者能获得此次配股权；

（2）该投资者不能获得此次配股权；

（3）2011 年 8 月 6 日该股票开盘的参考报价 =（14.53+10.12×0.3）÷（1+0.3）=13.50 元；

（4）该投资者配股后的每股成本 =（15.30+10.12×0.3）÷（1+0.3）= 14.10 元。

（4）股票交易的特别处理（*ST、ST）。

警示存在终止上市风险的特别处理（*ST）。

2003 年 4 月，上交所和深交所分别发布《关于对存在股票终止上市风险的公司加强风险警示等有关问题的通知》，规定从 2003 年 5 月 8 日起，对存在连续两年亏损等严重问题的上市公司实行退市风险警示制度，其处理措施包括：

第一，在公司股票简称前冠以“*ST”，以区别其他股票；

第二，股票价格的日涨跌幅限制为 5%。

（5）其他特别处理（ST）。根据上述规定，证券交易所对于存在最近一个会计年度审计结果显示其股东权益为负等严重问题的上市公司实施其他特别处理制度，其处理措施包括：

第一，在公司股票简称前冠以“ST”，以区别其他股票；

第二，股票价格的日涨跌限制为 5%。

（三）证券交易费用

投资者从事证券交易，需要支付一定的交易费用，具体包括：

第一，开户费。开户费是投资者在中国证券登记结算有限公司开设证券交易账户时要交纳的费用。

第二，佣金。佣金是证券公司为客户（投资者）提供证券代理买卖服务收取的费用，投资者要按成交金额一定比例支付给证券公司。

第三，过户费。过户费是投资者在委托买卖股票、基金等成交后，买卖双方为变更证券登记所支付的费用，这笔费用属于证券登记结算公司，由证券公司在同投资者结算时代为扣收。深市不收过户费。

第四，印花税。印花税是根据国家税收法律规定，在 A 股和 B 股成交后对买卖双方投资者按照规定的税率分别征收的税金，由证券公司在为投资者办理结算时代为扣收。表 4-5 和表 4-6 分别列出了上海证券交易所交易费用。

第五，委托手续费。委托手续费是证券公司在投资者办理委托买卖时，向投资者收取的，主要用于通信、设备、单证制作等方面的费用。委托手续费的收费一般按委托的笔数计算，没有统一的标准。目前，大多数证券公司都免收委托手续费。

表 4-5　上海证券交易所 A 股、基金、权证、债券交易费用一览表

<table>
<tr><th colspan="3">业务类别</th><th>费用项目</th><th>费用标准</th><th>最终收费单位</th></tr>
<tr><td rowspan="3">开户</td><td rowspan="2">A 股</td><td>个人</td><td>开户费</td><td>40 元 / 户</td><td>登记结算公司</td></tr>
<tr><td>机构</td><td>开户费</td><td>400 元 / 户</td><td>登记结算公司</td></tr>
<tr><td colspan="2">基金</td><td>开户费</td><td>5 元 / 户</td><td>开户代理机构</td></tr>
<tr><td rowspan="20">交易</td><td colspan="2" rowspan="3">A 股</td><td>佣金</td><td>不超过成交金额的 0.3%，起点 5 元</td><td>证券公司</td></tr>
<tr><td>过户费</td><td>成交面额的 0.1%，起点 1 元</td><td>登记结算公司</td></tr>
<tr><td>印花税</td><td>成交金额的 0.1%(现对卖方单边收取)</td><td>税务机关</td></tr>
<tr><td colspan="2">证券投资基金（封闭式基金、ETF）</td><td>佣金</td><td>不超过成交金额的 0.3%，起点 5 元</td><td>证券公司</td></tr>
<tr><td colspan="2">权证</td><td>佣金</td><td>不超过成交金额的 0.3%，起点 5 元</td><td>证券公司</td></tr>
<tr><td colspan="2">债券（国债、企业债券、可转换公司债券等）</td><td>佣金</td><td>不超过成交金额的 0.02%，起点 1 元</td><td>证券公司</td></tr>
<tr><td rowspan="8">新质押式回购</td><td>1 天</td><td>佣金</td><td>成交金额的 0.001%，起点 5 元</td><td>证券公司</td></tr>
<tr><td>2 天</td><td>佣金</td><td>成交金额的 0.002%</td><td>证券公司</td></tr>
<tr><td>3 天</td><td>佣金</td><td>成交金额的 0.003%</td><td>证券公司</td></tr>
<tr><td>4 天</td><td>佣金</td><td>成交金额的 0.004%</td><td>证券公司</td></tr>
<tr><td>7 天</td><td>佣金</td><td>成交金额的 0.005%</td><td>证券公司</td></tr>
<tr><td>14 天</td><td>佣金</td><td>成交金额的 0.01%</td><td>证券公司</td></tr>
<tr><td>28 天</td><td>佣金</td><td>成交金额的 0.02%</td><td>证券公司</td></tr>
<tr><td>28 天以上</td><td>佣金</td><td>成交金额的 0.03%</td><td>证券公司</td></tr>
<tr><td rowspan="3">国债买断式回购</td><td>7 天</td><td>佣金</td><td>成交金额的 0.0125%</td><td>证券公司</td></tr>
<tr><td>28 天</td><td>佣金</td><td>成交金额的 0.05%</td><td>证券公司</td></tr>
<tr><td>91 天</td><td>佣金</td><td>成交金额的 0.075%</td><td>证券公司</td></tr>
<tr><td>大宗交易</td><td></td><td colspan="3">佣金、过户费、印花税同品种竞价交易</td></tr>
<tr><td colspan="3" rowspan="2">ETF 申购、赎回</td><td>佣金</td><td>不超过申购、赎回份额的 0.5%</td><td>证券公司</td></tr>
<tr><td>组合证券过户费</td><td>股票过户面额的 0.05%，前三年减半</td><td>登记结算公司</td></tr>
<tr><td colspan="3">权证行权</td><td>标的股票过户费</td><td>股票过户面额的 0.05%</td><td>登记结算公司</td></tr>
</table>

注：注意收费标准的变更，如“一码通”账户开启后开户费的下降。

表 4-6　上海证券交易所 B 股交易费用一览表

<table>
<tr><th colspan="2">业务类别</th><th>费用项目</th><th>费用标准</th><th>最终收费单位</th></tr>
<tr><td rowspan="3">开户</td><td>个人</td><td>开户费</td><td>19 美元</td><td>登记结算公司</td></tr>
<tr><td>机构</td><td>开户费</td><td>85 美元</td><td>登记结算公司</td></tr>
<tr><td>更换结算会员</td><td>开户费</td><td>2 美元</td><td>目前未收</td></tr>
<tr><td colspan="2" rowspan="3">交易</td><td>佣金</td><td>不超过成交金额的 0.3%，起点 1 美元</td><td>证券公司</td></tr>
<tr><td>结算费</td><td>成交金额的 0.05%</td><td>登记结算公司</td></tr>
<tr><td>印花税</td><td>成交金额的 0.1%（现对卖方单边收取）</td><td>税务机关</td></tr>
<tr><td colspan="2">修改错误交易的非交易过户</td><td>手续费</td><td>30 美元 / 笔</td><td>错误方交登记结算公司</td></tr>
<tr><td colspan="2">修改结算会员代码</td><td>手续费</td><td>10 美元 / 笔，每个 ORDER 最高不超过 50 美元</td><td>错误方交登记结算公司</td></tr>
<tr><td colspan="2">大宗交易</td><td colspan="3">佣金、结算费、印花税同竞价交易</td></tr>
</table>

|例 4-5|

某投资者在上海证券交易所以每股 12 元的价格买入某股票 10 000 股，该投资者与证券公司约定的佣金为 0.2%，免收委托手续费，其他费用按规定计收，那么该投资者最低需要以什么价格卖出股票才可保本。计算过程如下：

设投资者卖的价格为 P，则

卖出收入 = 10 000×P − 10 000×P×（0.2% + 0.1%）− 10 000×0.1%

买入支出 = 10 000×12 + 10 000× 12× 0.2% + 10 000×0.1%

保本或盈利即为卖出收入≥买入支出。

(四) 证券交易的收益及其计算

人们从事证券交易的目的是实现资产的保值与增值，根据证券投资收益性质的不同，可以分为以下几种：第一，现金股息，即上市公司以现金的方式向股东派发的现金分红；第二，债券利息，即债券发行人按约定的时间与利率水平向债券持有人支付的利息；第三，基金分红，即证券投资基金按基金契约规定的时间与分红标准向基金持有人分发的现金分红；第四，资本利得，即投资者买卖股票、债券、基金等所获得的价差收益，对于不能上市交易的开放式基金来说，资本利得即是其赎回价格与申购价格之间的差额。

由于证券交易的品种多且收益形式各异，证券交易收益率的计算也比较复杂，此处仅笼统介绍一种比较常见的持有期收益率的计算方法。持有期收益率是投资者持有证券期间获得的净收益与总支出之间的比率，其公式如下：

$$\text{持有期收益率}=\frac{\text{持有期间净收益}}{\text{总支出}}\times 100\%$$

这个公式是一个不考虑时间的收益率，如果要将证券交易收益率与银行存款收益率相比较时，还需要将上述公式转化为年收益率，方可进行比较。

|例 4-6|

某投资者于 2011 年 6 月 19 日买入沪市某股票 30 000 股，成交价为 6.23 元，该投资者与证券公司约定的佣金为 0.2%，免收过户费，于 2011 年 8 月 18 日以每股 6.89 元的价格卖出，持有期间获得税后现金股息 1 000 元，请计算该投资者持有期收益率。计算过程如下：

该投资者持有期间：

收益 = 1 000 + 6.89×30 000 − [30 000 × 6.89×（0.2% + 0.1%）+30 000×0.1%

= 207 049.9（元）；

支出 = 6.23×30 000 + 30 000 × 6.23 × 0.2% + 30 000×0.1% = 18 7303.8（元）；

净收益 = 19 746.1（元）；

该投资者的持有期收益率 = 19 746.1 / 187 303.8 = 10.54%。

二、实验项目

项目一：调查分析开户相关事项

登录上海、深圳证券交易所官方网站，调查相关账户管理制度，任选一家证券公司，了解现场和网上开户所必需的程序、资料记录下来。

项目二：调查分析交易规则与交易流程

使用证券交易分析软件，任选一个证券品种，观察分时图和日线图，搜集集合竞价与连续竞价的价格、数量信息，计算当前最新价买入、卖出 1 手证券所需税费情况，计算当前买入、卖出连续 5 档竞价完全成交所需要的数量，将报价信息、所需税费及 5 档竞价的总报单量记录下来。

项目三：除权除息相关计算

任选一只最近曾派息、送股、转增、配股与增发的股票，按照所学的除权除息计算方法，计算除权除息登记日当天收盘价，在分红后的除权除息价是多少，并采取向前、向后复权对股价处理，记录当前复权价并简要说明其含义。

第五章

实验三 公司分析

第一节 实验的目的和内容

一、实验目的

（1）通过本次实验，要求能够结合宏观经济分析、行业及板块分析相关知识，再通过分析某一家上市公司的相关信息，重点分析上市公司的业绩变化和其股票的二级市场股价表现相联系，以验证上市公司的基本素质和财务能力的变动和其股票的二级市场表现之间是否有关联关系，中国股市的价值投资理念是否能够实现；

（2）能够分析因重大事项而出现股价暴涨暴跌情况的现象，探索题材股的投资分析。

二、实验内容

（1）公司基本素质分析；

（2）公司财务状况分析；

（3）公司重大事项分析。

三、实验资料和实验步骤

（一）实验资料准备

（1）场地准备：配备电脑的证券实训实验室、学院及周边环境；

（2）教学资料准备：多媒体课件、来自财经网站与分析对象相关的资料。

（二）实验步骤

（1）教师课堂讲授；

（2）选择A股某家上市公司；

（3）分析该上市公司的行业竞争地位、技术和管理水平、市场占有率和发展潜力、公司盈利能力及增长性，并由此对该公司未来的发展和股票行情做一个概括的预期；

（4）以该上市公司为例，通过证券分析软件上有关上市公司历年的有关财物报表和有关财务分析资料，分析上市公司的有关财务信息；

（5）通过网络搜索及证券分析软件找出近年来存在重大事项的两三家公司，分析重大事项对其投资价值及股价的影响。

第二节 公司分析实训

一、理论要点

（一）公司基本素质分析

公司基本素质分析反映公司基本素质的内容包括许多方面，如公司在同行业中的竞争地位、公司经济区位分析、公司产品分析、公司经营能力分析、公司成长性分析、公司的赢利能力分析等（见表5-1）。这些问题的研究与分析有助于投资者进一步把握企业盈利能力和成长前景，对全面判断公司状况及其成长性有一个感性认识。

表5-1 上市公司基本素质分析主要内容

分析项目	主要内容
公司行业分析	判断公司在所处行业中的竞争地位
公司经济区位分析	区位内的自然条件与基础条件
	区位内政府的产业政策
	区位内的经济特色
公司产品分析	产品的竞争能力，包括成本优势、技术优势、质量优势等
	产品的市场占有情况
	产品的品牌战略
公司经营能力分析	公司法人治理结构，包括股权结构、股东大会制度、董事会权力、独立董事制度、监事会制度、职业经理人制度、投资者利益保护、利益相关人利益保护制度等
	公司管理层素质
	公司从业人员素质
公司成长性分析	公司成长战略分析、公司规模变动特征及扩张潜力分析
公司盈利能力分析	主要是基于公司财务报表，尤其是财务指标的分析

例5-1 高端白酒持续涨价

2011年9月部分商超53度飞天茅台的零售终端售价已直逼1 800元大关，将茅台在年初颁布的1 099元的“限价令”远远甩在身后，上涨幅度高达30%！而2009年年底飞天茅台制定的终端限价为730元。五粮液、洋河、泸州老窖等也是持续涨价。2011年9月以来，国内各高端品牌白酒纷纷“逢节而动”掀起涨价潮。据悉，9月10日五粮液旗下白酒正式提价20%～30%，13日，洋河大曲出厂价上涨5%到10%，随后剑南春、泸州老窖等二线品牌纷纷跟风涨价。作为白酒领头品牌的茅台零售终端也频传涨价消息。有关人士分析，紧跟高端白酒品牌的涨价风潮，白酒行业新一轮集体涨价可能即将到来。

面对出厂价上调，各品牌酒业给出的理由是粮食和包装制作材料价格上涨。而茅台、五粮液等品牌酒水价格的上涨真正原因，则是来自于市场的供不应求。避开节庆消费不谈，高档白酒近年来持续涨价的一个重要原因是：好白酒品质高，酿造时间长，出货数量有限，面对巨大的市场需求，导致厂家控货甚至导向经销商恶意炒货。

（二）公司财务状况分析

公司财务状况的分析有助于投资者评价企业过去的经营业绩，衡量现在的财务状况，预测未来的发展趋势，判断其投资价值。

1. 财务信息的获取

一个企业如果其股票上市交易，就要承担公开披露信息的义务。按照我国证监会的规定，上市公司信息披露的主要内容有四项：招股说明书、上市公告、定期报告和临时报告。这些报告虽然包括许多非财务信息，但大部分信息具有财务性质或与财务有关，因而具有财务报告的性质，我们统称为上市公司财务报告。

首先，从招股说明书中获取主要信息及财务分析重点。招股说明书是股票发行人向证监会申请公开发行材料的必备部分，是向公众发布的旨在公开募集股份的书面文件。招股说明书的有效期为自公告之日起6个月，主要内容、财务信息及其分析见常用股票分析软件中的内容。

其次，从上市公告书由获取信息并加以分析。股票获准在证券交易所交易之后，上市公司应当公布上市公告书。上市公告包括了招股说明书的主要内容，此外还有以下内容：股票获准在证券交易所交易的日期和批准文号，股票发行情况，公司创立大会或者股东大会同意公司股票在交易所交易的决议，董事、监事和高级管理人员简历及其持有本公司证券的情况，公司近三年或者成立以来的经营业绩和财务状况以及下一年的赢利预测文件，证券交易所要求载明的其他事项。在分析时应注意赢利预测的假设条件是否切合实际，是否以发行人正常的发展速度做出预计，预测采用的会计政策是否与财务报表所采用的会计政策一致。

再次，从年度报告、中期报告中获取信息并加以分析。从目前来看，上市公司公开的信息中，最为全面系统的财务资料当属上市公司的年度和中期财务报表。

最后，从临时公告中捕捉信息。临时公告包括重大事件公告和公司收购公告。所谓

“重大”事件，是说这些事件的发生对上市公司原有的财务状况和经营成果已经或将要产生较大影响，并影响到上市公司的股票市价。最常见的重大事件报告是“公司股份变动公告”和“配股说明书”。收购事件对收购公司和被收购公司的股票价格会产生重要影响，有时甚至涉及整个证券市场。这一公告较为全面，投资者应对此类公告细心研究，关注收购方的经营状况及财务变化。

2. 公司财务分析的主要内容

财务分析主要包括资产负债表、利润及利润分配表、现金流量表。同时，会计报表附注也是投资者值得关注的信息。

3. 财务报表分析方法

懂得财务报表中每个项目的含义仅仅是理解财务报表的第一步，要真正掌握财务报表，还要学会分析财务报表。财务分析的目的主要有以下几点：评价上市公司的财务状况、评价上市公司的资产管理水平、评价企业的获利能力和评价上市公司的发展趋势。分析财务报表主要有两大方法，即比较分析法和因素分析法。

（1）比较分析法：指对两个或几个有关的可比数据进行对比，解释财务指标的差异和变动关系。

（2）因素分析法：依据分析指标和影响因素的关系，从数量上确定各因素对财务指标的影响程度。

4. 财务比率分析

上市公司主要财务比率如表 5-2 所示。

表 5-2 上市公司主要财务比率

主要财务比率	主要财务比率的主要项目
变现能力分析	流动比率、速动比率
营运能力分析	存货周转率和存货周转天数、应收账款周转率和应收账款周转天数、流动资产周转率、总资产周转率
长期偿债能力分析	资产负债率、产权比率、有形资产净值债务率、已获利息倍数、其他因素（如长期租赁、担保责任、或有项目）
营利能力分析	销售净利率、销售毛利率、资产净利率、净资产收益率
投资收益分析	每股收益、市盈率、股利支付率、每股净资产、市净率
现金流量分析	流动性分析（包括现金到期债务比、现金流动负债比、现金债务总额比）、获取现金能力分析（包括销售现金比率、每股营业现金净流量、全部资产现金回收率）、财务弹性分析（包括现金满足投资比率、现金股利保障系数）、收益质量分析

对于上市公司来说，最重要的投资评价指标是投资收益和营利能力指标，如每股收益、每股净资产和净资产收益率。

5. 财务报表的分析技巧

财务报表的分析应着重抓住几个重要项目加以分析，这样有利于投资者在较短的时间内，全面了解即将投资企业的获利能力、资产管理能力、资金营运能力以及创造现金流量的能力等。

（1）衡量和分析获利能力的技巧有：① 分析公司利润表时，除了看公司净利润的增长外，还要看它的营业收入以及主营业务收入是否也有增长。② 在分析利润指标的大小、增长幅度的同时，还应衡量上市公司的赢利能力，最好结合销售收入、资产、净资产等财务指标，来综合反映企业赢利能力的变化。销售净利率、资产净利率、净值报酬率等指标作为最基本的指标应加以掌握。③ 在衡量公司赢利能力和赢利水平时，还要关注这样一类公司的业绩成长状况，即公司的利润呈现为增长状态，但其取得的利润是来自于非主营业务收入，这样的公司应该着重分析。

（2）衡量和分析资产管理能力的方法通常通过一系列周转率来体现，主要有应收账款周转率、存货周转率、流动资产周转率、总资产周转率等。

（3）偿债能力分析也是财务报表分析的一项重要内容。一般来说，可以对短期偿债能力和长期偿债能力分别分析。

（4）创造现金流的能力主要是分析现金流量表。在日益崇尚“现金为王”的现代理财环境中，尤其是宏观经济和行业前景不佳时，现金流量表分析对投资人来说显得更为重要。这是因为现金流量表可清楚反映出企业未来创造净现金流量的能力，揭示赢利和财务状况，有着其他任何指标无可替代的作用。上市公司现金流量表中所指的现金是公司的库存现金以及可以随时用于支付的存款、现金等价物。现金流量表主要包括三个部分：现金流入，现金流出和净现金流量，分别是由经营活动、投资活动和筹资活动形成的现金流入、现金流出和净现金流量。现金流量分析重点应进行现金流的结构分析。现金流量结构分析包括流入结构、流出结构和流入流出比例分析。另外，通过现金流量的流动性还能反映公司的偿债能力。

（5）投资者还需关注会计报表附注的一些信息，包括附注项目的说明、附注项目对公司财务指标和投资价值的影响。

（6）投资者还可借助沃尔评分法、综合评价法等对公司财务状况进行综合分析。另外，还可利用 EVA 法对公司的投资价值进行进一步分析。

（7）财务分析中应注意：财务报表数据的准确性、真实性与可靠性，财务分析结果的预测调整，公司增资行为对财务结构的影响等行为对公司投资价值的影响。

（三）公司重大事项分析

公司重大事项主要包括公司资产重组、关联交易及其他重大事项。这些重大事项，可能会改变公司的控制权、主营业务、盈利能力及成长性，从而改变其投资价值，所以投资者需特别关注。

|例 5-2| 突发利空事件（黑天鹅事件）对股价变动及估值的影响

一、什么叫黑天鹅事件

（1）含义黑天鹅事件（black swan event）指非常难以预测，且不寻常的事件，通常会引起市场连锁负面反应甚至颠覆。

（2）“黑天鹅”来源。在发现澳大利亚的黑天鹅之前，17 世纪之前的欧洲人认为天鹅都是白色的。但随着第一只黑天鹅的出现，这个不可动摇的信念崩溃了。黑天鹅的存在寓意着不可预测的重大稀有事件，它在意料之外，却又能够改变一切。人类总是过度相信经验，而不知道一只黑天鹅的出现就足以颠覆一切。然而，无论是在对股市的预期，还是政府的决策中，或是普通人日常简单的抉择中，黑天鹅都是无法预测的。比如“9·11”事件的发生、美国标普下调美国主权债务等。

（3）“黑天鹅”事件的特点。一般来说，“黑天鹅”事件是指满足以下三个特点的事件：① 具有意外性；② 产生重大影响；③ 虽然具有意外性，但人的本性促使我们在事后为它的发生编造理由，并且或多或少认为它是可解释和可预测的。

二、近几年来的一些典型黑天鹅事件

（1）2008 年三聚氰胺引发的乳业板块股价变：2008 年 8 月，三聚氰胺风波从三鹿奶粉开始爆发，9月蔓延到其他品牌，上市乳业公司中，伊利股份、光明乳业以及一些饲料企业相继被“感染”。股价重挫，伊利股份在 9 月 17 日、9 月 18 日连续两个跌停，从 9 月 16 日算起一个月后，该股股价几被腰斩。然而，伊利股份从 2008 年 11 月算起，截至 2011 年 9 月 9 日，股价涨幅超过 410%。

（2）高铁板块：因 2011 年的 7·23 动车追尾事件受到冲击。

（3）电板块：因为日本 2011 年 3·11 地震引发的核辐射而出现大跌，代表公司是东方电气、上海电气、中核科技等。

（4）双汇发展“瘦肉精”事件：2011 年 3.15 将双汇发展有染瘦肉精事件曝光，双汇发展股价在 3 月 15 日跌停后随即停牌，至 4 月 19 日复牌后再度两个跌停。从 5 月 4 日起，双汇发展股价止跌回升。

（5）中恒集团：2011 年 9 月 9 日，中恒集团与步长集团的天价合同解约而大跌。

三、“黑天鹅”事件与股票估值案例：重庆啤酒（600132）乙肝疫苗项目试验低于预期事件

1. 基本情况

重庆啤酒于 2011 年 12 月 7 日公布乙肝疫苗揭盲进展，分析认为数据表明乙肝疫苗无效果，这导致重啤复牌后连续 9 跌停，重仓的大成基金浮亏巨大。

2. 该股走势回顾

重庆啤酒的乙肝疫苗概念流传已有 13 个年头。伴随着每次公布乙肝疫苗的最新进展，重庆啤酒股价一路飙升，截至此次停牌前（2011 年 11 月 25 日）报 81.06 元 / 股（该日最高达 83.12 元），如图 5-1 和图 5-2 所示。

在重庆啤酒逆势暴涨的过程中，基金起到了中流砥柱的作用。其中大成基金麾下数只基金重仓重庆啤酒，使得该股成为大成基金的“独门重仓股”，根据年报，大成系基金 2009 年第一季度杀入重庆啤酒，截至 2009 年第一季度末，共计 7 只“大成”系基金进入该股。持股量共计达到 3888 万股，按照 2009 年第一季度 16.5 元的均价计算，大成基金共斥资 6.4 亿元左右。按照重庆啤酒停牌前的价格计算，“大成系”基金的盈利保守估计超过 2.5 亿元。

自乙肝疫苗神话破灭以来，重庆啤酒一直处于风口浪尖之上，一度连收九个跌停板，短期内从 83.12 元高位摔落至 20.16 元（2012 年 1 月 19 日），跌去 3/4。但 20.16 元似乎成为其新的起跑线，重啤自此一路“顺风顺水”，短短 21 个交易日拉涨超过 100%，其间还包含 3 个涨停板。而同期大盘仅涨约 7.6%。

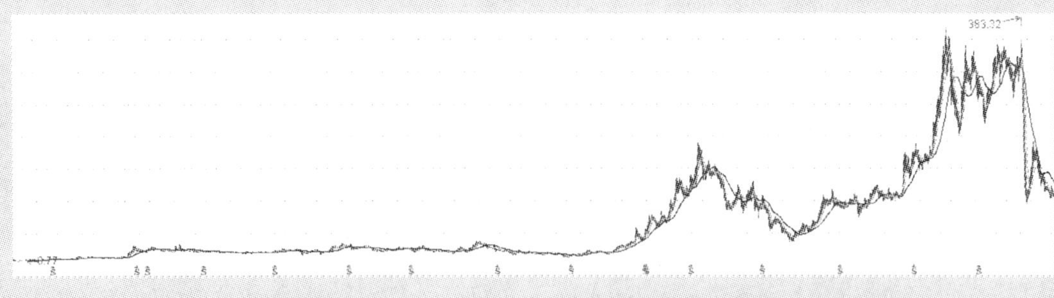

图 5-1 重庆啤酒（600132）上市以来后复权价走势图（截至 2012 年 5 月）

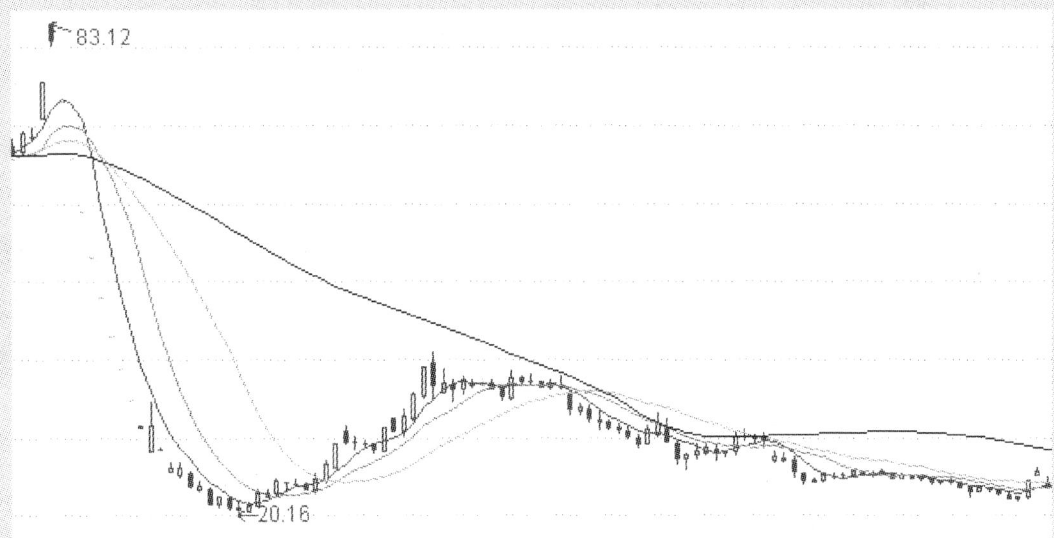

图 5-2 重庆啤酒（600132）2011 年年底暴跌前后走势图（截至 2012 年 5 月）

3. 对该事件后的重庆啤酒投资价值的判断

如果重庆啤酒真的像市场解读的那样，乙肝疫苗项目失败，那么处于当时（2011 年 12 月大跌开始时）又如何对重庆啤酒进行估值呢？尤其是大跌后还出现过大幅度反弹时该如何判断其投资价值呢？下面以反弹过后的 2012 年 3 月 26 日为时间点进行分析（你也可以选择其他时间点），且通过其所在的啤酒行业进行市盈率估值的对比分析。注意的是，乙肝疫苗项目失败的话，重庆啤酒按其所在的啤酒行业分析最为合理（见表 5-3）。

表 5-3 啤酒类上市公司市盈率比较

公司名称	2012 年 3 月 26 日收盘价（元）	2012 年前三季每股收益（元）	市盈率	流通股 / 总股本（亿股）
重庆啤酒 600132	39.4	0.33	66.6	4.84/4.84
燕京啤酒 000729	15.27	0.648	17.7	5.21/12.1
青岛啤酒 600600	33.93	1.232	20.7	6.96/13.5
惠泉啤酒 600573	7.81	0.182	32.2	1.53/2.5
珠江啤酒 002461	11.09	0.135	61.8	1.4/6.8
兰州黄河 000929	6.8	0.01	516.6	186/1.86
西藏发展 000752	22.68	0.10	170.2	2.64/2.64

估值说明：

（1）因到3月26日，上述7家公司都没公布2011年报，我们这里用前三季的收益折算成全年来计算市盈率。折算方式为：2011年每股收益=（前三季收益/3）×4。（这种方式也是一般行情软件中市盈率的计算方式），如重庆啤酒为（0.33/3）×4=0.44元。另外，你也可以使用该公司最近4个季度的每股收益总和来计算市盈率。

（2）我们剔除异常样本公司——兰州黄河与西藏发展（兰州黄河的市盈率太高、西藏发展概念炒作太强），剩5家公司。

（3）一般来说，小市值公司估值相对偏高，中小板或创业板的估值也相对偏高。

对重庆啤酒的估值：

（1）若按剔除异常样本后的行业平均市盈率来估：4家公司（不算重庆啤酒）的平均市盈率约为34倍，那么公司的重庆啤酒股价为0.44×34＝14.96元。

（2）若再剔除大市值的燕京啤酒和青岛啤酒，其余2家公司的平均市盈率47倍，那么重庆啤酒的股价为0.44×47＝20.68元。

（3）因此，重庆啤酒的合理价位为14.96～20.68元。考虑到暴跌时，疫苗概念未消除，可适当提高估值。若已完全消除，根据重庆啤酒的股本规模及流通股本数量，估值更应该向青岛啤酒和燕京啤酒靠拢（除非有新的炒作题材）。

（4）结论：根据以上分析，当时暴跌到20～25元附近时，考虑到当时乙肝疫苗题材未完全消除，以及市场对大跌后的股票的抢反弹现象，是可以适当介入的。但从长期来看，现在（2012年4月）的股价仍然偏高（除非有新题材），短线介入的话，要控制风险（注：2012年第1季度，除青岛啤酒外，其他几家啤酒上市公司财务业绩表现比较差，甚至出现亏损）。

二、实验项目

项目一：公司基本素质分析

收集某A股上市公司的基本信息，通过3个以上的分析指标说明其在同行业中的竞争地位、经济区位、公司产品、公司经营能力、公司成长性等，并对其成长性做基本判断。

项目二：公司业绩与股价波动

收集项目一中的该公司最近5年来的业绩，分析其财务及变动情况，对资产负债、收益率、主营业务等方面进行动态分析，进而判断是否可对其进行投资。

项目三：重大事件对公司股价的影响

搜集最近5年发生了资产重组、并购等重大事件上市公司资料，观察重大事件发生后的股价变化情况，分析其波动大与小的原因。

第六章

实验四 技术指标分析应用

第一节 实验的目的和内容

一、实验目的

（1）要求学生了解长、短均线系统的应用，能够综合应用均线系统进行选股，能够根据各种均线交错发出的买卖信号进行证券投资决策；

（2）通过模拟操作验证葛兰维移动平均线八大法则；

（3）通过实验，理解并熟悉掌握常用技术指标，如MACD、RSI、BIAS、OBV、KDJ等的分析原理，并利用原理来选择个股，研判其价格走势。

二、实验内容

（1）移动平均线（MA）的应用；

（2）指数平滑移动平均线（MACD）的应用；

（3）随机指数（KDJ）的应用；

（4）其他技术指标的应用。

三、实验资料和实验步骤

（一）实验资料准备

（1）场地准备：配备电脑的证券实训实验室、学院及周边环境；

（2）教学资料准备：多媒体课件、证券行情软件。

葛兰威尔移动平均线八法则共有四个买入信号和四个卖出信号，其中的买卖信号基本是两两对应的，其中第 1 条对应第 5 条，第 2 条对应第 6 条，第 3 条对应第 7 条，第 4 条对应第 8 条。用图形表示八法则可以更清楚地看到这种对应关系。

把八法则再进行概括，第 1 条和第 5 条是指股价和移动平均线同方向运行时则趋势确立，MA 上涨则买（第 1 条）、MA 下跌则卖（第 5 条）；当股价和移动平均线反方向运行而股价在移动平均线位置受到支撑则买（第 2 条）、受到阻力则卖（第 6 条）；当股价和移动平均线反方向运行而移动平均线不受股价影响保持原方向时，应以移动平均线的方向为依据，MA 上涨则买（第 3 条）、MA 下跌则卖（第 7 条）；当股价和移动平均线之间在短时间内出现拉开距离过远时，股价应向移动平均线回归，靠向移动平均线，向上靠则买（第 4 条）、向下靠则卖（第 8 条）。

现在把葛兰威尔移动平均线八法则归纳为三句话："同向顺势而为，异向均线为主，太远必回归。"

总之，葛兰威尔移动平均线法则是针对股价和移动平均线的位置关系决定操作方向的，这是依据移动平均线原理进行操作的基础。

2. MA 的组合应用

（1）"黄金交叉"与"死亡交叉"。一般情况下，投资者可利用短期和长期两种移动平均线的交叉情况来决定买进和卖出的时机。当现在价位站稳在长期与短期 MA 之上，短期 MA 又向上突破长期 MA 时，为买进信号，此种交叉称为"黄金交叉"；反之，若现在行情价位于长期与短期 MA 之下，短期 MA 又向下突破长期 MA 时，则为卖出信号，交叉称之为"死亡交叉"(见图 6-1)。

黄金交叉和死亡交叉，实际上就是向上突破压力线或向下突破支撑线，所以，只要掌握了支撑和压力的思想就不难理解。

（2）长、中、短期移动平均线的组合使用。在实际应用中，常将长期 MA(125 日或 250 日)、中期 MA(30 日或 60 日)、短期 MA(5 日或 10 日) 结合起来使用，分析它们的相互关系，判断股市趋势。三种移动平均线的移动方向有时趋于一致，有时不一致，可从两个方面来分析、研判。

方向一致的情况。在空头市场中，经过长时间的下跌，如股价与 10 日平均线、60 日平均线、125 日平均线的排列关系，从下到上依次为股价、10 日均线、60 日均线和 125 日均线。若股市出现转机，股价开始回升，反应最敏感的是 10 日平均线，最先跟着股价从下跌转为上升；随着股价继续攀升，60 日平均线才开始转为向上方移动。至于 125 日平均线的方向改变，则意味股市的基本趋势的转变，多头市场的来临。若股市仅出现次级移动，股价上升数星期或两三个月，使得短期均线和中期均线向上移动；当次级移动结束后，股价再朝原始方向运动，平均线则从短期均线、中期均线依次向下移动。在多头市场中，情形则恰恰相反。

（二）实验步骤

（1）教师课堂讲授；

（2）登录证券分析系统，进入所要分析的界面，运用行情显示模块选择分
要求是某 A 股股票；

（3）运用行情显示模块选择相关的技术指标；

（4）进行技术指标分析练习；

（5）将练习过程、分析思路、决策判断填入实验报告中。

第二节 常用技术指标应用实训

一、理论要点

（一）移动平均线（MA）的应用

1. 葛兰威尔（Granvile）法则

了解了移动平均线的概念之后，如何利用这一系统进行市场操作呢？美国
兰威尔（Granvile）提出移动平均线八条法则：

（1）当移动平均线由下跌开始走平，将要转为上涨时，股价线从移动平均
上突破移动平均线，是买入信号。

（2）股价线向下跌破移动平均线而处于移动平均线下方，移动平均线仍然
是买入信号。

（3）股价线在移动平均线上方，当股价线开始下跌但并未跌破移动平均线
上涨，是买入信号。

（4）股价线处于移动平均线下方并且出现暴跌，导致股价线距离移动平均
是买入信号。

（5）当移动平均线由上涨开始走平，将要转为下跌时，股价线从移动平均
下跌破移动平均线，是卖出信号。

（6）股价线向上突破移动平均线而处于移动平均线上方，移动平均线仍然
是卖出信号。

（7）股价线在移动平均线下方，当股价线开始上涨但并未突破移动平均线
下跌，是卖出信号。

（8）股价线在移动平均线上方并且出现暴涨，导致股价线距离移动平均
是卖出信号。

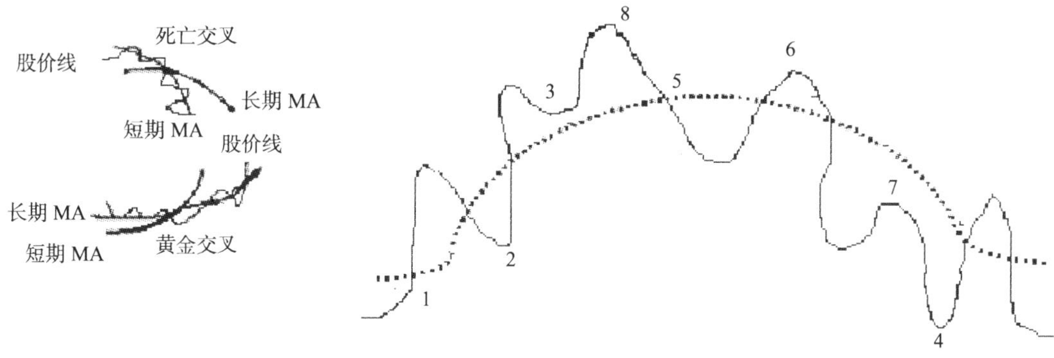

图 6-1 移动平均线指标应用图

方向不一致的情况。当股价进入整理盘旋后，短期平均线、中期平均线很容易与股价缠绕在一起，不能正确地指明运动方向。有时短期均线在中期均线之上或之下，此种情形表示整个股市缺乏弹性，静待多方或空方打破僵局，使行情再度上升或下跌。

另一种不协调的现象是中期平均线向上移动，股价和短期平均线向下移动，这表明股市上升趋势并未改变，暂时出现回档调整现象。只有当股价和短期均线相继跌破中期均线，并且中期均线亦有向下反转之迹象，则上升趋势改变。或是中期平均线仍向下移动，股价与短期平均线却向上移动，表明下跌趋势并未改变，中间出现一段反弹情况而已。只有当股价和短期均线都回到均线之上，并且中期均线亦有向上反转，则趋势才改变。

移动平均线是实际中常用的一类技术指标，它的分析方法和思路对后面的指标有重要的影响。但该指标也存在一些盲点，特别是在盘整阶段或趋势形成后中途休整阶段，以及局部反弹或回落阶段，MA 极易发出错误的信号，这是使用 MA 时最应该注意的。另外，MA 只是作为支撑线和压力线，站在某线之上，当然有利于上涨，但并不是说就一定会涨，支撑线有被击穿的时候。

（二）指数平滑移动平均线（MACD）的应用

1. MACD 的应用法则

第一，以 DIF 和 DEA 的取值和这两者之间的相对取值对行情进行预测。其应用法则如下。

（1）DIF 和 DEA 均为正值时，属多头市场。DIF 向上突破，DEA 是买入信号；DIF 向下跌破，DEA 只能认为是回落，作获利了结。

（2）DIF 和 DEA 均为负值时，属空头市场。DIF 向下突破，DEA 是卖出信号；DIF 向上穿破，DEA 只能认为是反弹，作暂时补空。

（3）当 DIF 向下跌破 0 轴线时，此为卖出信号，即 12 日 EMA 与 26 日 EMA 发生死亡交叉。

（4）当 DIF 上穿 0 轴线时，为买入信号，即 12 日 EMA 与 26 日 EMA 发生黄金交叉。

第二，指标背离原则。如果 DIF 的走向与股价走向相背离，则此时是采取行动的信号。

（1）当股价走势出现 2 个或 3 个近期低点时，而 DIF(DEA) 并不配合出现新低点，可做买。

（2）当股价走势出现 2 个或 3 个近期高点时，而 DIF(DEA) 并不配合出现新高点，可做卖。

MACD 的优点是除掉了移动平均线产生的频繁出现买入与卖出信号，避免一部分假信号的出现，用起来比移动平均线更有把握。

MACD 的缺点与移动平均线相同，在股市没有明显趋势而进入盘整时，失误的时候较多。另外，对未来股价的上升和下降的深度不能提供有帮助的建议。

2. MACD 的优点和不足

注意 MACD 的买卖信号，可以发现它在快速 MA 开始接近慢速 MA 时即发出买卖信号，这是 MACD 的最大优点：比移动平均线提前发出买卖信号，改进移动平均线的滞后反应。

MACD 的趋势和买卖信号明显，在移动平均线的买卖信号中有许多时候信号并不明显，不易观察，而在 MACD 中的趋势和趋势转折时的买卖信号都十分明显。MACD 图形信号众多，可以提供的参考角度各不相同，使分析者得到的信息量较大，有利于投资决策。

MACD 的买卖信号稳定，较为可靠。在明显趋势中 MACD 的买卖信号一般不会有突然的改变，保证了投资者运用 MACD 的信心。

MACD 和其他指标一样，有时会发出无效的甚至是错误的买卖信号，事实上这是无法完全消除的，只要依照 MACD 操作，成功概率远大于失败概率，就说明 MACD 是个较好的指标，事实也是如此。为避免 MACD 错误信号的误导，可以采取等待指标“再证实”的手法弥补其不足。“再证实”分两种：“自我再证实”是等待 MACD 第二次发出信号；“其他再证实”是观察其他指标是否发出同样信号。实践证明“再证实”是弥补 MACD 不足的有力手段如图 6-2 所示。

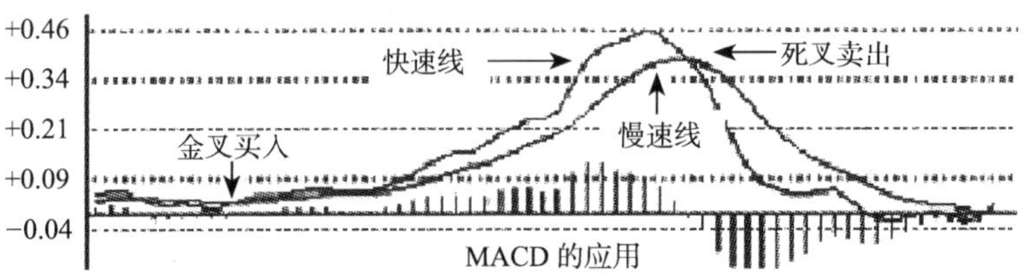

图 6-2 MACD 指标应用图

（三）随机指数（KDJ）的应用

1. KD 的买卖信号

（1）KD 位置信号。在 KD 指标中，当股价持续上涨时，股价会保持在周期内的较高位置，这样 %K 线和 %D 线会不断上升，维持在 50 以上，表明市场处于强势；当股价持续下跌时，股价会保持在周期内的较低位置，这样 %K 线和 %D 线不断下降，维持在 50 以下，表明市场处于弱势。当强势持续，%K 线和 %D 线进入过高位置时即是高价警戒信号，一般标准是 %K 线在 80 以上、%D 线在 70 以上时是超买信号，股价即将回落。当弱势持续时，%K 线和 %D 线进入较低位置时，即是低价警戒信号，一般标准是 %K 线在 20 以下、%D 线在 30 以下时是超卖信号，股价即将上涨。%K 线和 %D 线在 50 附近时信号不明。

（2）KD 方向信号。KD 的方向具有趋势特点，如果 %K 线和 %D 线在高位开始减慢上升速度、走平或调头向下是卖出信号。如果 %K 线和 %D 线在低位开始减慢下降速度，走平或调头向上是买进信号。

（3）KD 背离信号。如果股价呈一底比一底高走势，KD 指标也同样一底比一底高，则上升趋势仍将持续；如果股价是一顶比一顶低走势，KD 指标同样一顶比一顶低，则下降趋势仍将持续。如果股价创新高后回档，KD 指标创新高后也随股价下跌，之后股价再创新高而 KD 指标却未创新高，说明 KD 指标不再支持股价上升，KD 指标与股价出现顶背离卖出信号。如果股价创新低后反弹，KD 指标创新低后也随股价反弹，之后股价再创新低而 KD 指标却未创新低，说明 KD 指标不再支持股价下降，KD 指标与股价出现底背离买入信号。

（4）KD 交叉信号。当快速线 %K 在低位自上而下与慢速线 %D 出现黄金交叉时是买入信号；当快速线 %K 在高位自上而下与慢速线 %D 出现死亡交叉时是卖出信号。背离信号和交叉信号应注意一点：买入信号发生位置越低越有效，卖出信号发生位置越高越有效（见图 6-3）。

2. KD 的不足

KD 指标是有重要实战价值的控制棒，优点很多，例如客观性，趋势明显，短、中期均适用等，但它也有不足。

KD 指标的最大不足与 RSI 一样是买卖信号出现时机不稳定。当 KD 指标的位置、方向、背离、交叉等信号出现后，股价的最佳买（卖）点往往在其前面或后面。这里仍然应理解为 KD 指标提示的是顶部或底部区域。区域是一定的，具体点位要同时分析其他指标和股价形态分析、成交量等情况后才能确定。KD 指标对指数大势较准确，对个股较差。

另外，%J 线买卖信号较不可靠。

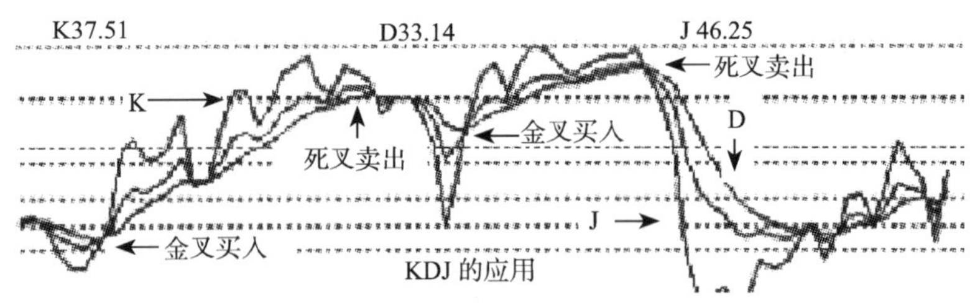

图 6-3 KDJ 指标应用图

（四）相对强弱指数（RSI）的应用

1. 根据 RSI 取值的大小判断行情

将 100 分成四个区域，根据 RSI 的取值落入的区域进行操作。划分区域的方法如表 6-1 所示。

表 6-1 RSI 指标值区域划分

RSI 值	市场特征	投资操作	RSI 值	市场特征	投资操作
80 ～ 100	极强	卖出	20 ～ 50	弱	卖出
50 ～ 100	强	买入	0 ～ 20	极弱	买入

“极强”与“强”的分界线和“极弱”与“弱”的分界线是不明确的，它们实际上是一个区域。比如也可以取 30、70 或者 15、85。应该说明的是，分界线位置的确定与 RSI 的参数和选择的股票有关。一般而言，参数越大，分界线离 50 越近；股票越活跃，RSI 所能达到的高度越高，分界线离 50 应该越远。

2. 两条或多条 RSI 曲线的联合使用

我们称参数小的 RSI 为短期 RSI，参数大的 RSI 为长期 RSI。两条或多条 RSI 曲线的联合使用法则与两条均线的使用法则相同。即短期 RSI ＞长期 RSI，应属多头市场；短期 RSI< 长期 RSI，则属空头市场。

当然，这两条只是参考，不能完全照此操作。

3. 从 RSI 的曲线形状判断行情

当 RSI 在较高或较低的位置形成头肩形和多重顶（底），是采取行动的信号。这些形态一定要出现在较高位置和较低位置，离 50 越远，结论越可靠。

另外，也可以利用 RSI 上升和下降的轨迹画趋势线，此时，起支撑线和压力线作用的切线理论同样适用。

4. 从 RSI 与股价的背离方面判断行情

RSI 处于高位，并形成一峰比一峰低的两个峰，而此时，股价却对应的是一峰比一峰高，这叫顶背离，是比较强烈的卖出信号。与此相反的是底背离，RSI 在低位形成两个底部抬高的谷底，而股价还在下降，是可以买入的信号（见图 6-4）。

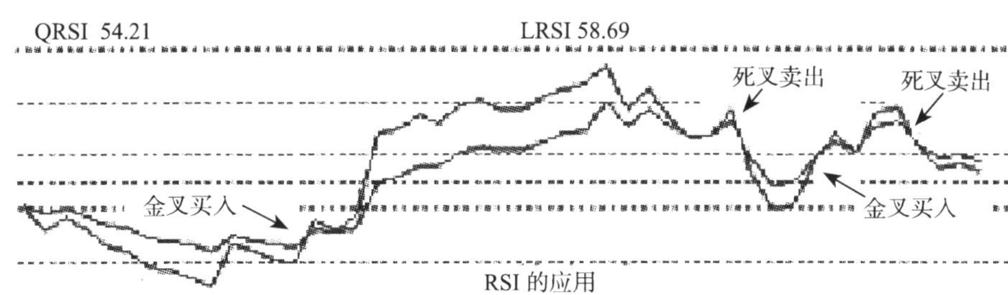

图 6-4 RSI 指标应用图

（五）乖离率（BIAS）的应用

1. 从 BIAS 的取值大小和正负

一般来说，正的乖离率愈大，表示短期多头的获利愈大，获利回吐的可能性愈高；负的乖离率愈大，则空头回补的可能性也愈高。在实际应用中，一般预设一个正数或负数，只要 BIAS 超过这个正数，我们就应该感到危险而考虑抛出；只要 BIAS 低于这个负数，我们就感到机会可能来了而考虑买入。问题的关键是找到这个正数或负数，它是采取行动与静观的分界线。这条分解线与三个因素有关，即 BIAS 参数、所选择股票的性质以及分析时所处的时期。

一般来说，参数越大，股票越活跃，选择的分界线也越大。但乖离率达到何种程度为正确的买入点或卖出点，目前并无统一的标准，投资者可凭经验和对行情强弱的判断得出综合的结论。

参考有关书籍，表 6-2 给出这些分界线的参考数字。投资者在应用时应根据具体情况对它们进行适当的调整。

表 6-2 BIAS 指标值区域划分

	买入信号（%）	卖出信号（%）		买入信号（%）	卖出信号（%）
5 日	−3	3.5	20 日	−7	8
10 日	−4.5	5	60 日	−10	10

从表中的数字可看出，正数和负数的选择不是对称的，正数的绝对值偏大是进行分界线选择的一般规律。据有关人员的经验总结，如果遇到由于突发的利多或利空消息而产生股价暴涨暴跌的情况时，可以参考如下的数据分界线。

对于综合指数：BIAS(10)>30% 为抛出时机，BIAS(10)<−10% 为买入时机；

对于个股：BIAS(10) >35% 为抛出时机，BIAS(10) <−15% 为买入时机。

2. BIAS 的曲线形状

形态学和切线理论在 BIAS 上也可以适用，主要是顶背离和底背离的原理。

3. 两条 BIAS 线结合

当短期 BIAS 在高位下穿长期 BIAS 时，是卖出信号；在低位，短期 BIAS 上穿长期 BIAS 时是买入信号（见图 6-5）。

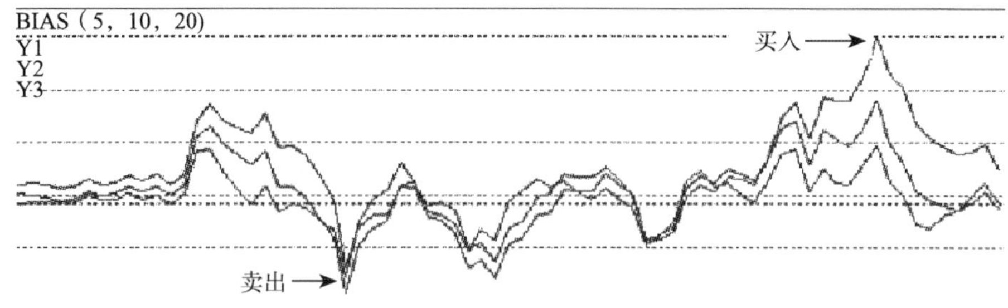

图 6-5 BIAS 指标应用图

（六）心理线（PSY）的应用

（1）PSY 的取值在 25 ～ 75，说明多空双方基本处于平衡状态。如果 PSY 的取值超出了这个平衡状态，则是超卖或超买。

（2）PSY 的取值过高或过低，都是行动的信号。一般说来，如果 PSY < 10 或 PSY > 90 这两种极端情况出现，是强烈的买入和卖出信号。

（3）PSY 的取值第一次进入采取行动的区域时，往往容易出错。一般都要求 PSY 进入高位或低位两次以上才能采取行动。

（4）PSY 的曲线如果在低位或高位出现大的 W 底或 M 头，也是买入或卖出的行动信号。

（5）PSY 线一般可同股价曲线配合使用，这时，前面讲到的背离原则在 PSY 中也同样适用。心理线所显示的买卖信号一般为事后现象，事前并不能十分确切地预测。同时，投资者的心理偏好又受诸多随机因素影响，随时调整，不可捉摸。特别是在一个投机气氛浓厚、投资者心态不十分稳定的股市中，心理线的运用有其局限性（见图 6-6）。

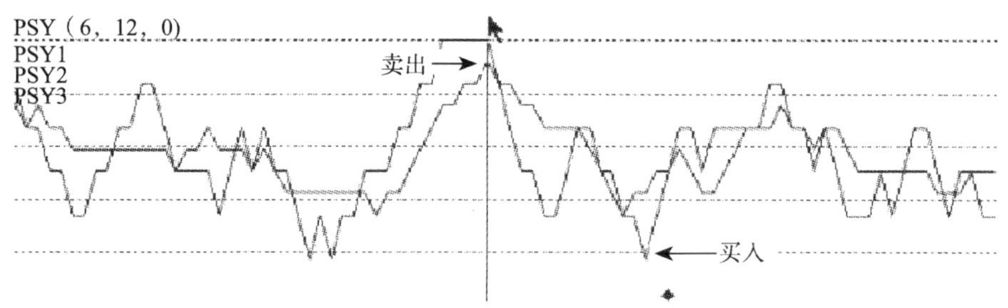

图 6-6 PSY 指标应用图

（七）能量潮（OBV）的应用

（1）OBV 不能单独使用，必须与股价曲线结合使用才能发挥作用。

（2）OBV 曲线的变化对当前股价变化趋势的确认。当股价上升（下降），而 OBV 也相应地上升（下降），则可确认当前的上升（下降）趋势。

当股价上升（下降），但 OBV 并未相应地上升（下降），出现背离现象，则对目前上升（下降）趋势的认定程度要大打折扣。OBV 可以提前告诉我们趋势的后劲不足，有反转的可能。

（3）形态学和切线理论的内容也同样适用于 OBV 曲线。

（4）在股价进入盘整区后，OBV 曲线会率先显露出脱离盘整的信号，向上或向下突破，且成功率较大。OBV 线是预测股市短期波动的重要判断指标，能帮助投资者确定股市突破盘局后的发展方向；而且 OBV 的走势，可以局部显示出市场内部主要资金的流向，有利于告示投资者市场内的多空倾向（见图 6-7）。

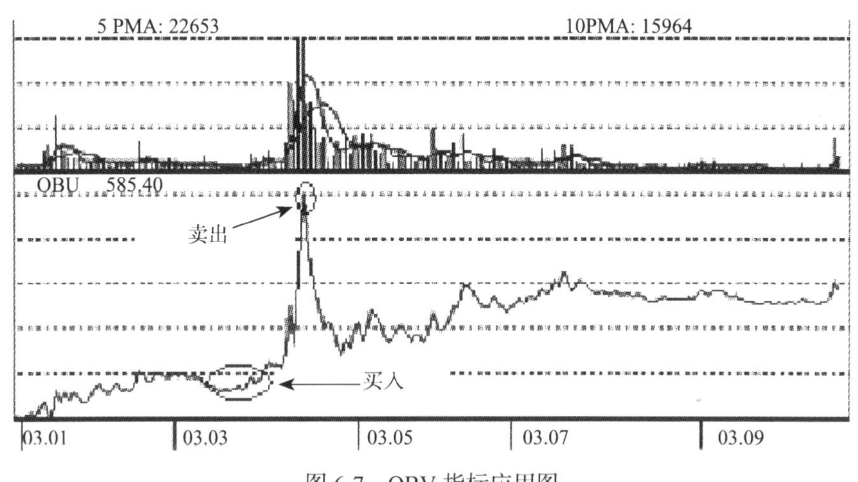

图 6-7　OBV 指标应用图

二、实验项目

项目一：MA 指标的运用

选择某只股票，利用 MA 指标分析其最近走势，并做出后市走势判断。

项目二：MACD、KDJ 指标的运用

利用 MACD、KDJ 指标分析上述该股的最近走势，并做出后市走势判断。

项目三：其他指标的运用

利用除上述指标外的两三个指标，分析上述该股最近走势，并做出后市走势判断。

第七章

实验五 量价分析

第一节　实验的目的和内容

一、实验目的

理解证券交易成交量与价格变动之间的关系，并利用大盘或个股分析其操作含义。要求学生根据股价走势K线图、K线图形态，结合相应的成交量变动，对后市走势进行研判。

二、实验内容

（1）股价的变化；

（2）成交量的变化；

（3）量价结合判断后市走势。

三、实验资料和实验步骤

（一）实验资料准备

（1）场地准备：配备电脑的证券实训实验室、学院及周边环境；

（2）教学资料准备：多媒体课件、证券行情软件。

（二）实验步骤

（1）教师课堂讲授；

（2）登录证券交易行情系统；

（3）选取一两只股票，查看其股价的变化；

（4）针对上述一两只股票，查看其成交量的变化；

（5）结合股价与成交量的变化，研判其后市走势；

（6）根据以上分析过程与分析结果，撰写实验报告。

第二节 量价分析应用实训

一、理论要点

（一）量价基本关系

价格和成交量是股票的两个最基本的要素。寻找成交量和价格之间的必然逻辑关系，是错误的思维，应该根据成交量和价格的变化，来分析大众对这只股票买卖意愿与买卖力度，寻找股价阻力最小的方向，从而确定我们该进入市场还是该退出市场。价格的高位和低位一般都是以大换手率为标志的，因为这样才能完成筹码的派发和收集。

如某只股票一路缩量阴跌，某一日，它突然放量上涨，这说明了什么？比较起来看，说明之前阴跌时，没人买，现在的放量，是买盘涌入。为什么有相当多的股票，在高位上涨的时候，不放量，但继续涨？因为主力有大量筹码，散户手里没多少筹码，涨也没人卖，所以可以缩量继续涨，主力想怎么拉就怎么拉。你要明白，放量是有假的，主力可以对倒放出来，对于缩量，主力是没有办法做出来的，人们老是抱怨 K 线和成交量有骗线，那是因为他们识别不出哪些是真，哪些是假。通过量来识别 K 线的真伪，也是一种看图的方法，不参照量，光看 K 线，是容易被骗线迷惑的。单根量也是不容易识别的，一般要通过一组量来识别。放量与缩量，通常能显示大众的心理或主力的心理，所以，做股票，有时只需要看 K 线和成交量就够了，不需要太多的指标。诸如价涨量升、价涨量缩等，反映的是买卖的心理状态，也反映了一只股票的市场状态，根据这种状态来确定我们可以进入或是不可以进入，这才是正途。如果我们以量升就推测价要涨等，想借此寻求其必然联系，那是误入歧途。大多数人喜欢看股票放量，不喜欢看缩量，其实相当部分的人看到了“假”的，没去看真的，“放量”只有在关键位置才有意义，除此之外，大多数的放量都是没意义的。“关键位置”，主要是指关键的阻力位和支撑位，一旦这些关键位突破后，就需要看缩量了。要看阻力位和支撑位放不放量，那么这个阻力位和支撑位主要应该以成交密集区来确定。有一个问题值得思考，不同的方式找出的阻力位和支撑位，是否应该有不同的标准来确认它是否突破？

下降通道中的股票，缩量阴跌，表示的市场含义是什么？多半是有人卖，无人买（假如我们自己是那只股票的持有者，身临其境，自然会明白），所以，缩量阴跌的股票，多半还要跌。如果一旦放量，就“有可能”是新的买方力量的增强，真与假，又要通过以后的缩量来加以甄别，价量分析，是要结合K线的所处位置来看的。换手率、涨跌幅、K线位置、趋势、市场心理结合起来，还是能够在一定程度上揣度买方和卖方谁是主导。

同一种量价形态，牛市跟熊市分析的结果在很大程度上不一样，因为市场心理不一样；个股的量价分析跟大盘的量价分析也有不同，因为个股更注重控盘程度，大盘更注重大众的参与度，更注重入市的资金量。

总之，放量有可能做假，缩量相对较真，重点要从缩量处分析，因为这是主力“不作为”的情况下的市场状态，是一种相对较真实的状态，从这里缩量来分析是看买的少还是卖的少，然后再根据趋势和K线的位置来分析主力是做多的意愿还是做空的意愿，从而决定我们是进场还是观望。当然，缩量与放量，并不一定拿两天来比较，更多的时候是拿两段时间来比较或者比较换手率。比如，今天某只股票的换手率比昨天的换手率低，就是缩量。多少算放量，多少算缩量，实际上并没有一个可以遵循的规律，也没有“放之四海皆真理”的绝对数据。很多时候只是一个“势”，即放量的趋势和缩量的趋势，这种趋势的把握来自于对前期走势的整体判断以及当时的市场变化状态，还有很难说明白的市场心理变化。我通常是以换手率进行研判，从换手率来把握量的“势”。具体情况要具体分析，典型的现象是一只股票经过相当长一段时间的地量（换手率大多数时候小于3%）后，上涨初期需要价量配合，上涨一段后则不同了，主力控盘个股的股价往往越是上涨成交量反而萎缩了，直到再次放量上涨或高位放量滞胀时反而预示着要出货了。股价的上涨根本没有抛盘，因为大部分筹码已被主力锁定了，在没有抛压的情况下，股价的上涨并不需要成交量，股价在下跌过程中不放量是正常现象，实际走势中往往出现无量阴跌天天跌的现象，只有在出现恐慌性抛盘之后，再次放量才会有所企稳。其实放量下跌说明抛盘大的同时接盘也大，反而是好事，所以顶和底都是要以放量为标志的。

通过K线图上的阴阳K线和放大或缩小的成交量，能不能管窥阻力最小的方向呢？如果能，则K线、均线、成交量就够了，不需要太多的指标。一只股票量的运行轨迹通常是这样的。一段芝麻量，然后开始温和放量，股价开始上涨，这个时期是吸货过程。如果吸货完成了，股价会向下打压。当再次股价向上的时候，如果放量，则不能判断主力是否吸货完毕；如果是缩量上涨，那就是没有抛盘了，那么股价就会沿这个阻力最小的方向运动。当涨到一定程度后，放量滞涨，股价向上的阻力大，向下的阻力小，股价向下运行的可能性是很大的，然后常常会缩量阴跌，这时候的缩量，通常是因为没有接盘，直到出现恐慌性抛盘后放量，才会是底；这时候的放量表明抛盘大，接盘也大，如果接盘不大，又怎么会让抛出来的盘成交呢。这时候，底部区域已经悄然到来。然后又重复以上过程成交量的放大，是表示分歧很大。这表明的可能是：① 大众不看好，抛；少数人看好，接（类似于主力接盘）。② 少数人不看好，抛；大众看好，接（类似于主力诱多出货）。

这里需要说明一个问题，对于大多数的股票而言，博弈的对象是散户（大众）跟主力（少数），所以，只有确认了是散户在进，才能说“大众看好”，也只有确认了散户在抛，才能说“大众不看好”。

股票的抛盘压力的大小，主要是以成交量来看，辅之以价格参照；主力做多与做空的意愿，主要以价格走势来看，辅之以成交量来参照，并不能单纯地都以价格为主或者单纯的以成交量为主来分析一只股票。主导思想是寻找“阻力最小的方向”，当然，在这个指导思想下，不同的人会有不同的感悟。

买入的方式通常是两种，一种是在股票突破时买入；另一种方式是在低位向上转折时买入。突破买入主要是在突破了阻力位后的买入方式，追涨停也属于突破买入，有人喜欢杀入几十万股就封停的股票，因为它表明没多少人卖，少量的单就能封停。它已经反映出了买卖力道。小单封停，跟缩量上涨在本质上是一个道理。转折点买入适合于波段操作。

（二）常见量价关系

（1）在涨跌停板制度下，股票的第一个无量跌停，后市仍将继续跌停，直到有大量出现才能反弹或反转；同理，股票的第一个无量涨停，后市仍将继续涨停，直到有大量出现才能回档或反转。

（2）放量总是有原因的：在高价区有些主力往往对敲放量，常在一些价位上放上大卖单，然后将其吃掉，以显示其魄力吸引市场跟风，或是在某些关键点位放上大笔买盘，以显示其护盘决心大，凡此种种现象皆为假，重心真实的升降即可辨别。若是在低位出现的对敲放量，说明机构在换庄或是在准备拉高起一波行情，可以择机跟进。

（3）在股价长期下跌后成交量形成谷底，股价出现反弹，但随后成交量却没有随价格的上涨而递增，股价上涨乏力，再度跌至前期谷底附近，有时高于前期谷底，但出现第二谷底成交量明显低于第一谷底时，说明也没有下跌的动力，新的一波上涨又要起来，可以考虑买进。

（4）下跌的时候无论有量无量，只要形态（移均线、趋势线、颈线、箱体）破位，均要及时止赢止损出局。

（5）高价区一根长黑，若后两根大阳也不能吞没，表示天价成立，应及时清仓；高价区无论有无利好、利空、大阴、大阳，只要出现巨量，就要警惕头部的形成。

（6）成交量创历史新高，次日股价收盘却无法创新高时，说明股价必定回档；同样，量若创历史新低而价格不再下跌时，说明股价将要止跌回升。

（7）在空头市场中，出现一波量价均能突破前一波高点的反弹时，往往表示空头市场的结束；在多头市场中，价创新高后若量再创新高时，常常表示多头市场的结束，空头市场即将开始。

（8）量价筑底的时间愈久，则反弹上升的力度高度愈大，所谓横有多长竖有多高。

（9）量价分析对小盘袖珍全控盘庄股短线分析不适宜，但中长线还是无法脱离量价分析系统的。

（10）观察量的变化一定要和K线趋势、形态相结合。

（11）成交量是股票市场的温度计，许多股票的狂涨并非是基本面出现实质的变化，而是短期筹码市场供求关系造成的。

（12）上升趋势中出现的相对地量，股价回落至重要均线（5日、10日、30日）处，往往是极佳的短线买点。

（13）成交量的大小决定个股除权前是否抢权，除权后是否填贴权，除权后若成交量放大拉阳线有填权行情；无量或减量往往出现的是贴权。

（14）股票的成交量变化在底部时一般有两种特征：一种是成交量在低位底部从某天起突然放大，然后保持一定的幅度，几乎每天都维持在这个水平，在日线图上股价小幅上涨，下跌时常常出现十字星状；另一种是成交量从某一天起逐步放大，并维持这种放大趋势，股价常常表现为小幅持续上涨，说明主力已没有耐心或时间来慢慢进货，不得不将股价一路推高边拉边吸。

（15）在股价底部盘整的末端，股价波动幅度逐渐缩小；成交量萎缩到极点后出现量增，股价以中阳突破盘局，并站在10日均线之上；成交量持续放大股价续收阳线，以离开底价三天为原则；突破之后叠合的均线转为多头排列。此为最佳的短中线买入点，也是量价均线配合的完美样本。

（三）涨跌停板下的量价关系

涨跌停板制度下，量价分析基本判断为：

（1）涨停量小，将继续上扬；跌停量小，将继续下跌。

（2）涨停中途被打开次数越多、时间越久、成交量越大，反转下跌的可能性越大；同样，跌停中途被打开次数越多、时间越久、成交量越大，则反转上升的可能性越大。

（3）涨停关门时间越早，次日涨势可能性越大；跌停关门时间越早，次日跌势可能越大。

（4）封住涨停板的买盘数量大小和封住跌停板时卖盘数量大小说明买卖盘力量大小。这个数量越大，继续当前走势的概率越大，后续涨跌幅度也越大。

在实盘操作中要注意主力借涨跌停板反向操作。比如，涨停板出货，主力先以巨量买单挂在涨停位，因买盘大量集中，抛盘措手不及而惜售，股价少量成交后收涨停。自然原先想卖的就不抛了，而这时有些短线客以涨停价追买，此时主力撤走买单，填卖单，自然成交。当买盘消耗差不多时，主力又填买单涨停价处，以进一步诱多；当短线客又追入时，主力又撤买再填卖单，如此反复操作，以达到高挂买单虚张声势诱多，在不知不觉中悄悄高位出货。

反之，主力想买，他先以巨量在跌停板价位处挂卖单，吓出大量抛盘时，主力又撤除原先卖单，然后填写买单，吸纳抛盘。当抛盘将尽时，主力又抛巨量在跌停板价位处，再恐吓持筹者，以便吸纳，如此反复。

所以，在此种场合，巨额买卖单多是虚的，不足以作为判断后市继续先前态势的依据。判断虚实的根据为是否存在频繁挂单、撤单行为，涨跌停是否经常被打开，当日成交量是否加大。若是，则这些量多是虚的；反之，则是实的，从而可依先前标准做出判断结论。

二、实验项目

项目一：K 线与成交量结合的量价分析

选择某 A 股股票，分析其最近的日 K 线，考察其成交量的变化，量价结合进行后市走势研判。

项目二：股价即时走势与成交量结合的量价分析

选择 1 只 A 股股票，分析其最近一个交易日当天的股价即时走势，考察其相应成交量的变化，量价结合进行后市走势研判。

项目三：涨跌停板时，股价即时走势与成交量结合的量价分析

选择分析有连续涨停或跌停现象的 A 股股票，涨停或跌停前、中，打开涨停或跌停后的价格与交易量的变动，分析其股价与成交量变动的特点。

第八章

实验六 证券投资策略与技巧应用

第一节　实验的目的和内容

一、实验目的

通过综合分析，让学生了解证券投资的主要策略及常用的投资技巧，提高学生控制投资风险和提高收益的能力，对真正交易有着重要的指导意义。

二、实验内容

根据市场变化，结合投资者的投资目标、风险收益偏好，采取适当的投资策略。

三、实验资料和实验步骤

（一）实验资料准备

（1）场地准备：配备电脑的证券实训实验室、学院及周边环境；

（2）教学资料准备：多媒体课件、各证券公司资料及网站。

（二）实验步骤

（1）教师课堂讲授；

（2）分析实验时大盘、板块及个股的变化形势；

（3）根据形势及个人风险偏好情况，确定不同投资资产的结构配置，确定合适的投资目标；

（4）确定风险资产（股票）的配置，包括个股的选择、时间的安排、资金的分配和合适的买卖操作策略及止损止赢点；

（5）根据市场变化，调整资产配置；

（6）根据以上过程，填写实验报告。

第二节 证券投资策略与技巧应用实训

一、理论要点

（一）证券投资的基本原则

证券投资是投资者在承担一定风险的情况下以获取最大收益为目的的投资活动，同其他经济行为一样，也必须遵循一定的原则。

1. 自有资金原则

证券投资的高收益是建立在高风险基础之上的，对于系统性风险，一般可以通过在股指期货（股指期权）市场上的反向操作来进行套期保值。证券投资的风险是难以预料的，而且有些风险也是不能以多样性的分散投资而加以避免的。因此，投资者在投资证券时，应以闲置的自有资金作为入市的资金，这样，才能在没有任何心理压力的情况下进行投资，从而为投资者科学、理性的投资决策创造良好的客观条件。

2. 投资分散组合原则

在证券投资过程中，如果你投资的资金确定后，为了尽量降低投资风险，投资者应将资金分散投资于各种不同的有价证券上。股票投资的收益比较高，但投资者所承担的风险也较大，所以，爱冒险的投资者可能将较大部分的资金投资于股票，但所投资的资金不应局限于一只股票上，为了降低非系统风险，投资者应选择不同类型的几种股票进行投资。

3. 收益与风险最佳结合的原则

收益与风险总是相伴而生，同时存在的。处理这对矛盾通常有两个准则：一是在风险已定的条件下，尽可能使投资收益最大化；二是在收益已定的条件下，尽可能把风险降低到最低限度。这就要求投资者首先必须明确自己的目标，恰当地把握自己的投资能力，从而不断培养自己驾驭风险的能力。在证券买卖过程中，尽力保住本金、增加收益、减少损失。

4. 精力充沛原则

理智的投资是建立在对各种证券和股市的分析基础上的，这就需要有充裕的时间和必要的能力，即精力充裕原则。能力是投资的基础，而投资能力的获得一靠知识，二靠经验，三靠积累。投资者应掌握的知识包括各类证券的基本特征、证券买卖过程、证券价格的变化规律、证券投资的法规等。

5. 目标适度原则

股市有句格言："无论是做多做空都能赚钱，唯贪婪者一无所获。"要想在证券投资中取得成功，投资者必须实事求是地确立自己的投资收益目标，必须始终保持良好的心态，努力战胜自我。人性中固有的一大弱点是贪婪，其贪婪的表现往往是不切实际地抬高自己的获利目标，不知道适时行动和适时获利了结，常常幻想以更便宜的价格买入和以更高的价格卖出，结果是常常踏空和被套。因此，对投资者来讲，坚持目标适度原则，保持一颗平常心是获得投资成功的重要条件。

（二）证券投资策略

投资者的目标可以用一句话来概括，即在风险既定的条件下获得投资收益最大化，或者说是在收益既定的条件下实现投资风险最小化。由此可见，任何投资者都是在权衡收益与风险匹配关系的基础上确定自己的投资目标的。有的投资者厌恶风险，因而他的投资目标会是低风险低收益的组合；有的投资者喜欢冒险，因而他的投资目标会是高风险高收益的组合。

不同的投资目标决定了投资者要采取不同的投资策略，投资策略就是投资者为实现既定的投资目标而采取的投资指导思想与操作方法。一般来说，证券投资策略可以从两个方面进行分类：按投资者投资风格分类，可以将投资策略分为积极型、消极型和稳健型三类；按持有证券时间长短来分，可以将投资策略划分为长期持有型、短期交易型和相机抉择型三类。

1. 按投资者投资风格分类

第一，积极型投资策略。积极型投资策略的目标是获得超过市场平均水平的投资收益，相应地，这种投资策略要承担的风险水平也是较高的，高成长性的股票和成长型股票基金是其主要投资对象。

第二，消极型投资策略。消极型投资策略的目标是获得市场平均水平的投资收益，相应地，这种投资策略要承担的风险水平较低，蓝筹股和收入型股票基金是其主要投资对象。

第三，稳健型投资策略。稳健型投资策略是积极型投资策略与消极型投资策略的折中，采用这种投资策略的投资者，可以构建一个包括成长性证券和收入性证券（二者之间的比重约为 1∶1）在内的证券投资组合，以兼顾上述两种投资策略的投资目标。

2. 按持有证券时间长短分类

第一，长期持有策略。长期持有策略是指投资者在成功构建一个恰当的投资组合后，在较长的一段时间内（如 3 ～ 5 年）保持不变的投资策略，采取这种投资策略的投资者在持有期内一般不再发生证券买卖行为，另外，不太关注买卖时机也是这种投资策略的显著特点之一。

第二，短期交易策略。短期交易策略是投资者在成功构建投资组合后，不断地根据实际情况的变化而对其进行调整，其平均持股期较短（如 3 ～ 6 个月），采取这种投资策略的投资者的买卖行为较为频繁，交易费用较高，因而对买卖时机的准确把握是这种交易策略取得成功的关键因素。目前，我国证券市场上的大多数投资者都采取了这种投资策略。

第三，相机抉择策略。这是介于长期持有策略和短交易策略之间的一种投资策略，所谓相机抉择是指投资者根据市场情况的变化而调整自己的投资策略，如在市场处于慢牛行情时采用长期持有策略，而在市场发生箱体整理且波动较为剧烈时采取短期交易策略。目前，我国证券市场上很多投资者都被动地采取了这种投资策略，当市场处于长期熊市时，部分投资者因不能及时止损而被迫长期持有证券，当市场逐渐活跃行情走高时，他们又会积极进行短期交易，博取波段收益。

资料 8-1 三分法投资策略

所谓三分法是指投资基金管理人将基金资产分散投资于股票、债券和银行存款。通常，三分法的投资策略不考虑基金可能投资的其他金融工具，如期货、期权等。三分法的实质是将基金的投资对象按收益和风险高低分类，一般而言，股票、债券和银行存款的收益依次降低，而风险也依次降低。事实上，不论基金设定什么样的投资目标，三分法是对于所有基金都适用的一种投资策略，但三分法最大的缺憾在于方法本身不能确定基金资产在不同资产中的比例，基金管理人需要根据自身的经验和市场环境的变化确定三者的比例关系。

资料 8-2 巴菲特的投资策略

巴菲特被喻为“当代最伟大的投资者”，被称为“华尔街股神”，他创造了有史以来最伟大的投资神话：从 100 美元起家通过投资成为资产达 429 亿美元的世界第二富人。在巴菲特的管理下，伯克希尔公司每股净资产由 1965 年年底的 19 美元增长到 2003 年年底的 50 498 美元，年复合收益率为 22.2%，而同期美国标准普尔指数年复合收益率为 10% 左右。

纵观巴菲特的投资策略，用一句话可概括它的核心：以大大低于内在价值的价格集中投资于优秀企业的股票并长期持有。通过以下几大经典投资案例可了解巴菲特的投资策略：投资可口可乐 13 亿美元，已持有 15 年，盈利 88 亿美元，增值 6.8 倍；投资华盛顿邮报 1 000 万美元，已持有 30 年，盈利 12 亿美元，增值 128 倍；投资吉列公司 6 亿美元，已持有 14 年，盈利 29 亿美元，增值近 5 倍。从上述案例可以看出，巴菲特主要投资行业的龙头企业并长期持有，企业长期稳定的盈利也为其长期投资带来很高的投资回报。

（三）证券投资技巧

1. 止损技巧

所谓止损是指停止损失，由于证券价格复杂多变，投资者之所以买入只是因为看好这只股票的后市，认为其要上涨，但实际情况未必是这样，在投资者买入之后，股票价格的变化有三种可能：上升、下跌和盘整，为了锁定自己的损失，投资者可以在买股票之前给自设定一个止损价位，一旦股价跌至该价位时，立即卖出。

第一，什么样情况下需要止损？

止损在股市被称为割肉，这足以表明止损对于投资者来说是多么困难的一件事。止损最大的好处就是用小部分的损失换来投资者账户具有较强流动性，止损后意味着投资者还持有着现金，还有可能抓住下一次股价上升的机会，如果不止损，则当股价再上涨时，投资者由于资金被套而只能“望涨兴叹”。

但并不是所有情况下都需要止损，就我国证券市场而言，对于采取长期持有策略的投资者来说，如果该投资者买入持有的价位比较低，可以考虑不止损；而对于采取短期交易策略的投资者来说，则一定要学会止损，并且要坚决止损，以等待下一次的上涨机会。

第二，如何止损？

止损的关键在于止损价位的确定，确定止损价位的方法有很多，不同的投资者有不同的选择，比较常用的方法有百分比法、均线法、整数价位法和关键点位跌破法等。

百分比法是指投资者确定一个止损的百分比，如 10%、20% 等，假如某投资者以 10 元的价格买入某股票，他选定的止损百分比是 10%，那么，他的止损价位就是 9 元 [10 ×（1−10%）= 9]，也就是说，当股价下跌到 9 元时，该投资者要卖出止损。

均线位法是指投资者以移动平均线位作为止损依据，如 30 日均线、20 日均线，假设某投资者设定以 30 日均线位为止损位，即当股价向下跌破 30 日均线时，该投资者就要卖出止损。

整数价位法是指投资者以某个整数价位作为止损价位，如某投资者以 6.8 元的价格买入某股票，他可以将止损价位设为 6 元。

关键点位突破法是指投资者以某个关键的价位被成功向下突破为信号，卖出止损，这里的关键点位可以是前期支撑位，也可以是重要的心理关口，由投资者根据实际情况自行确定。

当然，确定止损点位的方法还有很多，但无论投资者采用何种方法确定止损价位，一定要建立在大盘走势的准确、客观的研判和把握的基础上。

例 8-1

图 8-1 是强生控股 2007 年 4 月份至 6 月份的日 K 线图，某投资者在 5 月 24 日以每股 18 元的价格买入，该投资者理想的止损价位是 10%，因此，他将止损点设在 16.2 元 [即 18×（1−10%）= 16.2 元]，在该投资者买入之后的第三个交易日，股价开始下跌，至 5 月 31 日，股价一举跌破 16 元的整数关口，最低探至 15.2 元，当天收于 15.8 元，该投资者于当天卖出止损，卖出价为 15.9 元，每股实际亏损 11.7%（不考虑交易费用），这即是百分比法止损。在图中还可以看到，投资者也可以采用均线法止损，如果投资者采用这种方法止损，那么，投资者要在百分比法止损日后的第二个或第三个交易日卖出止损。

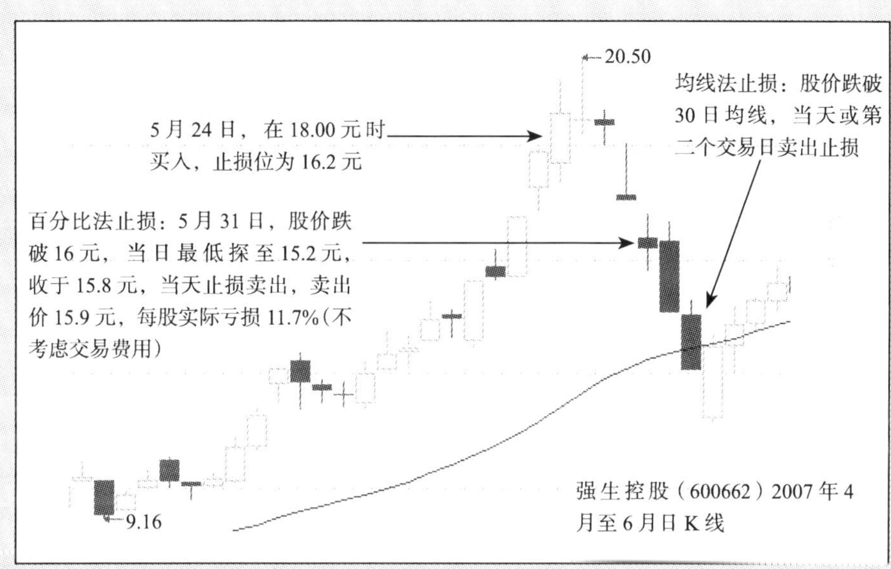

图 8-1　止损时机如何确定

2. 止赢技巧

所谓止赢就是投资者在事先确定好的赢利目标位卖出股票以确保赢利。大多数投资者认为止损是理所应当的，但对于止赢却不太了解，事实上，止赢与止损同样重要，投资者必须树立止赢的意识，学会在恰当的位置获利了结，确保投资的胜利果实。止赢的关键也在于止赢价位的确定，较常见的方法有以下几种。

第一，百分比法，即确定期望获利的百分比，如某投资者在 10 元钱买入某股票，其期望的赢利目标是 20%，因此，当该股股价上涨到 12 元时，该投资者获利了结。

第二，形态法，在各种反转形态和持续形态中，部分形态具有预测股价运行目标的功能，如 W 底，当股价向上突破颈线时，其预期的第一目标位的高度与 W 底的底到颈线的距离相等。因此，如果投资者在 W 形态中股价突破颈线时买入，其可以将止赢价位设在大股价运行的第一目标位上。

第三，整数价位法，即确定某一整数价位作为止赢位，如某投资者在 5.6 元时买入某股票，其可以将止赢价位设为 7 元。

第四，前期高点法，一般来说，前期高点是后期的压力位，因此将止赢位设在略低于前期高点的位置也是一种比较实用的止赢方法。

当然，确定止赢价位的方法还有很多，与投资者确定止损价位时一样，止赢价位的确定一定要建立在投资者对大盘走势的准确、客观的研判和把握的基础之上。

例 8-2

图 8-2 是太化股 2007 年 5、6 月份的日 K 线图，股价于 5 月 29 日创出 10.89 元的高位后迅速回落，某投资者于 6 月 6 日抄底买入，其结合前期高点位和整数位法，确定止赢价为 10 元，6 月 19 日，股价向上突破 10 元，最高到 10.28 元，收于 10.02 元，该投资者当天卖出止赢，获利率在 40% 左右。

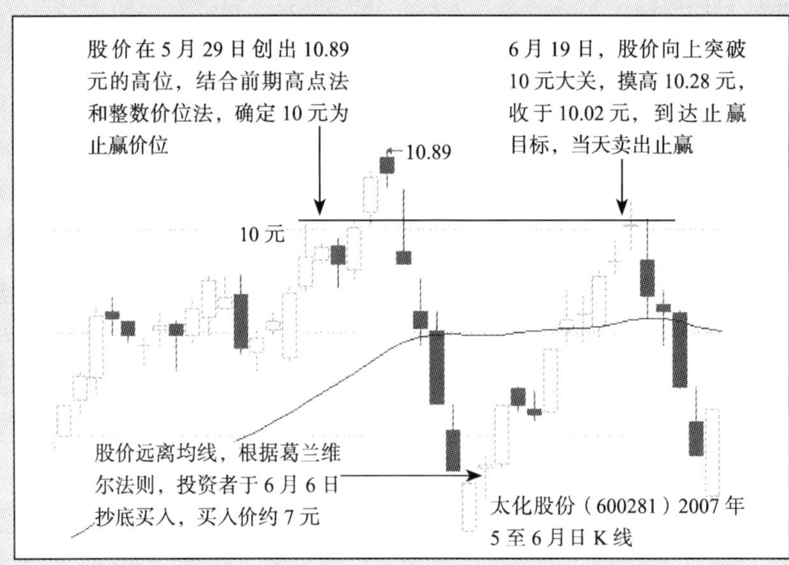

图 8-2 止赢时机如何确定

3. 波段操作技巧

波段操作是指股价进行一个箱体整理阶段时，投资者可以采取高抛低吸的操作手法，获取阶段性投资收益（见图 8-3）。投资者进行波段操作需要具备三个前提条件。

第一，大盘处于整理阶段或上升阶段，因为在这种情况下，个股快速突破箱体下方的可能性较小，投资者进行波段操作的余地较大。相反，如果大盘处于下降阶段，则个股的箱体整理时间不会持久且向下突破箱体下方的可能性较大，投资者进行波段操作余地较小。

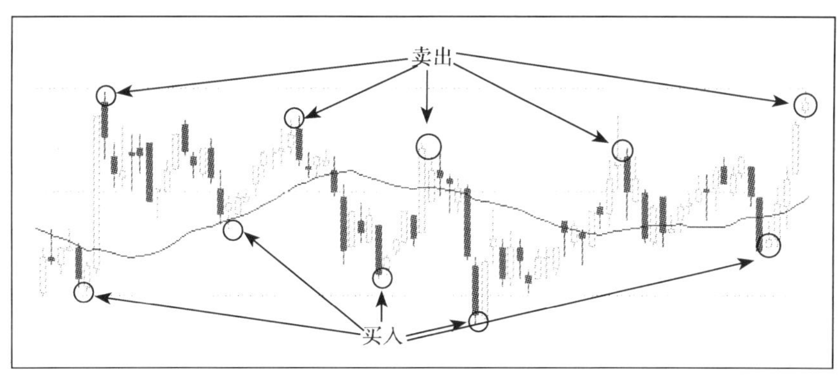

图 8-3 波段操作买卖点选择

第二，个股处于明显的箱体整理阶段，股价在一个明显的上部压力线和下部支撑线之间运行，上下反复运动，持续若干次。

第三，投资者对该股比较熟悉，最好曾操作过该股，这样能降低波段操作的失误率。

波段操作的方法比较简单，即高抛低吸。具体做法是：当股价上升到压力线（箱体上部）附近受压时，卖出；当股价下跌到支撑线（箱体下部）附近获得支撑时，买入（见图 8-3）。

值得投资者注意的是，波段操作是一种短线交易技巧，对于投资者的盘感、交易熟练程度和心理承受能力均有较高要求，且由于交易频繁而至交易成本相对较高，因此，投资者采取波段交易技巧时要非常谨慎，确保将风险控制在一个可以承受的范围之内。

4. 分批操作技巧

所谓分批操作是指投资者分若干次买入和卖出股票而非一次满仓买入或空仓卖出。分批操作主要基于两点考虑。

第一，单个股票价格走势较大程度上受到大盘的影响，如果个股是上升趋势而大盘是下降趋势，则个股的上升趋势容易被逆转，一次性满仓买入的风险较大；相反，如果个股是下降趋势而大盘是上升趋势，则个股的下降趋势容易被逆转，一次性空仓卖出的风险也比较大。

第二，由于证券价格复杂多变，单个股票从基本分析和技术分析层面发出的买入或卖出信号不可能完全准确可靠，还需要等待下一步的确认，在这种情况下，投资者满仓买入或空仓卖出的风险较大，因此，从谨慎的角度考虑，投资者需要分批次地买入或卖出。

分批操作的关键在于分几次买入（卖出）、每次买入（卖出）多少的仓位，比较常见的做法是分三次买入（卖出），三次买入（卖出）的仓位比例分别是 40%、30%、30%，即所谓的越买（卖）越少。当然，这里给出的只是一个参考的标准，投资者可以结合股价变动的实际情况和自己的喜好、经验等的实际情况，确定分几次买入（卖出）和每批次买入（卖出）的仓位比例。

|例 8-3|

图 8-4 是太化股 2003 年 11 月到 2004 年 7 月份的日 K 线图。图中 A 点处股价目上穿 30 日均线，且均线由下降转为上升，是买入的大好时机，因此，在 A 点买入，买入的仓位比例为 40%；B 点处，股价得到均线支撑，均线继续向上，股价上升趋势得到确认，因此，在 B 点再次买入，买入的仓位比例为 30%；C 点处，股价下穿均线后迅速回升，均线继续向上，股价上升趋势再次得到确认，因此，在 C 点第三次买入，仓位比例为 30%。至此，投资者完成建仓工作，下一步的主要工作就是寻找卖出时机。

在 D 点处，股价创出 7.30 元的高点，出现了一根较长的上影线，显示卖方在此处力量较强，此时股价累计升幅已近 50%，故在此可以卖出，仓位比例为 40%；在 E 点处，股价向下突破均线，均线开始掉头向下，股价反转迹向明显，因此，在此处第二次卖出，仓位比例为 30%；在 F 点处，股价向上反弹，受到均线压制，均线继续向下，股价下降趋势得以确认，因此，第三次卖出，仓位比例为 30%。至此，投资者的仓位完全清空。

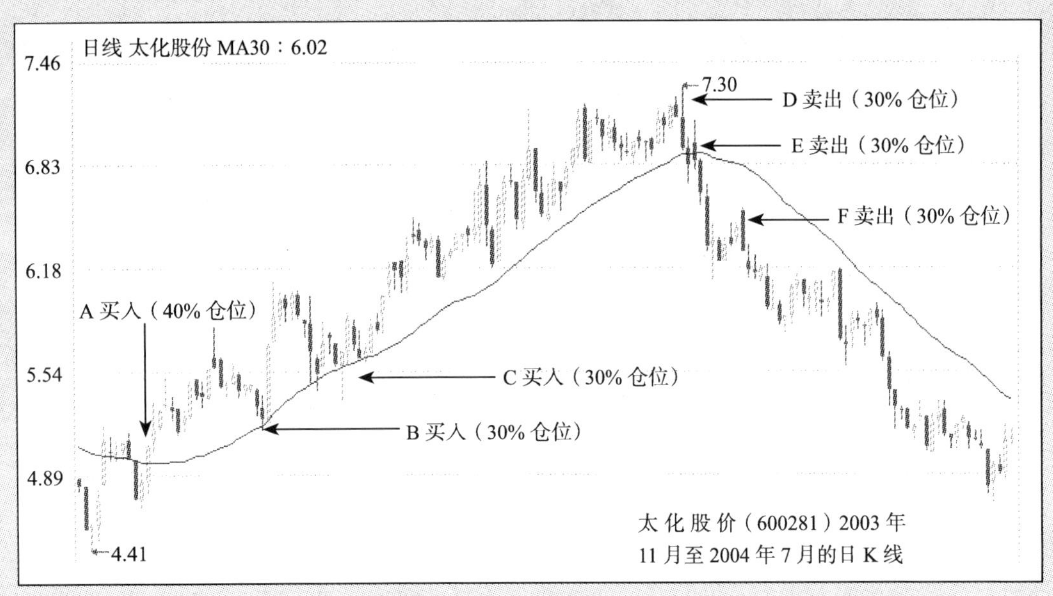

图 8-4 分批操作示例

5. 补仓技巧

所谓补仓是指投资者在高位买入股票后，股价下跌而又不愿止损，而在低位再次买入以降低平均成本的行为。假设某投资者在 10 元时买入某股票 1000 股，后股价下跌，他又不愿意止损，当股价下跌到 8 元时他再次买入 1000 股，此时他的加权持股成本为 9 元 [=（ 1000 × 10 + 1000 × 8 ）÷ 2000] 每股，在这种情况下，当股反弹到 9 元附近时，他即可以解套。如果该投资者不采取补仓行为，那么，他只能等到股价反弹到 10 元附近时方可解套。显然，股价反弹到 9 元的可能性要比反弹到 10 元大得多且容易得多。补仓的具体做法请参考图 8-5。

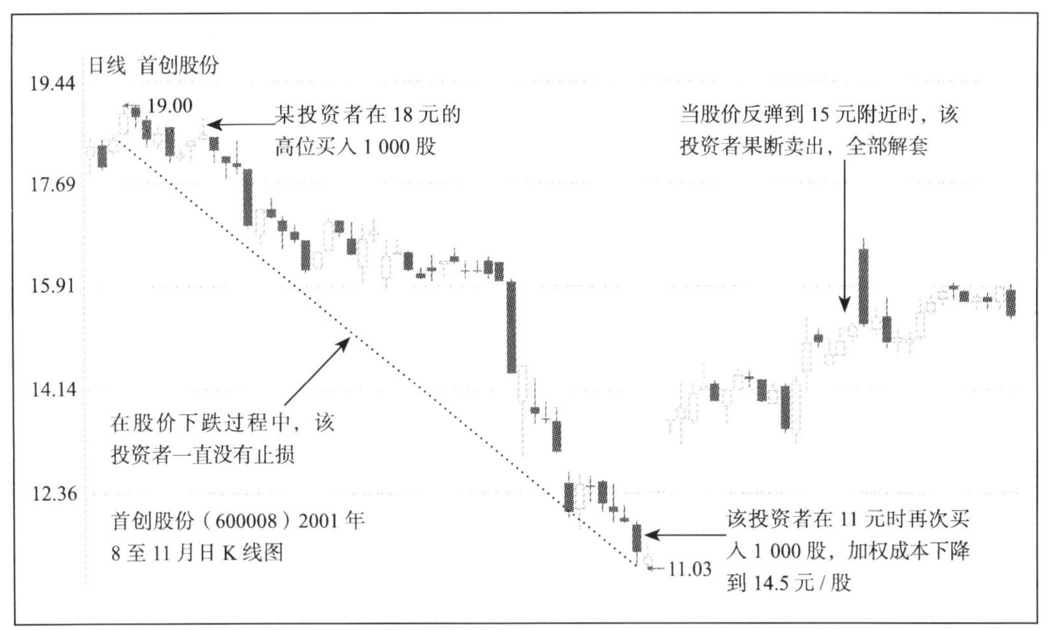

图 8-5　补仓操作示例

补仓需要具备一个基本条件，即投资者不能满仓操作，必须要给自己留下足够的资金以应付补仓之用。补仓的优点在于降低平均持股成本，为早日解套创造条件。但值得投资者注意的是，补仓只是一种万不得已的做法，补仓只会使得投资者的仓位越来越重，操作空间和余地越来越小，并且如果补仓的位置与时机把握不准确的话，极有可能补仓失败，导致自己有更多的资金被套，因此，投资者使用补仓技巧时必须是慎之又慎，最好能及时止损而不补仓。

二、实验项目

项目一：个人的风险收益偏好分析

实验者分组设计风险收益偏好调查表，并对全班同学进行调查登记，分析全班同学普遍的风险偏好情况，并进而设计制定相应投资方案。

项目二：投资者买卖策略实验

根据所学的投资交易策略，寻找符合要求的投资品种，进行设计相应投资方案。

项目三：证券投资技巧实验

根据自己的模拟投资交易情况，任选某一品种进行投资技巧实验，并将投资实验结果和原因分析并记录。

第九章

实验七 封闭式基金交易业务实训

第一节 实验的目的和内容

一、实验目的

了解封闭式基金的特点，掌握封闭式基金的选择依据及分析方法，熟悉基金的交易流程。

二、实验内容

主要通过系列实验项目对封闭式基金的基本面分析和技术面分析进行灵活运用。

实验包括四方面内容：

（1）封闭式基金业绩与二级市场价格表现的比较分析；

（2）封闭式基金的折价率、年化收益率与二级市场价格走势的关系分析；

（3）开立基金交易账户并选择一只基金进行买卖操作。

三、实验资料和实验步骤

（一）实验资料准备

（1）场地准备：配备电脑的实验室，互联网接入。

（2）教学资料准备：多媒体课件、同花顺行情分析系统及叩富模拟炒股软件，好买基金网、数米网以及天天基金网等财经资讯平台。

（二）实验步骤

（1）教师课堂讲授。

（2）指导学生利用同花顺行情分析系统，对比分析封闭式基金净值增长率与市价走势的相关关系。

（3）指导学生使用好买网、数米网等专业资讯平台查找封闭式基金的折价率及到期日，计算年化到期收益率，分析到期日远近与年化到期收益率大小对基金交易短期收益的影响。

（4）指导学生登录证券公司网站，查看开立基金交易账户的流程。登录叩富网，下载并安装模拟炒股软件，建立模拟交易账户，根据基本面分析与技术面分析选出可供投资的基金进行交易。

第二节 封闭式基金交易业务操作实训

一、理论要点

二级市场投资封闭式基金的收益主要来源于三块：净值上涨带来的价格上涨，分红及填权的收益，折价率逐渐缩小所带来的收益。

1. 业绩优秀并有持续性的基金为投资者带来更大的收益机会

基金的长期投资价值主要体现在其净值表现上，净值增长率对基金的分红、已实现收益、未实现收益都进行考虑，是最主要的业绩分析指标，最能全面、有效反映基金的经营成果。因此，考察封闭式基金要看其短、中、长期的净值增长率，以及在牛市、熊市和震荡市等各个行情中的净值增长率表现。要筛选净值增长率高于既定的业绩比较基准及同类的基金，同时分析好业绩的根源是归因于基金公司的整体实力和风控能力、基金经理的实力和投资风格还是基金的产品设计等，以确保好业绩不是昙花一现，相反好业绩会在日后重现（见图 9-1 和图 9-2）。

净值增长率的计算公式：

$$净值增长率=\frac{期末份额净值-期初份额净值+期间分红}{期初份额净值}\times 100\%$$

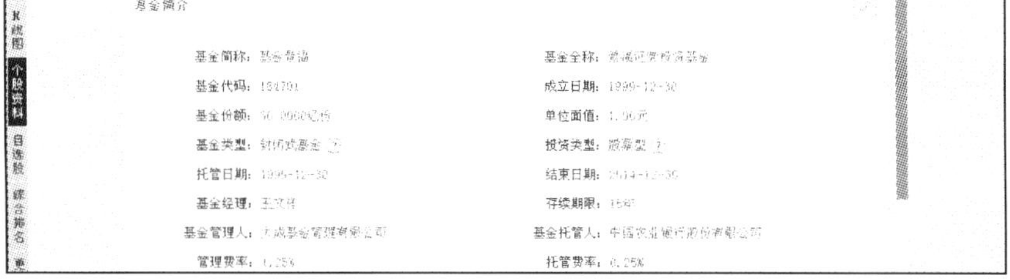

图 9-1

基金汉兴 500015

基金汉兴 500015 HANXING SECURITIES INVESTMENT FUND

最新动态 基金概况 基金经理 持有机构 分红排行 资产配置 财务情况

基金简介

基金简称：基金汉兴　　基金全称：汉兴证券投资基金
基金代码：500015　　成立日期：1999-12-30
基金份额：30.0000亿份　　单位面值：1.00元
基金类型：封闭式基金　　投资类型：股票型
托管日期：1999-12-30　　结束日期：2014-12-30
基金经理：魏益强　　存续期限：15年
基金管理人：富国基金管理有限公司　　基金托管人：交通银行股份有限公司
管理费率：1.50%　　托管费率：0.25%

图 9-2

成立时间、运行期限、份额规模都相同的基金景福和基金汉兴在运行期内的净值增长率有不同的表现，截至 2014 年 10 月 10 日的数据如表 9-1 所示。

表 9-1

基金名称	净值日期	单位净值	累计分红	累积净值	净值增长率
基金景福	2014-1010	1.0560	1.984	3.040	204%
基金汉兴	2014-1010	1.0807	1.5386	2.6193	161.93%

从成立之日至 2014 年 10 月 10 日，净值增长率较大的基金景福在同期间的二级市场交易价格上涨幅度达到 199%，净值增长率落后的基金汉兴在同期间的二级市场交易价格上涨幅度达到 157.5%，如图 9-3 所示。

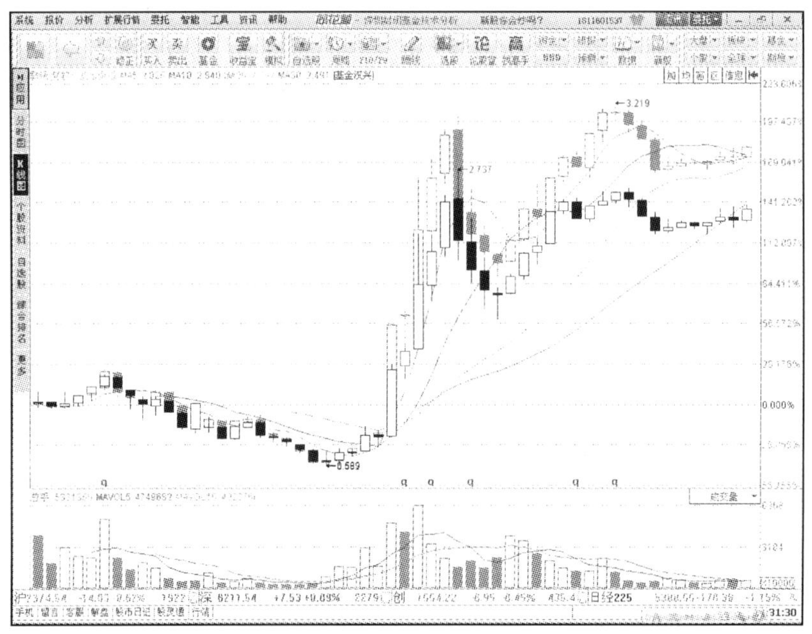

图 9-3

业绩优秀的基金景福给投资人带来的交易价差获利空间高于业绩相对滞后的基金汉兴。

2. 到期日逼近使年化到期收益率较高的基金凸显投资价值

由于投资者在封闭式基金存续期内无法按净值向基金管理公司赎回份额，收回投资只能是依靠基金分红及在二级市场转让，因此，封闭式基金二级市场价格与净值会存在偏离。通常用折（溢）价率来观察封闭式基金份额净值与其二级市场价格之间的关系。

折（溢）价率的计算公式为：

$$折（溢）价率=\frac{市价-净值}{净值}\times 100\%$$

$$市价=净值\times（1+折（溢）价率）$$

当基金二级市场价格高于基金份额净值时，为溢价交易，对应的是溢价率；反之，则为折价交易，对应的是折价率。

由于封闭式基金有固定的运行期限，当到期日来临时，封闭式基金将进行清盘或转为开放式基金，这两种情况下，基金的市价会向净值回归。当净值不变的情况下，基金的投资收益率将在很大程度上取决于其折价率，折价率越大的基金，价值回归的可能性及回归空间也相应地越大。选择净值稳定或净值趋于上升、到期日在一年以内且折价率较大的基金将为投资者带来更大的市价上升空间。

例如图 9-4 中，基金景福与基金汉兴的到期日相同，剩余期限不足一年，但折价率不同。随着到期日的逼近，在相同期限内（如图 9-5 所示的 2014 年 5 月 20 日至 10 月 10 日），折价率较大的基金景福在二级市场交易的价格上升幅度达到 23.74%，折价率较小的基金汉兴在二级市场交易价格的涨幅为 17.73%。

序号	代码	基金名称	2014-10-10 单位净值	累计净值	增长值	增长率	10/10市价	折价值	折价率	到期日
1	500058	基金银丰	1.0210	3.3790	-0.0010	-0.10%	0.8850	0.1360	13.32	2017-08-14
2	184722	基金久嘉	0.9559	3.7189	0.0025	0.26%	0.8220	0.1339	14.01	2017-07-04
3	184721	基金丰和	1.1596	3.9516	0.0005	0.04%	1.0090	0.1505	12.98	2017-03-22
4	500056	基金科瑞	1.1783	4.0903	0.0170	1.46%	1.0060	0.1723	14.62	2017-03-12
5	184728	基金鸿阳	1.0312	2.6027	0.0059	0.58%	0.9160	0.1152	11.17	2016-12-09
6	500038	基金通乾	1.1824	3.5204	-0.0046	-0.39%	1.0470	0.1354	11.45	2016-08-29
7	500015	基金汉兴	1.0807	2.6193	-0.0048	-0.44%	1.0360	0.0447	4.14	2014-12-30
8	184701	基金景福	1.0560	3.0400	0.0008	0.08%	1.0060	0.0500	4.73	2014-12-30
9	184699	基金同盛	1.1676	3.3691	0.0037	0.32%	1.1200	0.0476	4.08	2014-11-06

图 9-4

在弱市时，由于净值下降及市场投资心理转为悲观，基金的折价率可能会继续攀升，更有可能出现市价与净值同步下降的情形。发掘封闭式基金的投资机会不仅需要观察基金的折价率，还需要从其他方面考察基金的投资价值。从投资期限方面看，考虑到资金的时间成本，我们通常用年化到期收益率来衡量到期年限不同的封闭式基金的投资价值。

图 9-5

年化到期收益率表示的是按照当前的市场价格买入某基金，如果将来能够按照目前显示的净值卖出该基金，理论上可以得到的年均投资回报率。它比折价率指标能够更加鲜明地反映出封闭式基金隐含的投资价值。

年化到期收益率是综合考虑折价率和资金时间成本的指标，不考虑封闭式基金净值变化的情况下，按当前基金二级市场价格买入并持有到期所能获得的无风险年化收益率。

年化到期收益率的计算公式如下：

$$\text{到期收益率}=\frac{NAV-P}{P}=\frac{NAV}{P}-1=\frac{1}{1+D}-1=-\frac{D}{1+D}$$

由此得出年化收益率的计算公式为：

$$\text{年化到期收益率}=\text{到期收益率}/T=-\frac{D}{(1+D)T}$$

式中，P 为基金二级市场价格；NAV 为基金份额净值；D 为基金折 / 溢价率；封闭式基金的剩余期限 T 即考察日与封闭式基金到期日的剩余年限。

若 D 小于零，说明基金价格 P 低于基金净值 NAV，出现折价；若 D 大于零，说明基金价格 P 高于基金净值 NAV，出现溢价。计算案例如表 9-2 所示。

表　9-2

基金名称	净值日期	单位净值	市价	折价率	到期日	年化到期收益率
基金景福	2014-10-10	1.056 0	1.006 0	−4.73%	2014-12-30	22.37%
基金汉兴	2014-10-10	1.080 7	1.036 0	−4.14%	2014-12-30	19.46%

综上所述，在其他条件相同或相近的情况下，年化到期收益率越高的封闭式基金投资价值越大。封闭式基金的年化到期收益率衡量了当前折价率在剩余期限内给投资者提供的安全垫，是评估封闭式基金投资价值的重要参考指标之一。

但是需要注意的是，年化到期收益率是在不考虑基金资产增值的前提下得到的回报率，因此在实际投资中还需要考虑基金管理人的投资能力。尤其是对于到期期限比较长的封闭式基金，对于管理能力的判断就尤为重要，管理能力不同带来的期间收益率不同，影响最终的投资回报。

二、实验项目

实验项目一：以净值增长率指标分析封闭式基金的二级市场投资价值。

实验项目二：用年化到期收益率指标挑选有投资价值的封闭式基金。

实验项目三：封闭式基金交易账户的开立。

（1）将全班学生进行分组，以四五人建一个团队，单号组的学生扮演个人客户和机构客户并准备开户所需资料，双号组的学生扮演证券公司业务人员制作开户文件并为客户开办交易账户。

（2）利用叩富网的模拟投资平台建立个人投资账户，完成基金的交易委托、查询、盈亏分析。

第三篇

外汇交易业务实训

:: 第十章　实验一 外汇交易市场和交易方式实训

:: 第十一章　实验二 外汇期货保值业务实训

:: 第十二章　实验三 应用外汇交易规避风险实训

第十章

实验一 外汇交易市场和交易方式实训

第一节　实验的目的和内容

一、实验目的

（1）能确定具体的即期和远期外汇交易交割时间

（2）能灵活应用即期和远期外汇交易的国际惯例

（3）掌握即期和远期外汇交易的报价技巧

（4）掌握报价银行的实务操作

（5）掌握询价银行的实务操作

（6）掌握客户的实务操作

二、实验内容

（1）即期和远期外汇交易的程序

（2）即期和远期外汇交易交割日的确定

（3）即期和远期外汇交易的报价国际惯例和技巧

（4）即期和远期外汇交易实务操作

三、实验资料和实验步骤

（一）实验资料

项目一：即期外汇买卖业务

练习 1：熟悉即期外汇交易的概念与报价内容

练习 2：即期外汇交易的操作程序

练习 3：即期外汇交易报价程序分析

练习 4：即期外汇交易的运用

项目二：远期外汇买卖业务

练习 1：认识远期外汇交易

练习 2：远期汇率报价计算分析

练习 3：择期汇率的报价与交割日

练习 4：投机性远期外汇交易

练习 5：进出口企业外汇交易分析

（二）实验步骤

（1）登录外汇交易模拟系统

（2）多渠道查询外汇资讯，根据基本面分析各币种走势

（3）通过行情软件，对外汇交易进行技术分析，预测各币种走势

（4）选择交易币种，制定开仓、平仓的外汇交易计划

第二节　外汇交易业务操作实训

一、理论要点

（一）即期外汇交易

即期外汇交易（spot exchange transaction），又称现汇交易，是买卖双方成交后，在 2 个营业日内办理交割的外汇交易。

1. 即期外汇交易的交割

即期外汇交易的交割应在交易达成后的 2 个营业日内完成。这 2 个营业日的宽限期是从欧洲过去的外汇交易实践中沿袭下来的，而目前外汇市场的现汇交易虽然多采用电话、电报、电传等现代通信手段完成，虽然交易时间大为缩短，但由于习惯原因仍沿用交易后 2 个营业日内交割的做法。

2. 即期外汇交易的交割日

外汇交割的日期称为交割日（delivery date），又叫起息日（value date），是指外汇买卖双方必须履行支付义务的日期，交易双方在这一天将各自的货币交割完毕。

交割日 = 结算日 = 起息日

即期外汇交割日根据交割的时间不同，又分为三种情况。

标准交割日（Value Spot or VAL SP）。标准交割日是指即期外汇交易在成交后第二个营业日交割，又称T + 2交割。目前大部分的即期外汇交易都采用这种交割日方式进行交割。世界上一些主要外汇市场，伦敦、纽约和苏黎世等地，其交割日都是在成交后的第二个营业日。

隔日交割（Value Tomorrow or VAL TOM）。隔日交割是指在成交后第一个营业日交割，又称T + 1交割。新加坡、马来西亚、加拿大是在成交日的次日进行交割，中国香港的港元兑日元也是在成交日的次日进行交割。

当日交割（Value Today or VAL TOD）。当日交割是指在成交日当日进行交割，又称T + 0交割。如东京，有的外汇交易当天清算，所以又称为“现货交易”。

（二）远期外汇交易

远期外汇交易（forward exchange transaction）是在外汇买卖成交后的未来某一特定日期进行实际交割的外汇交易，它包括所有交割期限超过即期外汇交易的正常交割期限（2个营业日）的外汇交易。

1. 远期外汇交易的交割

远期外汇交易的期限按月计算，一般是1～6个月，也可以长达1年，最多的是3个月。

远期外汇交易的主要目的不在于满足国际结算的需要，而是为了保值或投机，它使得交易者能够获得一种货币的确定的未来汇率，从而避免外汇风险；也可使投机者在汇率变动中赚取好处。

2. 远期交易的交割日

远期交易的交割日的确定规则如下。

（1）日对日：远期交易的起息日与即期交易的交割日对应。

（2）月对月：即月底日期对月底日期，“双底”惯例。假定即期交割日为当月的最后一个营业日，则远期交割日也是当月的最后一个营业日。

（3）节假日顺延：若远期交割日不是营业日，则顺延至下一个营业日。

（4）不跨月：若顺延后交割日到了下一个月，则交割日必须提前至当月的最后一个营业日。

3. 远期外汇交易的类型

（1）固定交割日。固定交割日即交易双方成交时约定交割日期，一般是按成交日期加相应月数确定交割日。但若交割日在月底且正好是交割银行的休息日，则交割日提前一天，不跨入下一个月份。

如假定一笔 5 月 28 日成交的一个月期固定交割日的远期外汇交易，交割日应是 6 月 30 日，若恰逢 6 月 30 日是星期六为银行的休息日，则交割日不能顺延至 7 月 2 日，而应在 6 月 29 日进行交割。

（2）非固定交割日。在约定的期限内任意选择一个营业日作为交割日，这种远期外汇交易称择期外汇交易 (optional forward transaction)。择期外汇交易可分为两种。

部分择期——确定交割月份但未确定交割日。例：5 月 20 日，A 公司与 B 银行达成一笔 3 个月的择期外汇交易，约定 8 月份进行交割，则 A 公司可以在 8 月 1 日至 8 月 22 日的任一个营业日内向 B 银行提出交割。

完全择期——客户可以选择双方成交后的第三个营业日到合约到期之前的任何一天作为交割日。例：上例中 A 公司可以选择从 5 月 23 日至 8 月 22 日这一段时间的任一个营业日向 B 银行提出交割。

二、实验项目

项目一：即期外汇买卖业务

练习 1：熟悉即期外汇交易的概念与报价内容

1. 即期外汇交易的概念

即期外汇交易 (spot exchange transaction) 又称现汇买卖，是指外汇买卖成交后，交易双方于当天或两个交易日内办理交割手续的一种交易行为。即期外汇交易占外汇交易总额的大部分。主要是因为即期外汇买卖不但可以满足买方临时性的付款需要，也可以帮助买卖双方调整外汇头寸的货币比例，以避免外汇汇率风险。

|例 10-1|

1998 年 9 月 10 日，纽约花旗银行与日本东京银行通过电话达成一项外汇买卖交易，花旗银行愿意按 1 美元兑 136．85 日元的汇率卖出 100 万美元，买入 13 685 万日元；而东京银行也愿意按同样汇率卖出 13 685 万日元，买入 100 万美元。9 月 11 日，两家银行分别按对方的要求，将卖出的货币解入对方指定的账户内，从而完成这笔买卖。

即期外汇交易是外汇市场上最常见的买卖形式，其交易量居各类外汇交易之首。为此必须清楚与其有关的若干概念。

2. 即期外汇报价的主要内容

代码：表示外汇兑换的品种，由所兑换外汇币种的英文代码组成。比如代码：AUDUSD，其中 AUD 表示澳大利亚货币——澳元，USD 表示美元，组合起来表示澳元兑换美元的汇率。前面的货币为兑换货币，后面为被兑换的货币。

名称：表示所兑换外汇币种。

现价：表示当前市场的汇率成交价格。比如现价为 0.645 7，表示 1 澳元可兑换 0.645 7 美元。

买价：市场中买入的最高报价。

卖价：市场中卖出的最低报价。

3. 即期外汇交易的方式

（1）顺汇方式的外汇买卖。顺汇（favorable exchange）是一种汇款方式，是指汇款人委托银行以某种信用工具（如汇票），通过其国外分行或代理行将款项付给收款人的一种支付方式。

其过程是银行在国内收进本币，在国外付出外汇。因其汇兑方向与资金流向一致，称为顺汇。在顺汇方式下，客户用本国货币向外汇银行购买汇票，等于该银行卖出外汇。

顺汇所涉及的当事者有：

1）汇款人（remitter），通常为债务人或付款人；

2）收款人（payee），是指债权人或受益人；

3）汇出行（remitting bank），是受汇款人委托向收款人汇款的银行；

4）解付行（paying bank），是受汇出行委托，接收汇出行的汇款并向收款人解付款项的银行，也称汇入行。

顺汇的三种具体形式：

1）电汇（telegraphic transfer，简写 T/T）。电汇是指汇出行用电报或电传通知解付行，指示它对收款人支付一定数量款项的一种汇款方式。

2）信汇（mail transfer，简写 M/T）。信汇是汇出行邮寄信汇委托书（advice of mail transfer）给解付行，委托其解付汇款的一种汇款方式。

3）票汇（demand draft，简写 D/D）。票汇是指汇出行开立的以解付行为付款人的银行即期汇票，指示国外解付行凭票向收款人支付一定金额款项的汇款方式。通常这种汇票可在外汇银行中买到。它可由购买者邮寄给收款人，也可直接带出国，凭票要求付款。购买汇票时，填写一份申请书即可。

（2）逆汇方式的外汇买卖。逆汇（adverse exchange）即托收方式，是指由收款人（债权人）出票，通过银行委托其国外分支行或代理行向付款人收取汇票上所列款项的一种支付方式。由于这种方式的资金流向与信用工具的传递方向相反，就称之为“逆汇”。

4. 了解即期外汇交易的术语

（1）即期汇率的交割日（SPOT date）。外汇交易的交割指买卖成交后“钱货两清”的行为，交割日为成交当天，称当日交割（value today）；交割日为成交后第一个营业日，称翌日或明日交割（value tomorrow），交割日为成交后的第二个营业日，称即期交割或即交割（value spot）。

（2）营业日。营业日指两个清算国银行都开门营业的日期，一国若遇节假日，交割日按节假日天数多少顺延。

（3）基本点（point），简称点，指表示汇率的基本单位。一个基本点为万分之一货币单位，即汇率小数点后第四个单位数（0.000 1）。下面为用点数报价的几个例子：

外汇兑换即期报价差价 USD/GBP1.2562/7311 基本点，USD/JPY135.15/2510 基本点，USD/SF1.4890/0010 基本点。

练习 2：即期外汇交易的操作程序

即期外汇交易主要包括询价、报价、成交、确认四个步骤。

步骤 1 询价。

通常由主动交易一方在外汇市场根据自己的意图进行询价，价格内容包括：

（1）公司的名称和地址；

（2）交易类型；

（3）交易货币；

（4）交易金额。

步骤 2 报价。

报价指外汇银行在交易中报出的买入或卖出外汇的汇价。外汇银行在交易中同时报出买价（bid rate）和卖价（offer rate）。

按 ISO 国际标准的银行即期报价实际情况如下：

EUR/USD　　0.982 5 / 35

（欧元兑美元：1 美元的买入价为 0.982 5 欧元，卖出价为 0.983 5 美元）

USD / JPY　　126.10 / 20

（日元兑美元：1 美元的买入价为 126.10 日元，卖出价为 126.20 日元）

GBP / USD　　1.760 0 / 1 0

（美元兑英镑：1 英镑的买入价为 1.760 0 美元，卖出价为 1.761 0 美元）

AUD / USD　　0.820 0 / 10

（美元兑澳元：1 澳元的买入价为 0.820 0 美元，卖出价为 0.821 0 美元）

外汇交易员不报全价，只报出汇率小数点后的最后两位数。如果当时汇率为 US$1=HK$7.751 6 ～ 7.752 6，则银行接到询问时就仅报出：16 ～ 26 或 16 / 26。

步骤 3 成交。

询价方在交易对手报出汇价后，迅速做出买卖决策，并通过交易设备立刻完成交易程序。

步骤 4 确认。

最后一步是对上述交易进行确认为了防止错漏和误解，交易双方应相互确认交易内容，包括买卖方向、交易金额、起息日等并告知对方详细的结算指示。

练习 3：即期外汇交易报价程序分析

1. 一般即期外汇交易程序案例

|例 10-2|

交易程序（括号内为中文解释）

A1：GBP 5 Mio（A 银行询价：英镑兑美元，金额 500 万）

B1：1.6773 / 78（B 银行报价：价格 GBP 1=USD1.677 3 / 78）

A2：My Risk

（A 银行不满意 B 银行的报价，在此价格下不做交易，即此价格不再有效，A 银行可几秒之内再次向 B 银行询价。）

B2：1.6775 Choice

（B 银行：以 1.6775 的价格任 A 银行选择要买或卖。一般而言，当报价银行 Choice 时，一定要做交易，不可以用价格不好为借口而放弃）。

A3：Sell PLS

MY USD to ANY

（A 银行：选择卖出英镑 500 万，我的美元请汇入 A 银行的纽约账户）

B3：OK Done

At 1.6775 We Buy GBP 5 Mio AG USD Val May-20 GBP To MY London TKS for Deal.

BIBI

（银行 B：此交易已成交。）

（A 银行：在 1.677 5 我买入英镑 500 万，交割日 5 月 20 日，我的英镑请汇入 B 银行伦敦的英镑账户，谢谢惠顾，再见。）

其中 A1 表示双方在询价和报价，B1、B2 表示卖家先后两次报价，A3、B3 表示成交和确认。

2. 外汇经纪商在即期市场的运作

|例 10-3|

ABC：Spot DEM LEV（ABC 询问即期马克目前的市场价位）

BROKER（外汇经纪商）：DEM22 / 25（通常经纪商不报出大数，只报 Bid / Offer，假设大数为 2.24）

GIVEN（市场上，sell 在 22 的价位）

21 / 25（目前价位改为 21 / 25）

21 / 24（21 / 24 为最新价位）（连续市场报价）

TAKEN. 21 / 24（市场上，Buy 在 24 的价位，21 / 24 仍为最新价位）

ABC：JOIN Bid 20（ABC 在 21 挂牌要买入美元 2 000 万兑马克）

BROKER：OK. Working（好的，正在交易撮合当中）

Your top（你的报价排位最优先）

11 / 24 your Top（市场价格）

Yours 20（你的 2000 万美元兑马克）

XYZ seller（XYZ 卖给你）

ABC：OK DONE and good name（交易成交，

XYZ 可作为交易对象，没有其他信用限制）

BROKER：Confine at 2．2421, you USD 20 Mio Ag DEM

XYZ is seller

Val 10 / 9（交割日 9 月 10 日）

TLX on the Way（确认交易的电报发送中）

TKS（确认交易，ABC 在 2．2421 买入美元 2 000 万兑马克）

（XYZ 是卖出者，交割日为 9 月 10 日，确认交易的电报发送中）

ABC：ok．ALL Agreed

TKS and BIBI（同意上述交易，谢谢．再见）

3. 即期交叉外汇汇率交易程序案例学习

例 10-4

ABC：DEM / YEN 2 DEM（询价者 ABC 询价，马克兑日元的交叉汇率，金额 200 万马克）

XYZ：DEM / YEN 45.73 / 76（银行 XYZ 报价，对价 DEM1=YEN45.73 / 76）

XYZ：UR Risk

off price（由于 ABC 下决定的时候略有迟疑，因此 XYZ 告诉 ABC 说等太久了，当前报价价格取消，请再次询价）

ABC：Now PLS 5 Mio DEM PLS（ABC 请 XYZ 再次报价，交易金额改为 500 万马克）

XYZ：45.73 / 75（XYZ 的新报价为 DEM 1=YEN 45．73 / 75）

ABC：Sell 1 DEM 5

My YEN To ABC'Toky 0

（ABC 卖出马克 500 万兑日元，日元汇入 ABC 东京的日元账户）

XYZ：DONE at 45.73

We Buy DEM 5 Mio AG YEN val Sep 10

DEM To MY Frankfurt

（交易成交在 45.73 价位。XYZ 买入马克 500 万兑换日元，9 月 10 口交割，马克汇入 XYZ 法兰克福的马克账户）

练习 4：即期外汇交易的运用

1. 即期外汇保值交易

例 10-5

在 2008 年 9 月 10 日，纽约花旗银行与日本东京银行通过电话达成一项外汇买卖交易，花旗银行愿意按 1 美元兑 80.85 日元的汇率卖出 100 万美元，买入 808 5 万日元；而东京银行也愿意按同样汇率卖出 808 5 万日元，买入 100 万美元。9 月 11 日，两家银行分别按对方的要求，将卖出的货币解入对方指定的账户内，从而完成这笔买卖。

交易分析：该项交易的目的是由于当天这两家银行手上都有多余的外汇头寸，其中纽约花旗银行的美元头寸较多，如果美元隔夜汇率下跌，可能会给其多出来的美元头寸资产带来损失；而日本东京银行手上拥有日元头寸需要当天轧平，于是双方在外汇市场通过即期外汇交易轧平各自的外汇头寸，降低外汇风险敞口。

2. 投机性即期外汇交易

投机性即期交易。即期交易用于投机是最常见的形式。一般是当天买进，当天卖出，不留隔夜敞口头寸。

例 10-6

某居民持有美金10万美元，在2005年3月18日通过中国银行广州分行按当日外汇市场汇率1美元：115.80日元买入1 158万日元。到了4月20日，日元汇率已升至1美元：109.55日元，当天他委托银行按当日市价将1 158万日元卖出，得回105 705.15美元，获利5 705.15美元，收益率达到5.7%

交易分析：

在这买卖即期外汇过程中，他需向银行交付相当于买卖总金额205 705.15美元

（卖出10万美元后又买入105 705.15美元）的0.25%的单边人民币手续费。

计算如下：

卖出美元（买入日元）时的手续费=（卖出美元数）100 000美元 ×（手续费率）0.25%×（美元兑人民币牌价按1美元=5.71元人民币计算）571/100=1 427.5元。

买入美元（卖出日元）时的手续费（买入美元数）105 705.15×0.25%×571 / 100 = 1 508.94元人民币。

上述两项费用合计为2 936.44元人民币。也就是说，该客户赚5 705.15美元的汇差，同时支出了2 936.44元人民币手续费。

实训实现方式

1. 分组进行即期汇率的报价练习
2. 设计即期外汇保值交易方案
3. 设计即期外汇套利投机交易方案

项目二：远期外汇买卖业务

练习1：认识远期外汇交易

远期外汇交易即预约购买与预约出卖的外汇业务，即买卖双方先行签订合同，规定买卖外汇的币种、数额、汇率和将来交割的时间，到规定的交割日期，再按合同规定，卖方交汇，买方付款的外汇业务。

1. 远期交易的目的

（1）保值的需要。

（2）外汇银行调剂外汇头寸的需要。

（3）外汇投机的需要。

2. 远期交易的汇率

远期汇率的表示方法。

平白远期汇率（USD/CHF）

SPOT	1M	2M	3M
1.655 0/60	1.640 1/09	1.621 8/33	1.607 8/93

升贴水点数表示（USD/FRF）

SPOT	1M	2M	3M
5.213 0 / 60	70 / 30	120 / 80	160 / 40

具体的换算关系为：

（1）当第一栏点数 > 第二栏点数时：远期汇率 = 即期汇率 − 点数

（2）当第一栏点数 < 第二栏点数时：远期汇率 = 即期汇率 + 点数（即：左低右高往上加，左高右低往下减）

3. 远期交易的类型

（1）固定交割日的远期外汇交易。

（2）选择交割日的远期外汇交易。

4. 中国工商银行人民币远期外汇牌价

中国工商银行人民币远期外汇牌价如表 10-1 所示。

表 10-1 中国工商银行人民币远期外汇牌价

日期：2008 年 5 月 9 日星期五　　单位：人民币 /100

外币期限	美元兑人民币中间价	现汇买入价	现汇卖出价	起息日
7 天（7D）	771.77	769.83	773.69	2007-04-25
20 天（20D）	771.25	769.32	773.18	2007-05-08
1 个月（1M	770.74	768.81	772.66	2007-05-18
2 个月（2M）	768.61	766.69	770.53	2007-06-18
3 个月（3M）	766.95	765.03	768.87	2007-07-18
4 个月（4M	765.21	763.29	767.12	2007-08-20
5 个月（5M）	763.75	761.83	765.65	2007-09-18
6 个月（6M）	762.31	760.4	764.21	2007-10-18
7 个月（7M）	760.73	758.67	762.78	2007-11-19
8 个月（8M）	759.41	757.12	761.68	2007-12-18
9 个月（9M）	758.03	755.52	760.53	2008-01-18
10 个月 (10M）	756.65	754	759.3	2008-02-19
11 个月（11M）	755.56	752.69	758.43	2008-03-18
12 个月（1Y）	754.4	751.38	757.42	2008-04-18

练习 2：远期汇率报价计算分析

在不同的汇率标价方式下，远期汇率的计算方法不同。

直接标价法。

远期汇率：即期汇率 + 升水

或远期汇率：即期汇率 − 贴水

间接标价法。

远期汇率：即期汇率 − 升水

或远期汇率：即期汇率 + 贴水

1. 直接标价法

在直接标价法下，外汇的买入价数字小，卖出价数字大，银行是“低买高卖”。如果排列在买入价位上的数字小于卖出价位上的数字，表明这是一个升水的远期差价，即远期汇率高于即期汇率，那么在计算远期汇率时使用加法。

计算过程如下：

	8 081 6 ～ 8.097 8
1 个月 +	0.003 0 ～ 0.003 5
	8.084 6 ～ 8.101 3
	8.081 6 ～ 8.097 8
3 个月 +	0.010 0 ～ 0.010 8
	8.091 6 ～ 8.108 6
	8.081 6 ～ 8.097 8
6 个月 +	0.020 0 ～ 0.022 0
	8.101 6 ～ 8.119 8

因此，以美元表示的人民币即期汇率和远期汇率是：

USD / RMB	买入价	卖出价
即期汇率	8.081 6	8.097 8
1 个月	8.084 6	8.101 3
3 个月	8.091 6	8.108 6
6 个月	8.101 6	8.119 8

2. 在间接标价法

在间接标价法下，情况正好相反。

例如，2005 年 11 月 21 日美国纽约银行报出美元与人民币的汇率为：

USD / RMB	卖出价	买入价
即期汇率	8.123 7	8.123 5
1 个月	20	15
3 个月	35	28
6 个月	60	45

在间接标价法下，卖出价报在前，买入价报在后，买入价数字大于卖出价；即“高

买低卖”。如果排列在买入价位上的远期差价的数字小于卖出价位上的数字，这是一个升水的远期差价，在计算远期汇率时使用减法。

计算过程如下：

8.123 7 ～ 8.123 5
1 个月 − 8.002 0 ～ 8.001 5
8.121 7 ～ 8.122 0

8.123 7 ～ 8.123 5
3 个月 − 8.003 5 ～ 8.002 8
8.120 2 ～ 8.120 7

8.123 7 ～ 8.123 5
6 个月 − 8.006 0 ～ 8.004 5
8.117 7 ～ 8.119 0

因此，以美元表示的人民币即期汇率和远期汇率是：

USD / RMB	买入价	卖出价
即期汇率	8.123 7	8.123 5
1 个月	8.121 7	8.122 0
3 个月	8.120 2	8.120 7
6 个月	8.117 7	8.119 0

3. 汇率的标价方法与升（贴）水的关系

由于汇率的标价方法不同，计算远期汇率的方法也不相同，设 F_t 为远期汇率，S_t 为即期汇率，P 为升水点数，D 为贴水点数，则

在直接标价法下：

$F_t = S_t + P$（本币数额增大、远期外汇升水）

$F_t = S_t - D$（本币数额减少、远期外汇贴水）

在间接标价法下：

$F_t = S_t - P$（远期外汇升水、外币数额减少）

$F_t = S_t + D$（远期外汇贴水、外币数额增加）

即期汇率、远期汇水与远期汇率的关系可分别用表格及公式总结如表 10-2 所示。

表　10-2

汇水的形式	计算方法	基准货币	报价货币
小 / 大	加	升水	贴水
大 / 小	减	贴水	升水

即期汇率		远期汇水		远期汇率
小大	+	小大	=	小大
小大	−	大小	=	大小

不论即期汇率还是远期汇率，斜线左边的数字总是小于斜线右边的数字，即单位货币的买入价总是小于单位货币的卖出价。并且与即期汇率相比，远期汇率的买入价与卖出价之间的汇差总是更大。如果计算出的结果与此相反，说明计算方法错误。

4. 远期汇率的决定

一般来说，利率、升水或贴水有如下关系：

利率高的货币的远期汇率表现为贴水，利率低的货币的远期汇率表现为升水。计算升贴水的公式为：

升贴水 = 即期汇率 × 两地利差 ×（月数 /12）

练习 3：择期汇率的报价与交割日

择期远期交易具有较大的灵活性，也就是说，客户可以在择期内的任何一天，可能是第一天，也可能是最后一天办理交割，因而其汇率也与固定交割日的远期交易汇率有所不同。

1. 在直接标价法下，银行根据以下原则进行报价

银行购入情况。

升水：择期汇率 = 即期汇率

贴水：择期汇率 = 即期汇率 − 贴水

银行卖出情况。

升水：择期汇率 = 即期汇率 + 升水

贴水：择期汇率 = 即期汇率

例 10-7

2005 年 11 月 21 日，中国人民银行美元与人民币的即期汇率和 1、3、6 个月的远期差价的报价如表 10-3 所示。

表 10-3

USD / RMB	买入价	卖出价
即期汇率	8. 081 6	8. 097 8
6 个月远期差价	200	220

那么中国人民银行的 6 个月固定交割日远期汇率与择期汇率为：

USD / RMB

6 个月远期汇率：

买入价为 8.081 6 + 0.020 0 = 8.101 6

卖出价为 8.097 8 + 0.022 0 = 8.119 8

6 个月择期汇率：

买入价为 8.0816 + 0.000 0 = 8.081 6

卖出价为 8.0978 + 0.022 0 = 8.119 8

例 10-8

2005 年 11 月 21 日美国纽约银行报出美元与人民币的汇率如表 10-4 所示。

表 10-4

USD / RMB	卖出价	买入价
即期汇率	8.123 7	8.123 5
6 个月远期差价	60	45

那么美国纽约银行的 6 个月固定交割日远期汇率与择期汇率为：

USD / RMB

6 个月远期汇率：

买入价为 8.123 7 − 0.006 0=8.117 7

卖出价为 8.123 5 − 0.004 5=8.119 0

6 个月择期汇率：

买入价为 8.123 7 − 0.006 0 = 8.117 7

卖出价为 8.123 5 − 0.000 0 = 8.123 5

从以上计算可以看出：

例 10-7 中，当美元处于远期升水时，6 个月远期、择期的卖出价是相同的，都加上了远期升水。而买入价则不同，远期汇率加上了升水，而择期汇率却未加升水。从而使银行在择期买入美元时价格较低，而择期卖出美元时则价格较高，从而处于相对有利的地位。

在例 10-8 中，当人民币为贴水时，6 个月远期、择期的买入价是相同的，都加上了远期贴水。而卖出价则不同，只有远期汇率减去了远期的贴水，而择期汇率却未减贴水。从而使银行在择期买入美元时价格较低，而择期卖出美元时的价格较高，从而处于相对有利的地位。

2. 远期外汇交易交割日的确定

确定择期远期交易的方法有两种：

（1）事先把交割期限固定在两个具体日期之间。如某一出口商在 1999 年 9 月 25 日成交一笔出口交易，预期 3 个月内收到货款。这样，该出口商马上在外汇市场上卖出一笔 3 个月的远期外汇，并约定择期日期为 9 月 29 日至 12 月 29 日。这就意味着该出口商在这段时间内，随时可以将收到的外汇卖给银行。

（2）事先把交割期限固定在不同月份之间。如上例中，出口商可视其需要，将交割期限规定为第一个月、第二个月、第三个月这三个月中的任意两个月，或择期 3 个月。

1）固定交割日的远期外汇交易（fixed forward transaction）。固定交割日的远期外汇交易，即事先具体规定交割时间的远期买卖。其目的在于避免一段时间内汇价变动造成的风险。固定方式的交割期以星期和月份为单位，如 1 星期、2 个月（60 天）、6 个月（180 天）等，这是实际中较常用的远期外汇交易形式。

2）选择交割日的远期外汇交易（optional forward transaction）。选择交割日的远期外汇交易，即择期远期交易。择期远期外汇买卖就是客户可以在交易日的第二天起约定一定期限内的任何一天，按约定的汇率进行外汇交割，也就是说客户对交割日在约定期限内有选择权。例如，客户选择期限为10月1日至11月1日的择期，客户有权在10月1日至11月13日期间的任何一个工作日进行外汇买卖的交割。

练习4：投机性远期外汇交易

1. 外汇投机交易的形式。汇率的频繁、剧烈波动，会给外汇投机者进行外汇投机创造有利的条件，尤其在浮动汇率制下更是如此。

所谓外汇投机是指利用外汇市场汇率涨落不一，纯粹以赚取利润为目的的外汇交易。其特点是：

（1）投机者主动置身于汇率的风险之中，从汇率变动中牟利；

（2）投机活动并非基于对外汇的实际需求，而是想通过汇率涨落赚取差额利润；

（3）投资收益大小决定于本身预期的正确程度。

2. 外汇投机有两种形式：

（1）先卖后买，即卖空（sellshort）或称“空头”（bear）。当投机者预期某种外币如美元将贬值或汇率将大幅度下跌时，就在外汇市场趁美元价格相对较高时先行预约卖出，到期如果美元汇率真的下跌，投机者就可按下跌的汇率买进美元现汇来交割美元远期，赚取差价利润，称为“卖空”。

（2）先买后卖，即买撤（buylong）或称“多头”（bull）。当投机者预期某种货币将升值，就在外汇市场上趁该币价格相对较低时先行预约买进该种货币的远期，到期该货币汇率真的上升，投机者就按上升的汇率卖出该货币现汇来交割远期，从中赚取投机利润，称为“买空”。

例10-9

某公司2005年10月份账户有100万美元闲置资金，即期汇率为USD1 = CNY8.083 5/8.124 0。当时工商银行的10个月的期汇报价为：USD1 = CNY7.846 3 / 7.901 5。即贬值约：（7.846 3 + 7.901 5）/（8.083 5 + 8.124 0）−1= 2.60% 若该投机者向银行作买入10个月美元远期交易（2006年8月底交割）。8月底现汇率为：USD1 = CNY7.982 4/8.012 3。该投机者获利：（7.982 4−7.901 5）×1 000 = 8.09万元。

练习5：进出口企业外汇交易分析

1. 某一香港进口商向美国买进价值10万美元的商品，约定3个月后交付款，如果买货时的汇率为US$1 = HK$7.81。3个月后，美元升值，港元对美元的汇率为US$1=HK$7.88。请为该进口商设计远期外汇交易方案来回避汇率波动风险。

2. 有一美国外汇投机商预期德国马克可能会大幅度上升。若当时马克3个月期汇汇率为 USD l=DM 1.90，投机商就在纽约外汇市场上买入 19 万马克 3 个月期汇。若 3 个月后，纽约外汇市场的马克即期汇率升至 USD1 = DM 1.80，请设计其外汇投机交易，并计算收益率。

3．某美国出口商向英国出口一批商品，出口合同规定 2 个月后收汇。金额为 100 万英镑。当时外汇市场的行情是：

即期汇率：1 英镑 = 1.686 0 / 1.687 0 美元

2 个月期远期汇水数：147 / 150

故 2 个月期远期汇率为：1 英镑 = 1.700 7 / 1.702 0 美元

请为该出口商设计外汇交易方案规避汇率风险。

实训实现方式

1．分组进行远期外汇交易报价

2．分组分析讨论远期外汇交易案例

第十一章

实验二 外汇期货保值业务实训

第一节 实验的目的和内容

一、实验目的

（1）能确定具体的外汇期货交易交割时间

（2）能灵活应用外汇期货交易的国际惯例

（3）掌握外汇期货交易的报价技巧

（4）掌握外汇期货交易的实务操作

二、实验内容

（1）外汇期货交易交割时间

（2）外汇期货交易的国际惯例

（3）外汇期货交易的报价技巧

（4）外汇期货交易的实务操作

三、实验资料和实验步骤

（一）实验资料

项目一：认识外汇期货交易

项目二：掌握外汇期货交易合约与流程

项目三：外汇期货交易的运用与分析

（二）实验步骤

（1）多渠道查询外汇资讯，根据基本面分析各币种走势

（2）通过行情软件，对外汇交易进行技术分析，预测各币种走势

（3）选择外汇期货交易币种，制定开仓、平仓的外汇交易计划

第二节 外汇期货保值业务操作实训

一、理论要点

外汇期货交易是交易双方在交易所内通过公开叫价的拍卖方式，买卖在未来某一日期按既定的汇率交割一定数量外汇的期货合约的外汇交易。外汇期货交易合约是由交易所制定的标准化合约，该种交易是在期货交易所里进行的，故又可称为场内外汇期货。

外汇期货市场的主要特点：外汇期货不是货，是一纸合同，是标准化的远期外汇合同（货币币种、数量、交割时间、汇率）。外汇期货合约属于有形商品。外汇期货交易只能在期货交易所内通过公开竞价进行。

外汇期货的特点：交易双方交纳保证金，交易者无须实际付出买入合约面值所代表的外汇，并实行每日结算制，实行限价制度。

外汇期货合约代表汇价预测，外汇期货价格实际上是预期的现货市场价格。期货价格与现货价格同方向变动，幅度大致相同。

（一）外汇期货的产生和发展

1. 国际外汇期货的产生

1972 年 5 月 16 日，美国芝加哥国际货币市场（International Monetary Market，IMM）率先经营国际货币的期货合约，目的是使世界上从事贸易和金融者能够转移汇率风险，外汇期货合约的出现与交易的开始，标志着金融期货的诞生。

1982 年 9 月 30 日英国伦敦国际期货交易所（London International Financial Exchange，LIFE）正式成立。

2. 我国外汇期货的产生及发展

1991 年 4 月，我国开始对人民币汇率实行有管理的浮动，汇率风险逐渐显现。

1992 年 6 月 1 日，上海外汇调剂中心率先开办了外汇期货交易，主要业务限于人民币与美元、英镑、德国马克、日元和港币的期货买卖。由于外汇期货交易和汇率变化仍然受到严格的控制，加之人们普遍对期货交易的特点和功能缺少足够的认识，我国的外汇期货交易一直处于低迷之中。

1993 年 7 月和 1994 年 6 月，国家外汇管理局和国务院分别发出通知，关闭了外汇期货市场。

（二）外汇期货市场的基本程序

1. 交易所

交易所是政府指定的，外汇期货交易要在交易所以公开竞争的方式进行。交易所是非营利性机构，它主要提供交易场所与设施，制定交易规则，监督和管理交易活动及发布有关信息等，其目的是维持期货市场的正常运转。为了弥补支出费用，每个交易所都向会员收取一定费用，包括交易会费（席位费）和合同交易费。

2. 清算所

清算所是一个营利性机构。每个交易所都指定一个清算所负责期货合同的交易与登记工作。清算所可以是独立组织，也可以是交易所的附属公司。

3. 期货佣金商

期货佣金商是代表企业、金融机构或一般公众进行期货和期权交易的经纪型公司。为便于管理期货交易，期货佣金商必须是经注册登记的期货交易所会员。其基本职能是代表那些不拥有交易所会员资格的客户利益，代表客户下达指令，征收客户履约保证金，提供交易记录，传递市场信息和市场研究报告，并对客户交易进行咨询。佣金公司在这样做时，一般都要收取数目不大的佣金。

4. 清算机制

由期货交易所提供或指定清算所。由清算所充当期货合约各方的交易对手，对于外汇期货买方来说，清算所是卖方，对于外汇期货卖方来说，清算所是买方。清算所要求集中清算，提高了市场的流动性，为外汇期货买卖双方消除了履约风险的顾虑。

5. 保证金制度

清算所要求会员开立保证金账户，储存一定数量的货币，会员再向客户收取一定数量的保证金。

初始保证金：订立合同时存缴，为合约价值的 3% ～ 10%，可用部分国库券代替。

维持保证金：开立合同后如发生亏损，致使保证金数额下降，直到客户必须补进保证金时的最低保证金限额。

变化保证金：初始保证金与维持保证金之间的差额，必须以现金支付。

二、实验项目

项目一：认识外汇期货交易

1972 年 5 月，美国芝加哥商业交易所成立国际货币市场分部，推出了七种外汇期货合约，从而揭开了期货市场创新发展的序幕。从 1976 年以来，外汇期货市场迅速发展，交易量激增了数十倍。目前除美国外，澳大利亚、加拿大、荷兰、新加坡等国家和地区也开设了外汇期货交易市场，从此，外汇期货市场便蓬勃发展起来。国际货币市场主要进行澳大利亚元、英镑、加拿大元、德国马克、法国法郎、日元和瑞士法郎的期货合约交易。

1. 外汇期货定义

外汇期货是交易双方约定在未来某一时间，依据现在约定的比例，以一种货币交换另一种货币的标准化合约的交易；是一种以汇率为标的物的期货合约，用来回避汇率风险。它是金融期货中最早出现的品种。

2. 货币期货市场的组成

期货交易所、期货清算所、期货经纪行、期货交易者。

3. 外汇期货合约的特征

（1）外汇期货合约是一种标准化的合约。

（2）期货合约的结算与保证金。

初始保证金：一般是合约价值的 1% ～ 5%。

最低保证金：一个交易日可能遭受的潜在损失。

4. 外汇期货交易分类

期货交易的类型如图 11-1 所示。

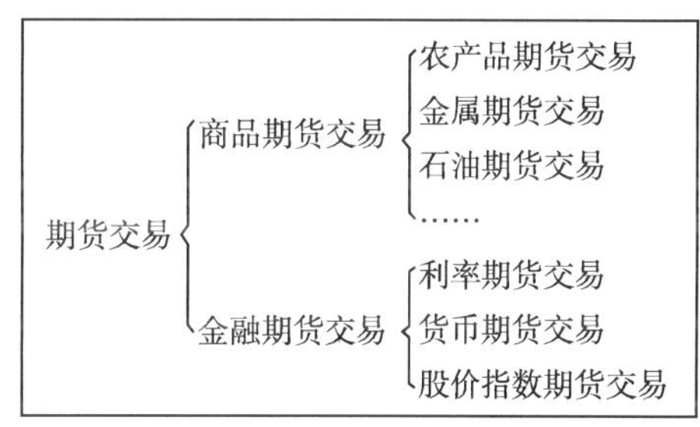

图 11-1　期货交易类型

远期外汇交易与外汇期货交易的区别如表 11-1 所示。

表 11-1　远期外汇交易与外汇期货交易的区别

	外汇期货交易	远期外汇交易
交易合约规范程度	标准化合约	非标准化合约
交易金额	每份合约交易金额固定	每份合约交易金额不固定
交易币种	较少	较多
交易者	法人和自然人均可参加交易	主要是金融机构和大企业
交易方式	场内交易	多数是场外交易
交割方式	绝大多数是现金交割	绝大多数是实物交割
流动性	外汇期货合约可以流通转让	远期外汇合约不可以流通转让
保证金要求	双方必须按规定交保证金	无须缴纳保证金

项目二：掌握外汇期货交易合约与流程

规定有期货合约每日价格的最高最低波动幅度；

每张合约的交易量为固定的标准数量、交割日由交易所统一规定（交割月份的第 3 个星期三）；

执行美元报价制度。

1. IMM 外汇期货交易流程图

IMM 外汇期货交易流程图，如图 11-2 所示。

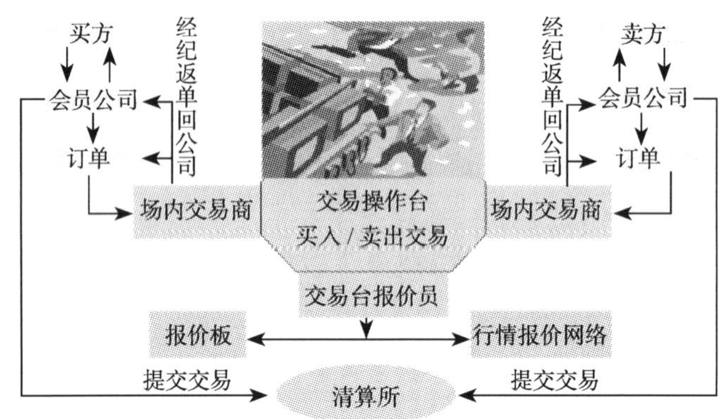

图 11-2 IMM 外汇期货交易流程图

2. IMM 的期货合约内容

（1）英镑期货合约。

合约数量：25 000 英镑。

价格增减量：每英镑为 0.000 5 美元的倍数（即每张合约最小变动 12.5 美元）。

每日限价：升降幅度不超过 0.05 美元（即每张合约 1 250 美元）。

交易终止点：交割之前的第 2 个营业日。

交割月份：3、6、9、12。

（2）加拿大元期货合约。

合约数量：100 000 加元。

价格增减量：每英镑为 0.000 1 美元的倍数（即每张合约最小变动 10 美元）。

每日限价：升降幅度不超过 0.007 5 美元（即每张合约 750 美元）。

交易终止点：交割之前的第 1 个营业日。

交割月份：3、6、9、12。

（3）日元期货合约。

合约数量：12 500 000 日元。

价格增减量：每英镑为 0.000 001 美元的倍数（即每张合约最小变动 12.5 美元）。

每日限价：升降幅度不超过 0.000 06 美元（即每张合约 750 美元）。

交易终止点：交割之前的第 2 个营业日。

交割月份：3、6、9、12。

3. 外汇交易所场内报价手势图

外汇交易所场内报价手势图，如图 11-3 所示。

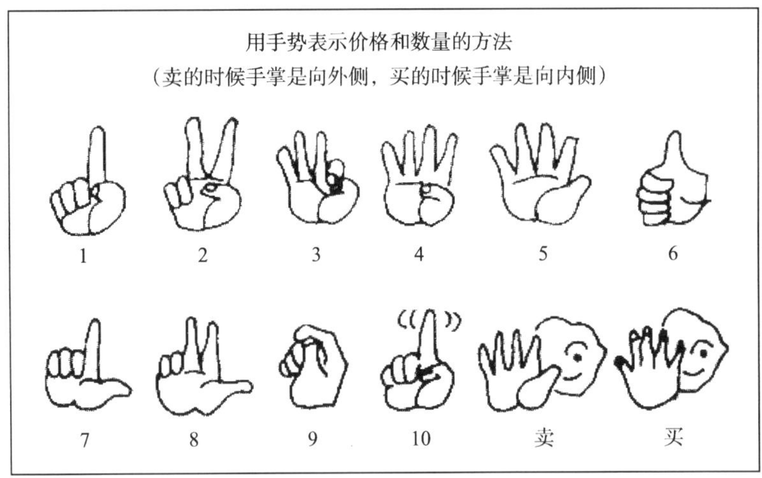

图 11-3　外汇交易所场内报价手势图

项目三：外汇期货交易的运用与分析

1. 案例

某美国公司预计 6 月 5 日将要支付 150 万美元，当前即期汇率：$1.6/ £，按此汇率计算，美元支付的预期成本为 93.75 万英镑（150 ÷ 1.6），但该公司担心，从现在到 6 月 5 日这段时间英镑将贬值。因此，希望通过期货合约套期保值。

案例分析

若预期升值：达到 $1.55/ £，那么，应套期保值。

行动：当前，交易所英镑期货合约的即期价格为 1.595 0 美元，那么 150 万美元相当于 940 439 英镑（1 500 000 ÷ 1.595 0），每份英镑合约金额为 62 500 英镑，所以，该公司需出售 15 份（940 439 ÷ 62 500）通过签订期货合约。该公司将汇率锁定在 1.595 0 美元。

损益计算

6 月份期货合约出售价格：1.595 0。

为轧平头寸合约买入价 1.633 0。

每英镑期货合约交易损失 $0.038 0/ £。

15 份合约总损失 =15 × 62 500 × 0.038=35 625 美元。

2. 买入套期保值案例分析

买入套期保值案例分析，如表 11-2 所示。

表 11-2 买入套期保值案例分析

日期	现货市场	期货市场
6 月 14 日	当日即期汇率 GBP1 = USD1.567 8，3 个月期汇率 GBP1 = USD1.60	买入 9 月 16 日交割合约 5 张，成交汇率 GBP1=USD1.60
9 月 14 日	即期汇率升至 GBP1 = USD1.645，买入现汇 125 000 英镑付货款，支付成本为：125 000 × 1.645 = 205 625 美元	当月交割英镑期货汇率升至 GBP1 = USD1.65，先卖掉 6 月 14 日购入的期货合约，价格为：GBP1 = USD1.65，获利：（1.65−1.60）× 125 000 = 6 250 美元
盈亏	买入英镑的净成本为：（205 625−6 250）= 199 375 美元 单位成本为 GBP1 = USD1.595，即成本锁定	

实训实现方式

（1）分组模拟外汇期货交易合约与流程。

（2）设计外汇期货保值交易方案。

第十二章

实验三 应用外汇交易规避风险实训

第一节 实验的目的和内容

一、实验目的

（1）了解外汇的种类

（2）掌握每种外汇交易在避险中的操作

（3）了解外汇交易的保值功能

（4）掌握外汇交易具体的操作策略和流程

二、实验内容

（1）掌握每种外汇交易在避险中的操作

（2）了解外汇交易的保值功能

（3）掌握外汇交易规避风险具体的操作策略和流程

三、实验资料和实验步骤

（一）实验资料

项目一：远期外汇买卖（远期结售汇业务）

项目二：利用外汇交易规避汇率风险

项目三：利用外汇掉期规避汇率风险

项目四：利用外汇期权规避汇率风险

项目五：利用利率互换规避风险

项目六：利用货币互换规避风险

（二）实验步骤

（1）多渠道查询外汇资讯，根据基本面分析各币种走势

（2）通过行情软件，对外汇交易进行技术分析，预测各币种走势

（3）分组分析各案例面临的外汇风险

（4）为各案例设计外汇风险规避方案

第二节 综合应用外汇交易规避风险业务操作实训

一、理论要点

（一）外汇掉期交易

掉期交易：在掉期交易中，一种货币被买入的同时即被卖出，且买入的货币与卖出的货币，在数额上总是相等的，因此，掉期交易不会改变交易者的外汇持有额。但买进的和卖出的货币，在期限上有所不同，因此交易的结果导致交易者所持有的货币的期限发生变化。这也正是"掉期"（调期）的含义。

掉期交易与即期、远期交易的区别。

即期与远期交易是单一的，要么做即期交易，要么做远期交易，并不同时进行，因此，通常也把它叫作单一的外汇买卖。其主要用于银行与客户的外汇交易之中。

掉期交易的操作涉及即期交易与远期交易或买卖的同时进行，故称之为复合的外汇买卖。其主要用于银行同业之间的外汇交易，一些大公司也经常利用掉期交易进行套利活动。

掉期交易的类型，按掉期的期限划分。

即期对即期的掉期：亦称"一日掉期"(one-day swap)，即同时做两笔金额相同，交割日相差一天，交易方向相反的即期外汇交易。这类掉期交易主要用于大银行之间调整短期头寸和资金缺口，目的在于避免同业拆借过程中存在的汇率风险。可分两种。

（1）今日对明日的掉期（today-tomorrow swap），也叫隔夜交易（over-night，O/N），即将第一笔即期交易的交割日安排在成交后的当天，将第二笔反向即期交易的交割日安排在成交后的第二天(成交后的第一个工作日)。

（2）明日对后日的掉期（tomorrow-next swap），也叫隔日交易（tom-next，T/N），即将第一笔即期交易的交割日安排在成交后的第一个营业日，将第二笔反向即期交易的交割日安排在成交后的第二个营业日。

（二）外汇期权交易

1. 外汇期权的定义

外汇期权（foreign currency option），亦称货币期权，是指期权合约买方在有效期内能按约定汇率买入或卖出一定数额外汇的不包括相应义务在内的单纯权利，即没有必须买入或卖出外汇的义务。

为取得上述权利，期权的买方必须向期权的卖方支付一定的费用，即期权费。由此，期权的买方获得了今后是否执行买卖的选择权，而期权的卖方则承担了今后汇率波动可能带来的风险。

2. 外汇期权交易的特点

（1）期权交易中，买卖双方的权利、义务是不对等的，具有执行合约与不执行合约的选择权，灵活性强。

（2）外汇期权交易的对象是标准化合同。

（3）外汇期权购买者的权利具有很强的时间性。

（4）期权交易的收益与风险具有明显的非对称性。

期权费由期权购买方支付给出售方。

——期权购买方的成本上限；

——期权出售方的收入上限。

（5）期权费不能收回，且费率不固定。

3. 利用外汇期权保值

买入期权保值。期权买方和期权卖方预先约定货币的种类、汇率、金额、期权费以及合约的到期日、交割日，决定成交后，期权买方在成交后的第二天按合约规定预先支付给期权卖方一定数量（约占合约金额的 0.4% ～ 1%）的期权费后，就取得了行使购买外汇的权利；卖方则承担了今后汇率波动可能造成的风险，而期权费就是对这种风险的预付补偿金。

1）买入看涨期权或多头买权。预期汇率上涨时，可买入看涨期权，若有空头的现货或期货头寸，可以达到避险保值的目的；若没有的话，可达到投资牟利的目的，称为买方牛市投资技巧。

损益情况

最大风险：期权费 × 交易数量；

最大利润：无限的；

盈亏平衡点：协议价格 + 期权费。

2）买入看跌期权或多头卖权。预期市场汇率将下跌时可买入卖权。如有对等现货或期货多头部位，可达到避险保值的目的，若没有的话，可以单独投资期权而牟利，这称为买方熊市投资技巧。

损益情况

最大风险：期权费 × 交易数量；

最大利润：无限的；

盈亏平衡点：协议价格 - 期权费。

(三) 外汇互换交易

互换交易（swap），是指交易双方按照预先约定的汇率、利率等条件，在一定期限内，相互交换一组资金，达到规避风险的目的。

1. 货币互换

货币互换是互换双方交换币种不同、计息方式相同或不同的一系列现金流的金融交易，货币互换包括期内的一系列利息交换和期末的本金交换，可以包括也可以不包括期初的本金交换。而大多数情况下，双方交换的不同币种的名义本金按即期汇率折算应当是相等或大体持平的。

货币互换的作用：

（1）降低筹资成本；

（2）调整资产和负债货币结构；

（3）互换可以用来完善市场。

货币互换的步骤：

第一步，本金的初期交换。这是指在互换交易初期，双方按协定的汇率交换两种不同货币的本金，以便将来计算应支付的利息再换回本金。初期交易一般以即期汇率为基础，也可按交易双方协定的远期汇率做基准。

第二步，利率的互换。这是指交易双方按协定的利率，以未偿还本金为基础，进行互换交易的利率支付。

第三步，到期日本金的再次互换。在合约到期日，交易双方通过互换，换回期初交换的本金。

2. 利率互换

利率互换（interest rate swaps）又称“利率掉期”，是交易双方将同种货币不同利率形式的资产或者债务相互交换。

具体来讲，利率互换是指两笔债务以利率方式互相调换，期初或到期日都没有实际本金交换，不过是把它当作名义本金，而交换的只是双方不同特征的利息。也就是说，利率互换不涉及债务本金的交换，即客户不需要在期初和期末与银行互换本金，只进行利息的交换。

（1）利率互换交易的前提条件。

1）筹资者的优势；

2）资信的差异；

3）投资家心态差异。

（2）利率互换的风险。

1）信用风险；

2）基础风险；

3）期限风险。

二、实验项目

项目一：远期外汇买卖（远期结售汇业务）

2005 年 12 月 20 日某客户预计在 2 个月后将收汇 3 000 万日元，此时日元即期结汇价为 6.892 7，而中国银行 2 个月远期结汇日元兑人民币的报价为 6.935 7。由于日元汇率一直处于起伏不定当中，请分析为防范日元进一步贬值带来的风险，客户如何通过与中国银行签订远期合同来规避汇率波动风险。

项目二：利用外汇交易规避汇率风险

某进出口企业情况如下，该企业进口支付的货币主要有欧元和英镑，而该企业的外汇收入主要以美元为主，该企业在 2004 年 1 月签订了一批进口合同，约合 500 万美元的非美元（欧元、英镑），那时欧元兑美元汇价在 1.1 美元，英镑兑美元也在 1.5 美元，该企业大约还有 300 万美元的外汇收入，这样该企业收入外汇的币种、金额与支付外汇的币种、金额不匹配，收付时间也不一致，而且这种不匹配的情况在可预见的未来一段时期内依然存在，主要是支付的外汇金额大于收入的外汇金额，收入的货币主要是美元，而支付的货币主要是欧元、英镑等非美元，表明公司有必要采取积极的保值避险措施，对未来可测算的外汇支付（特别是非美元货币的对外支付）锁定汇率风险。请分析该企业可以采取哪几种方法规避风险。

项目三：利用外汇掉期规避汇率风险

一家日本贸易公司向美国出口产品，收到货款 500 万美元。该公司需将货款兑换为日元用于国内支出。同时公司需从美国进口原材料，并将于 3 个月后支付 500 万美元的货款。请分析该公司如何通过外汇掉期轧平其中的资金缺口达到规避风险的目的。

项目四：利用外汇期权规避汇率风险

某家合资企业手中持有美元，并需要在一个月后用日元支付进口货款，为防止汇率风险，该公司向中国银行购买一个“美元兑日元、期限为一个月”的欧式期权。假设，约定的汇率为 1 美元 =110 日元，那么，该公司则有权在将来期权到期时，以 1 美元 =110

日元向中国银行购买约定数额的日元。请分析在期权到期时，市场即期汇率分别为 1 美元 =112 日元和 1 美元 =108 日元时，该公司如何使用期权进行保值。

项目五：利用利率互换规避风险

美国的 A 公司和 B 公司有相同的融资要求。A 公司需要 100 万 5 年期美元资金，愿意支付浮动利率，由于 A 公司信用等级高，故它可在市场上以 12% 的固定利率或 LIBOR + 2.5% 的浮动利率筹集到资金；B 公司也需要 100 万 5 年期的美元资金，愿支付固定利率，由于其信用等级低，它可以 14% 的固定利率或 LIBOR + 3.5% 的浮动利率筹集到资金。请为 A 公司与 B 公司设计一个利率互换交易为他们降低融资成本。

项目六：利用货币互换规避风险

假定：1 英镑 =1.60 美元；A 筹款人需要美元资金，但实际在欧洲货币市场借取了年利率 6%、期限 3 年的 10 万英镑（半年付息一次）；B 筹款人需要英镑资金，但实际借取了年利率 8%、期限 3 年的 16 万美元（半年付息一次）。请为 A 筹款人与 B 筹款人设计一个货币互换交易为他们降低融资成本。

实训实现方式

（1）分组分析各案例面临的外汇风险。

（2）为各案例设计外汇风险规避方案。

第四篇

商品投资业务实训

第十三章

实验一 黄金在投资组合中的应用

第一节　实验的目的和内容

一、实验目的

（1）分析黄金在投资组合中的作用，对比同一时期黄金与A股的走势，验证金价与A股负相关的特性，思考黄金与其他资产的相关性；

（2）根据黄金与A股的相关性和长期趋势，思考投资组合的资产配置；

（3）比较不同投资组合的长期收益水平和风险平衡能力。

二、实验内容

（1）观察黄金价格走势与A股走势，分析两者的相关性；

（2）理想投资组合的资产配置；

（3）不同投资组合比较；

（4）根据资产状况、风险偏好量身打造投资计划。

三、实验资料和实验步骤

（一）实验资料准备

（1）场地准备：配备电脑的贵金属交易实训实验室、学院及周边环境；

（2）教学资料准备：多媒体课件、宏艺黄金行情分析系统、证券行情分析系统、各贵金属交易公司资料及网站，以及财经资讯平台。

（二）实验步骤

（1）教师课堂讲授；

（2）指导学生利用黄金行情分析系统和证券行情分析系统，对比分析金价走势与A股的相关关系；

（3）指导学生利用黄金行情分析系统和证券行情分析系统，进行黄金与A股市场长期总体走势的同期对比；

（4）指导学生比较黄金现货及股票投资组合与黄金类股票及其他A股股票投资组合的长期收益水平和风险平衡能力；

（5）指导学生根据投资人的资产状况、风险偏好设计投资组合。

第二节　黄金在投资组合中的应用实训

一、理论要点

1. 投资组合的长期收益主要决定于如何进行资产配置，黄金资产能使整个投资组合的风险更为平衡

通货膨胀是财富的天敌，理财的第一目标就是对抗通胀对资产的侵蚀。应对通货膨胀的最好办法就是赶在通胀上升前持有抵御通胀的资产。一般抵御通胀的最佳对策是变现金为实物投资，如房地产、黄金等贵金属，甚至宝石或大宗农产品，投资黄金在进入门槛及流动性方面具有相对优势。而且黄金作为贵金属自身具有极高价值，成为世界上唯一的非信用货币，天然具有对抗通胀的独特价值。

从投资组合角度考虑，如何进行资产配置实际上决定了收益状况。所谓资产配置，是指将资产在股票、债券、现金、商品等各类投资品种上配置不同的比例，以风险收益比最优化为原则，追求投资组合的长期稳健收益。学者博林森指出，长期而言，投资组合的收益有93.6%决定于投资者如何进行资产配置，选股策略仅贡献了4.2%，买卖时机更只占了1.7%。为了证实博林森的结论是否正确，当时美国最大的基金公司Vanguard的董事长柏格特别成立一个内部委员会，针对旗下的退休基金进行研究，结果是，1987～1996年，该公司的基金报酬率有88.7%决定于资产配置的方式。这些研究结果表明，投资组合的长期收益主要决定于投资者如何进行资产配置。

从资产配置的角度考虑，由于黄金与多数资产负相关的特性，黄金能平衡投资组合的整体风险，以获得更为稳健的整体收益。

美元与黄金负相关关系居多。图13-1是美元与黄金的相关性曲线，数据记录了1979年11月到2006年12月间的关联性，其中，它们的相关系数为−0.479 95，是负的相关性。

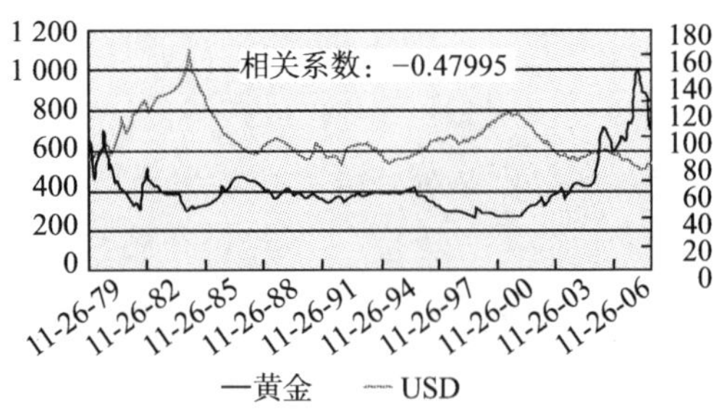

图 13-1 美元与黄金的相关性曲线

美国股市与黄金价格变动负相关。特别是当市场经历阶段性压力（股市下跌）的时候，黄金往往有更优秀的表现。图 13-2 显示次贷危机期间，黄金与标普 500 指数走势对比。

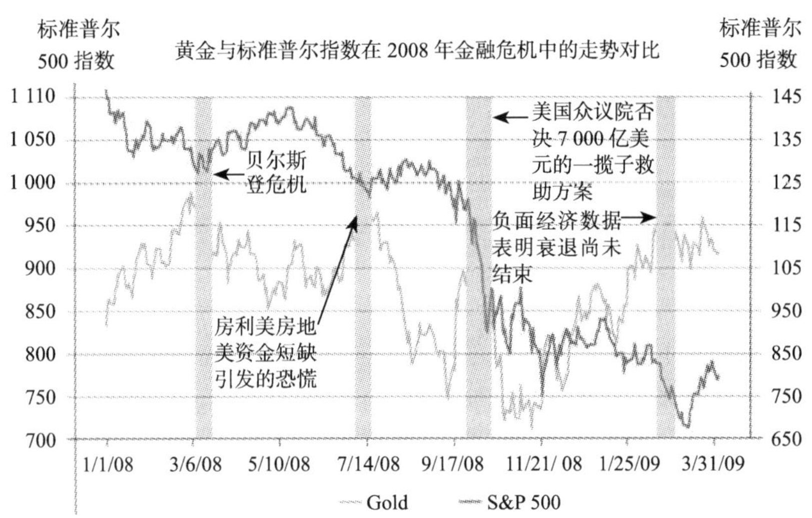

图 13-2 次贷危机期间黄金与标普 500 指数走势对比

金融危机爆发之后，2008 年金价上涨了 4.3%，而 S&P500 下跌了 37%；2009 年第一季度股市再次下跌 12%，黄金又增加了 4% 的上涨。中国股市与国际资本市场联系紧密，A 股与金价当然也呈现较高的负相关。

世界黄金协会和北京黄金经济发展研究中心合作编著的《黄金投资价值研究报告》中指出，在 1991 ～ 2004 年这 13 年间，如果将资产 100% 投资在上证指数上，则回报率是 18.57%，风险指标却高达 51.03%；如果增加 10% 的黄金投资，其余 90% 仍然投资上证，则平均收益是 15.88%，风险指标却下降至 40.13%。也就是说，投资组合中加入了黄金，投资收益率有所下降，但是投资风险下降的幅度更为显著。这种有效地对冲风险的能力的特性正是黄金与其他资产的不同之处。

因此黄金可作为股票资产的有效对冲手段，当股票在投资组合中占据较大比例时，加入黄金资产就能使整个投资组合的风险更为平衡，优化风险收益比。

2. 最佳投资组合中各类资产相关性低且具长线向好趋势，比如以黄金和股票为基础构建投资组合

最好的投资组合莫过于各类资产类别相关性低，又具长线增值的趋势。前者使整个投资组合的波动性和风险系数降低，后者能为该投资组合带来良好的长期收益。就A股和黄金这两类资产构成的投资组合而言，由于两者呈较高的负相关性，因此该投资组合的风险系数要比单一投向A股或黄金低，而如果两者又都有长期看好的趋势，那该投资组合就很成功。在上一轮黄金大牛市中（1971～1980年），投资黄金的复利年增长率超过24%；而2001～2010年这又一个十年的黄金大牛市也为投资者带来高回报。而且，由于通货膨胀、流动性过剩、人民币升值和股市动荡，黄金还会持续成为日后的投资热点，黄金牛市还将持续。而对于中国股市而言，虽然近年动荡，但长期向好的趋势不变。因此，由于黄金和A股皆具有相关性低且长线向好趋势，以黄金和A股为基础构建投资组合，其风险系数要比单一投向黄金或A股低，而且具有长线增值趋势，该投资组合颇为理想。

再来比较“其他股票+黄金类股票”与“股票+黄金”这两个投资组合的风险和收益。由于金价上涨和整体股市向好，以金矿开采为主业的上市公司（中金黄金、山东黄金）的股价涨幅应该大于金价涨幅，黄金类股票的表现相对金价更好。但由于黄金类股票与A股市场的整体表现息息相关，具有极高的正相关关系，因此，从风险平衡的角度来看，它替代不了黄金资产在投资组合中的作用。“其他股票+黄金类股票”这一组合实际上是把所有风险都集中到A股市场中，过于依赖A股走向，不能实现通过资产配置平衡投资组合风险的目的。

“股票资产+黄金股票”与“股票资产+黄金”这两个投资组合相比，两者都具有较高的长期收益率，但后者的波动性与风险小于前者，对于稳健型的投资者而言，后者这一投资组合更具吸引力。投资组合对比示意图如图13-3所示。

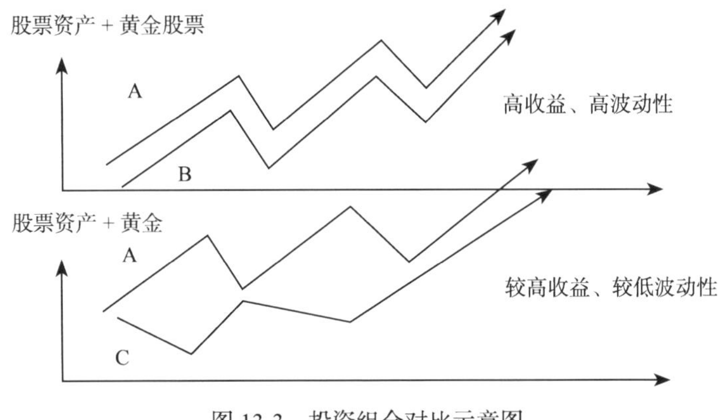

图13-3 投资组合对比示意图

3. 根据自身资产状况和风险偏好量身打造投资计划

首先要从整个理财计划和投资组合的角度对待黄金投资，将资产在各类投资品种中合理配置，构建一个较佳风险收益比的投资组合。黄金作为投资品种的一种，由于其与多数资产负相关的特性，有着平衡投资组合风险的功能，是必不可少的资产配置。如果持有的股票资产比较多，更要重视在投资组合里配置黄金，以与股票负相关的黄金来平衡股票资产的风险。

其次是确定投资黄金的资产比例。要根据自己的风险偏好来调整黄金的投资比例。黄金比股票资产风险低，但相对于银行及债券等固定收益类的产品，其收益和风险的波动性更大，所以黄金在投资组合里的配置比例要恰当，不宜过高或过低，一般为10% ～ 30%，除非投资者有特殊的风险偏好。

最后是为这项长期投资确定投资期限。那么就主要有赖于基本面分析，要对国际宏观经济环境有长远而全面的认识，掌握影响黄金价格的供求因素的长期变化趋势；当然也可辅以技术面的长线分析，比如以 60 周均线或长期趋势线作为黄金牛市和熊市研判的辅助。

二、实验项目

实验项目一：黄金与 A 股市场阶段性走势的相关分析

利用宏艺黄金行情分析系统和东兴证券超强版股票分析系统（或其他公司黄金和证券行情分析系统），对比 2001 ～ 2006 年黄金与 A 股的走势，分析金价走势与 A 股的相关关系，验证黄金在投资组合中的作用——平衡投资组合的整体风险。

步骤 1：登录宏艺黄金行情分析系统，选取黄金现货 2001 ～ 2006 年的周 K 线走势图。

步骤 2：登录东兴证券超强版股票分析系统，点击“分析”、“大盘走势”选取“上证 A 股走势”，按 F5 切换成 K 线图，再单击鼠标右键，选择“周期分析”、“周线图”，截取上证综合指数 2001 ～ 2006 年的周 K 线图。

步骤 3：对照两图，分析黄金现货与上证 A 股走势的相关性。

实验项目二：黄金与 A 股市场长期总体走势的同期对比

利用宏艺黄金行情分析系统和东兴证券超强版股票分析系统，总结对比 2001 年至今的 A 股走势和黄金市场走势，判断两者长期总体走势，在此基础上分析两者作为投资组合主要配置的意义。

步骤 1：在宏艺黄金行情分析系统选取黄金现货 2001 年至今的周 K 线走势图。

步骤 2：在东兴证券超强版股票分析系统选取上证 A 股 2001 年至今的周 K 线走势图。

步骤 3：对照两图，分析黄金现货与上证 A 股的长期总体走势，对其间的一些较大波动进行影响因素分析，并根据基本面情况预测黄金和 A 股的后市。

实验项目三：不同投资组合的长期收益水平和风险平衡能力比较

选取黄金现货与部分 A 股股票共同作为某投资组合的资产配置，选取中金黄金、山东黄金等黄金类股票与其他 A 股股票作为另一投资组合的资产配置，比较两个投资组合的长期收益水平和风险平衡能力。

实验项目四：根据不同的资产状况、风险偏好量身打造投资计划

步骤 1：根据财产规模、比较不同资产的风险收益率，确定投资组合。

步骤 2：根据个人不同的风险偏好，确定黄金在投资组合里的配置比例。

步骤 3：通过基本面分析，对黄金的大势有初步把握，确定投资期限。

第十四章

实验二 黄金价格的基本面因素影响应用

第一节 实验的目的和内容

一、实验目的

观察黄金供求变化、美元走势、原油价格波动以及通胀对黄金价格的影响，思考实践是否与理论保持一致，能够综合运用多种基本面因素对黄金价格的实际走势进行解释，并在模拟操作中训练和掌握黄金价格走势的基本面分析方法。

二、实验内容

本实验主要通过黄金分析软件，印证分析黄金供求变化、美元走势、原油价格波动以及通胀对黄金价格的影响，并根据当前基本面因素的变化预测金价走势，通过模拟账户进行操作体验。

实验分四方面内容：

（1）分析黄金供求变化对金价的影响；

（2）分析美元走势对金价的影响；

（3）分析原油价格波动对金价的影响；

（4）分析通胀对金价的影响。

三、实验资料和实验步骤

（一）实验资料准备

（1）场地准备：配备电脑的贵金属交易实训实验室、学院及周边环境；

（2）教学资料准备：多媒体课件、宏艺黄金行情分析系统、各贵金属交易公司资料及网站，以及财经资讯平台。

（二）实验步骤

（1）教师课堂讲授。

（2）登录财经资讯平台，综合分析供求关系变化、美元走势、原油价格波动以及通胀对金价的影响。

（3）绘制黄金价格和实际利率对比图，说明金价走势和实际利率水平的关系。

第二节　黄金价格的基本面因素影响应用实训

一、理论要点

1. 黄金价格随供求关系的改变而相应变化

黄金供给主要分为金矿开采、央行售金和再生金三部分。金矿开采占了总供给的60% ～ 70%，影响最大，但金矿开采受本身行业特性限制，对价格的敏感度低，价格的大幅上涨需要较长时间才能促使产量增加。央行抛售由于集中度高，对金价有最直接的影响。全球黄金生产力分布格局和产量稳定，而作为许多国家官方金融战略储备主体的黄金储备总量约等于目前全球黄金年产量的 13 倍。2009 年 10 月国际货币基金组织 (IMF) 向印度央行出售 200 吨黄金，但为减缓市场短期波动，出售在 10 月 19 ～ 30 日的两周内以每日一次的速度进行。在市场充分预期的情况下，IMF 直接向印度出售黄金意味着其流向市场的官方黄金储备减少，这对于黄金价格来说是个利好因素。受此消息影响和美元即日走低影响，国际金价继续上扬，伦敦金价继当天大涨 1.45% 后，次日继续向上突破 1 060 美元 / 盎司的价位。虽然世界黄金总量很大一部分是储备在各国央行，但各国政府的黄金买卖意愿并不能改变黄金价格走势的大趋势，黄金价格市场的参与主角是民间力量，即各种类型的投资基金，数量最庞大的人群就是各类黄金投资经纪商下面联结的分布在各国的散户黄金投资者，世界黄金价格由世界民间市场力量决定。美国商品期货交易委员会公布的每周黄金市场基金持仓及商业持仓情况与黄金价格走势，揭示基金及商业持仓情况对黄金价格的影响。在纽约商品交易所基金持仓头寸中，商业机构（国际黄金生产商和消费商等）的力量占据了主导地位，其头寸所占比例保持在 50% 左右；以基金为主的非商业机构（主要包括对冲基金、养老基金和期货投资管理基金）逐渐成为具有举足轻重的市场力量；非报告头寸（较小的套期保值者和投机者）所占比例较小，也较稳定，自 2000 年以来保持在 10% ～ 20% 之间。从整体来看，非报告头寸呈现逐年下降趋势，非商业多头头寸从 2000 年至 2001 年 5 月一直低于商业多头，但自

2003年8月起，非商业多头头寸急剧增加，2004年4～8月低于1万手水平，2008年2月高达25.171 7万手。而同期商业多头头寸比较平稳，一直在8万手上下波动。这说明在当前的这个黄金大牛市中，对黄金价格起主导作用的是基金。再生金，黄金的还原重用，相比新产的天然黄金增长的有限性和央行售金的政策性，再生金的供应更具弹性，其供应量随金价的波动而起落。

黄金需求主要分为工业需求、饰金需求和投资需求三部分。工业需求主要为电子工业需求与牙医需求，占黄金总需求的10%，变动平稳，对金价影响小。饰金需求约占总需求的75%，对金价影响巨大，呈现季节性与周期性，通常第一季度和第四季度饰金需求增长明显。传统饰金消费大国为印度、沙特、中国等，每年印度的婚庆及宗教节日、中国的农历新年等，对饰金的需求都比其他时间增多。从2011年下半年开始，由于卢比疲软，印度当地金价急剧上涨，金价的大幅波动抑制了黄金需求，导致2011年第四季度印度饰金需求急剧下降至103公吨，同比减少44%。印度这一最大黄金市场需求的下滑导致2011年第四季度金价未能出现季节性上涨。2012年4月1日印度黄金进口关税从2%提高至4%，印度年度黄金需求料将下降超过30%，按照2011年全年印度567.4公吨的需求量计算，上调进口税将使得印度黄金需求量下滑超过170吨，占全球黄金需求总量的4%，这导致金价跌至2012年1月以来的新低。投资需求分为零售投资者和黄金交易基金（ETF），它最具价格弹性，能在短时间内引起金价的大幅波动。黄金ETF基金是一种以黄金为基础资产，追踪现货黄金价格波动的金融衍生产品，相较其他黄金投资品种，黄金ETF投资具有交易成本低，交易手续便利，有实物黄金依托，还可进行卖空和保证金交易。2010年5月27日，由于担忧希腊及葡萄牙不断扩大的财政赤字，欧元隔夜全面下跌，持续高涨的避险情绪使得市场对黄金的投资性需求激增，全球最大的黄金ETF——SPDR Gold Trust再度微幅增仓，黄金持仓量达创纪录的1 267.626吨，金价1 198美元/盎司，保持在相对高位运行。2012年4月6日美联储一纸3月公开市场委员会（FOMC）会议纪要，暗示QE3货币政策（美联储第三轮量化宽松货币政策）渐行渐远后，COMEX黄金期货6月合约价格骤跌3.46%，最低至1 613美元/盎司。多数资产管理机构基于QE3短期落空，将资金从避险黄金投资转到美国股市。今年一季度标准普尔500指数涨幅高达约12%，远跑赢金价5.3%的涨幅（见表14-1）。

表14-1 黄金供需关系

	短期基本分析因素	长期基本分析因素
供给	劳工纠纷 回收情况 生产国外汇情况 中央银行买卖行为	贮存成本 新开采技术 新矿藏的发现 预期生产成本和利润 政府扶持政策
需求	代用金属的价格 政治事件和局势 外汇汇率 国家储备需求 预期价格水平 利率水平	工业用金消费趋势 电子及化工业情况 珠宝业情况 政府铸币用金 收入水平 年龄分布 社会习惯 通涨率走势

2. 黄金与美元呈负相关关系

黄金与美元负相关，一是由于国际黄金价用美元计价，在基本面、资金面和供求关系等因素均正常的情况下，通常呈现美元涨、黄金跌和美元跌、黄金涨的逆向互动关系；二是由于黄金作为美元资产的替代投资工具，两者基本保持负相关关系。在美国过去的两轮量化宽松政策下，美元持续贬值，所以金价自 2011 年以来累计上涨逾 30%，至 2011 年 9 月已连续刷新历史新高。2012 年 5 月 23 日欧市开盘后，欧洲股市普遍大幅下跌，因为在欧盟峰会召开前，市场避险情绪继续打压风险资产，所以美元指数也突破前期高点，而黄金与美元指数呈现很强的负相关性，美元走强进一步打压金价，黄金价格继续震荡下行，创下日内新低 1 551.50 美元 / 盎司。

从以下美元指数和纽约期货黄金的对比图中，可以清楚地看出二者的负相关关系（见图 14-1 和图 14-2）。

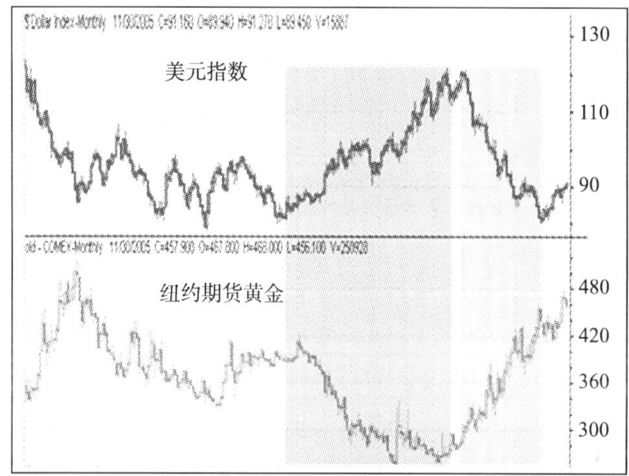

图 14-1 美元指数和纽约期货黄金的对比图

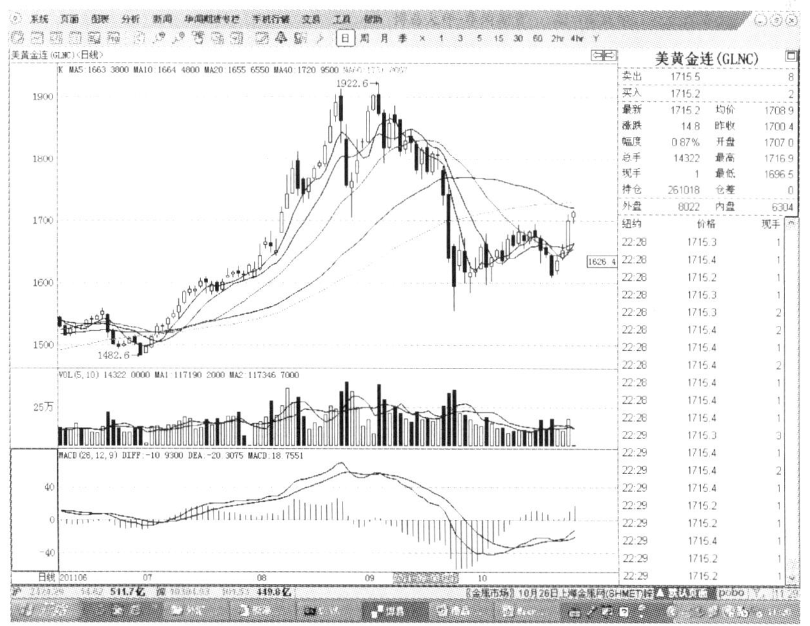

图 14-2 美元指数和期货黄金同期价格走势对比

3. 黄金价格与国际原油价格具有正向运行的互动关系

原油对于黄金的意义在于，油价的上涨将推升通货膨胀，从而彰显黄金抵御通货膨胀的价值。一般来说，黄金价格与原油价格正相关。原油价格的上升预示着黄金价格也要上升，原油价格下跌预示着黄金价格也要下跌。从中长期来看黄金与原油波动趋势是基本一致的，只是大小幅度有所区别。例如，2012 年 5 月欧元区希腊、法国等国的政局震动，5 月 16 日晚 23 点，纽约商业交易所 WTI6 月原油期货价格报每桶 93.15 美元，创 2012 年低点，电子盘交易一度跌至近 6 个多月最低点 91.81 美元，布伦特原油期货价格当日也跌破 111 美元；同日 6 月黄金期货价格继续下跌，跌破每盎司 1 550 美元，同样创 2012 年低点。

从历史数据上看，近 30 年，一盎司黄金平均可兑换 15 桶原油，基本一路保持 80% 的正相关（见图 14-3 至图 14-5）。

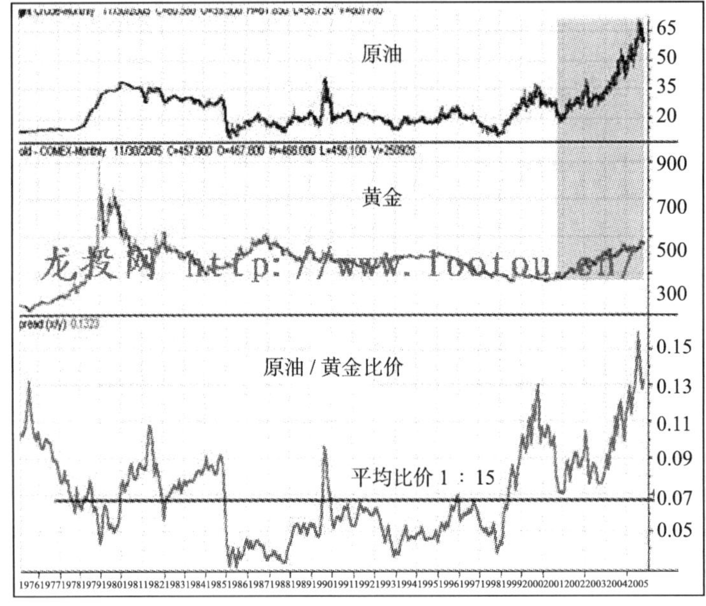

图 14-3 油价与金价对比图

图 14-4 1996 ～ 2011 年黄金与原油价格走势关系图

图 14-5　2011 年黄金与原油价格走势关系图

4. 黄金价格与通胀水平呈正相关关系

纸币、存款等货币形式只是价值的代表，而黄金本身有作为贵金属的价值，所以纸币会因通胀贬值，黄金则因通胀体现其投资价值。在极端情况下，货币会等同于纸，但黄金在任何时候都不会失去其作为贵金属的价值。在货币流动性泛滥，通胀横行的年代，黄金就会因其对抗通胀的特性备受投资者青睐。对金价有重要影响的是扣除通胀后的实际利率水平，这是持有黄金的机会成本，实际利率为负时，人们更愿意持有黄金。

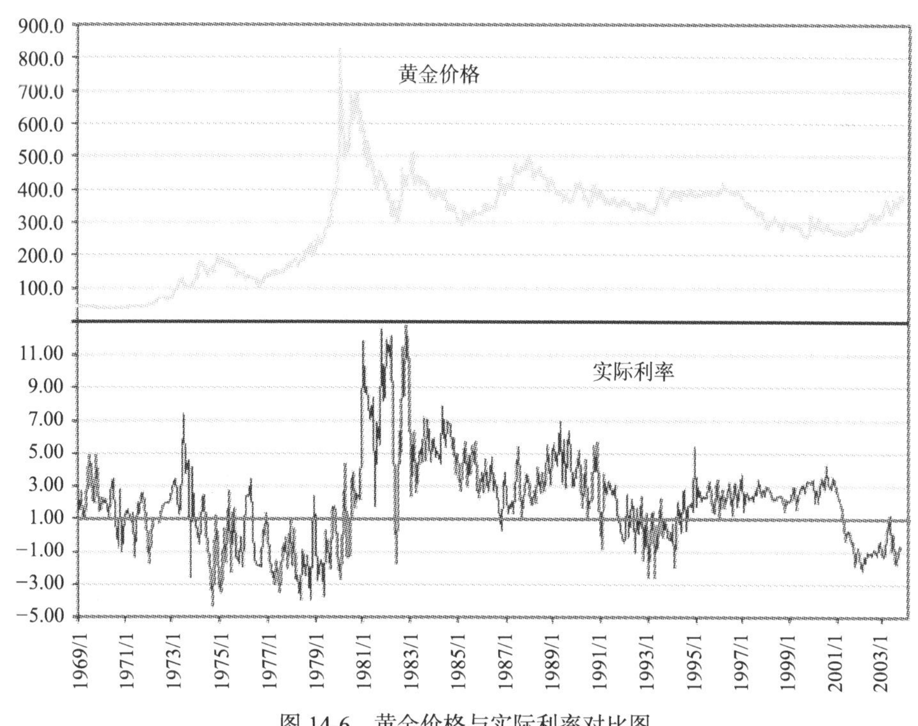

图 14-6　黄金价格与实际利率对比图

图 14-6 中反映，整个 20 世纪 70 年代，实际利率绝大部分时间低于 1%，这是历史上著名的滞涨时期，同期金价走出了一个大爆发的牛市。而 1980 ～ 1990 年，实际利率大部分时间在 1% 以上，同期金价则在连续 20 年的大熊市中艰难行进。2001 年开始，实际利率又低于 1% 水平，成为黄金大牛市的开端。

此外，黄金价格还受国际政局和商品市场的影响。国际上重大的政治、战争事件都将影响黄金价格，动荡的局势使黄金发挥其保值避险的作用并成为投资的首选，刺激金价的上扬。整个商品市场的价格趋势对金价有很重要的影响，因为黄金的牛市是基于整个国际大宗商品市场的牛市，作为重要的相关市场，其他商品价格的走势一定程度上会影响金价，并对金价做出指引和验证。比如，始于 2000 年的这轮黄金牛市，伴随的是国际大宗商品市场以原油、铜为首的能源、金属及部分农产品价格的大幅上涨。

二、实验项目

实验项目一：分析黄金供求变化对金价的影响

国际货币基金组织在 2009 年 10 月 19 ～ 30 日向印度央行出售 200 吨黄金，销售价格均以当天的市价为基础计算，平均售价为 1 045 美元 / 盎司。解释市场金价不跌反涨现象。

实验项目二：绘制美元指数和纽约期货黄金价格走势对比图

绘制 1990 ～ 2010 年美元指数和纽约期货黄金价格走势对比图，说明两者的相关关系。

实验项目三：原油价格波动对金价的影响

观察对比当日原油期货与黄金期货的走势，观察对比原油期货与黄金期货长期走势，说明原油价格波动对金价的影响。

实验项目四：绘制黄金价格和实际利率对比图

绘制黄金价格和实际利率对比图，说明 2001 ～ 2010 年间金价走势和实际利率水平的关系。

第十五章

实验三 金银价格走势的相关性应用

第一节 实验的目的和内容

一、实验目的

（1）掌握金价银价涨势关联；

（2）掌握金价银价跌势关联；

（3）从金银走势的相关性中总结规律，依托参照黄金（白银）的走势去操作白银（黄金）。

二、实验内容

本实验主要通过比较金价与银价走势，观察它们的相关性和差异性，根据黄金市场的走势特征去判断白银市场的走势演变，为白银交易提供参考。

实验包括两方面内容：

（1）金价银价涨势关联；

（2）金价银价跌势关联。

三、实验资料和实验步骤

（一）实验资料准备

（1）场地准备：配备电脑的贵金属交易实训实验室、学院及周边环境；

（2）教学资料准备：多媒体课件、宏艺黄金行情分析系统、各贵金属交易公司资料及网站，以及财经资讯平台。

（二）实验步骤

（1）教师课堂讲授。

（2）登录宏艺黄金分析系统，截取牛市的现货黄金周 K 线图和同期现货白银周 K 线图，选择主图叠加，比较两者周 K 线图，分析现货黄金与现货白银走势的关联性，观察两者的涨势和波动幅度；用短期 K 线图或波动幅度大的当天分时图观察黄金与白银价格走势在一些关键位置突破的先后顺序。

（3）登录宏艺黄金分析系统，截取熊市的现货黄金周 K 线图和同期现货白银周 K 线图，选择主图叠加，比较两者周 K 线图，分析现货黄金与现货白银走势的关联性，观察两者的跌势和波动幅度；用短期 K 线图或波动幅度大的当天分时图观察黄金与白银价格走势在一些关键位置突破的先后顺序。

（4）从周 K 线图中总结黄金和白银总体走势规律，从短期 K 线图总结黄金和白银价格趋势转折时的启动规律，归纳黄金与白银投资决策的相互借鉴心得。

第二节 金银价格走势的相关性应用实训

一、理论要点

（一）金价与银价呈正相关关系

“金银不分家”，同为贵金属的一员，白银也与黄金一样有着作为货币的历史角色，历史数据显示，金价与银价基本接近正相关关系，也基本上有着相同的牛熊周期，如图 15-1 所示，白银与黄金在多数时候的比率为 50：1。

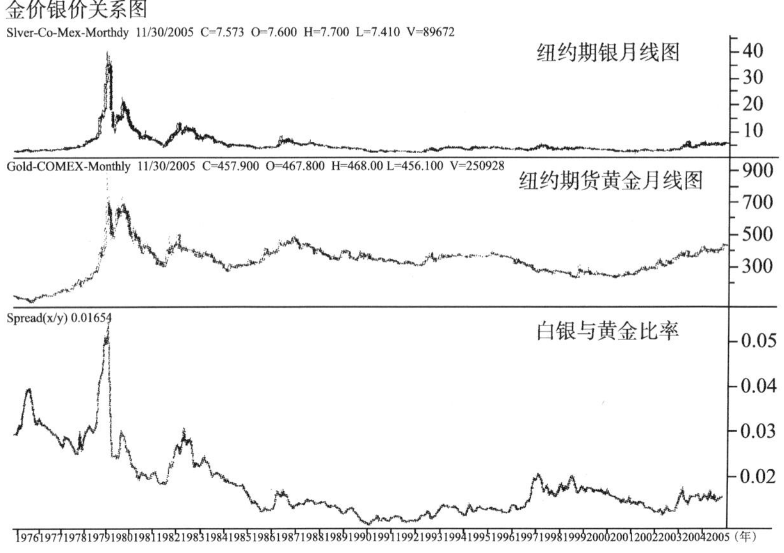

图 15-1 金价银价关系图

（二）白银波动性远大于黄金

此外，白银也有着自身的特点，例如工业需求在其总需求里占主导地位，相对黄金而言，对白银的投资需求较小，因此银价比金价更易受经济景气周期的影响，而且由于白银市场规模更小，其波动性要远大于黄金。国际市场上，白银几乎是全球日常波动最剧烈的商品之一（见图 15-2）。

图 15-2　黄金白银的价格波动性比较图

鉴于白银价格的高波动性，投资白银应该注意，在牛市中，由于白银波动更大，涨势更凌厉；而在熊市中，做多应该选择黄金，强者恒强，做空应该选择白银，弱者恒弱，如图 15-3 所示。

图 15-3　熊市中黄金白银跌势比较

（三）金价银价跌势关联

如图 15-4 和图 15-5 所示，银价已跌破 60 周均线的支撑，5 周、10 周、20 周、30 周均线系统已掉头向下发散；而金价仍稳固在 60 周均线上，短期周均线系统成缠合状。

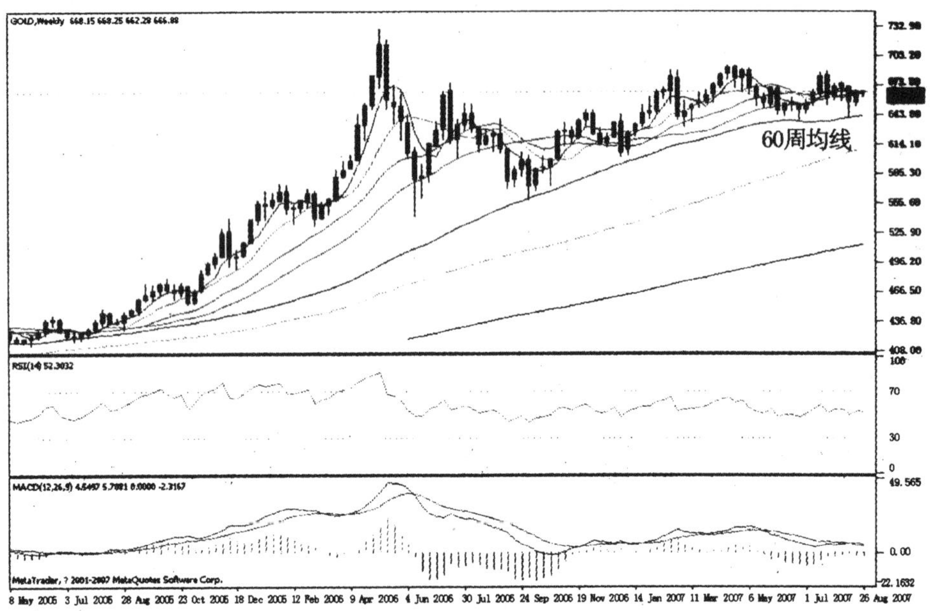

图 15-4 现货黄金周线图

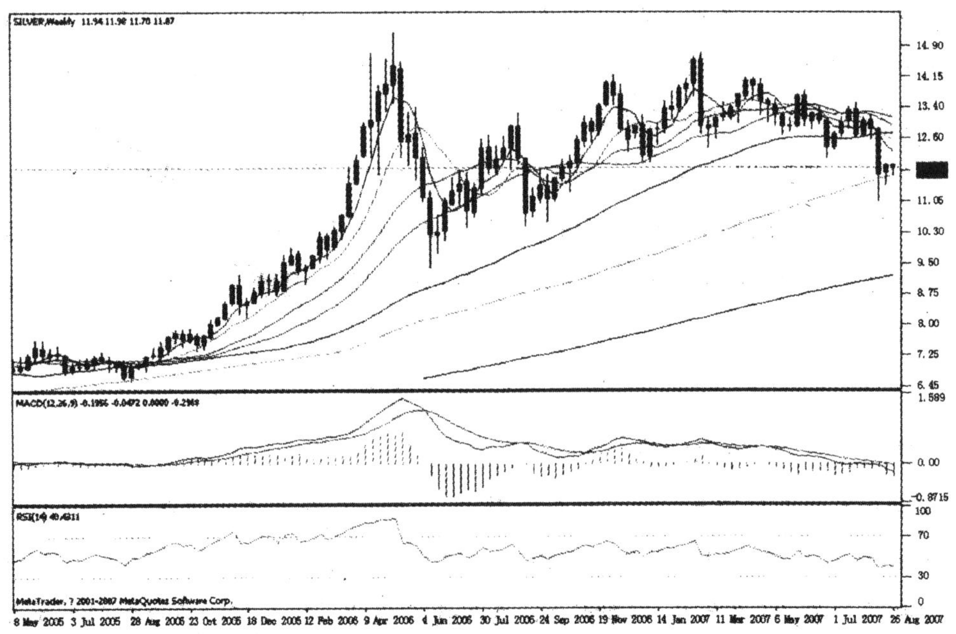

图 15-5 现货白银周线图

这表明：

（1）金银下跌走势一致，但金价远较银价来得强势；

（2）在熊市做多时应选择黄金，强者恒强，风险较小；做空时应选择白银，弱者恒弱，盈利空间大。

思考：操作白银时，是否可以金价的走势作为类似“先行指标”一样参考？

（四）金价银价涨势关联

如图 15-6 现货黄金小时图和图 15-7 现货白银小时图所示，金价已突破前期震荡整理区间（654 ～ 664 美元）和 7 月 24 日高点 688 美元下降趋势线 L1，而银价仍处于 11.50 ～ 12.00 美元的区间内，小时图上的均线系统也不如金价那样完全走平并向上发散，意味着还要继续震荡，等待突破区间的时机。

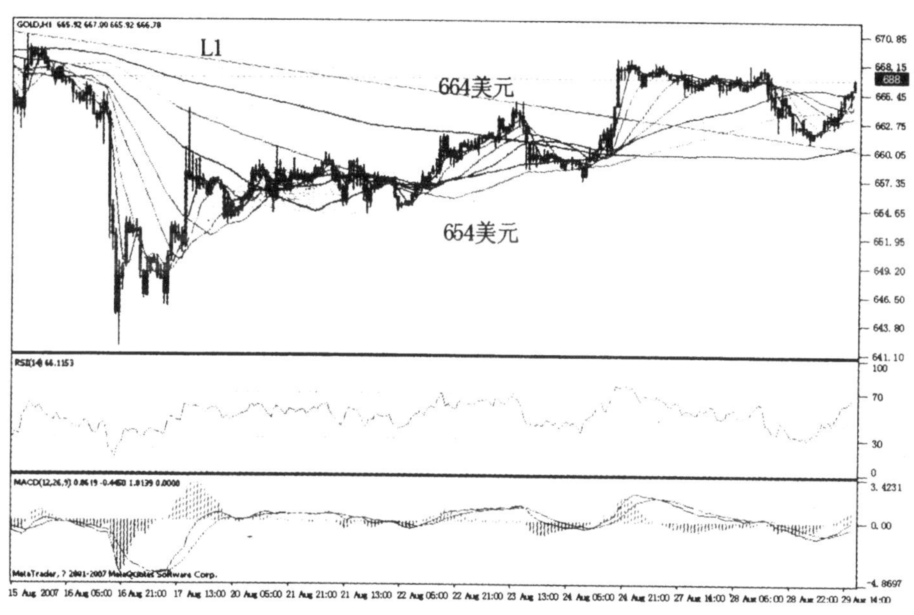

图 15-6　现货黄金小时图（2007 年 8 月 29 日 21 时截图）

这表明：

（1）金银上涨受阻型的走势一致，金价远较银价强势。

（2）在可做多时选择黄金，强者恒强；做空时选择白银，弱者恒弱。

（3）依据黄金走势操作白银，白银多头可从已突破的金价走势中找到依据，耐心等待银价向上突破；白银空头则从金价走势中看到警示，金价出现下跌势头就做空白银。

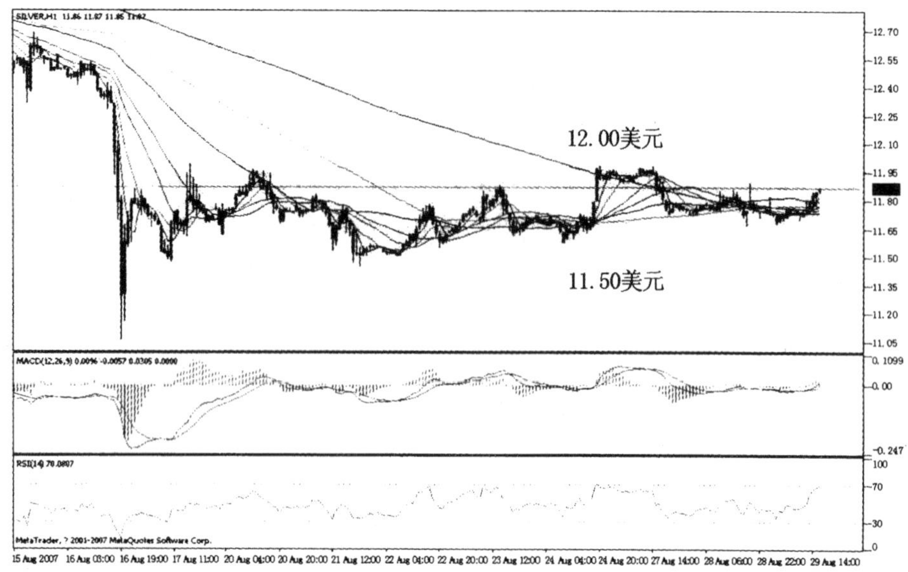

图 15-7 现货白银小时图（2007 年 8 月 29 日 21 时截图）

二、实验项目

实验项目一：牛市中的现货黄金周线图与现货白银周线图比较

登录宏艺或金鼎黄金分析系统，截取 2008 年 10 月至 2011 年 10 月的现货黄金周 K 线图（见图 15-8）和同期现货白银周 K 线图，选择主图叠加。

图 15-8 2008 年 10 月至 2011 年 10 月现货黄金和现货白银周 K 线图叠加

步骤一：分析现货黄金与现货白银走势的关联性；

步骤二：比较两者涨势和波动幅度；

步骤三：用短期K线图，如1分钟K线图（见图15-9）或选择波动幅度大的某天用分时图观察黄金与白银价格走势在一些关键位置突破的先后顺序。

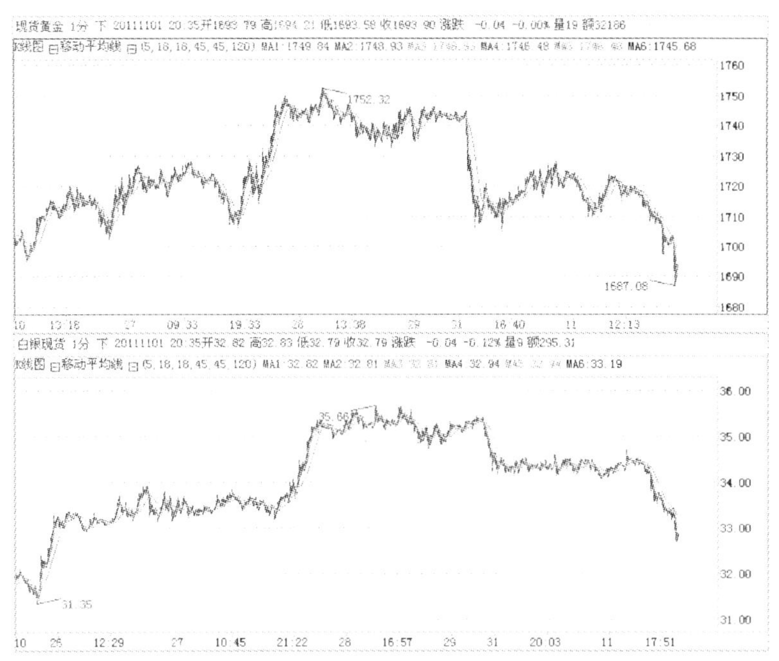

图15-9 黄金白银1分钟K线图叠加

实验项目二：熊市中的现货黄金周线图与现货白银周线图比较

登录金鼎黄金分析系统，在熊市中截取同时段的现货黄金周K线图和现货白银周K线图进行主图叠加。

步骤一：分析现货黄金与现货白银走势的关联性；

步骤二：比较两者跌势和波动幅度；

步骤三：用短期K线图（如1分钟K线图）或选择波动幅度大的某天用分时图观察黄金与白银价格走势在一些关键位置突破的先后顺序（见图15-10和图15-11）。

实验项目三：黄金与白银投资决策的相互借鉴

步骤一：以周K线图比较黄金和白银总体走势，简述其相关性规律。

步骤二：用日K线图或周K线图寻找几次明显的上涨走势，观察黄金和白银谁的涨幅更大，总结其概率分布；用1分钟K线图或分时图观察这几次明显的上涨中，黄金和白银谁先率先启动，总结其概率分布。

步骤三：用日K线图或周K线图寻找几次明显的下跌走势，观察黄金和白银谁的跌幅更深，总结其概率分布；用1分钟K线图或分时图观察这几次明显的下跌中，黄金和白银谁领跌，总结其概率分布（见图15-12和图15-13）。

图 15-10　2011 年 8 月 23 日黄金分时图

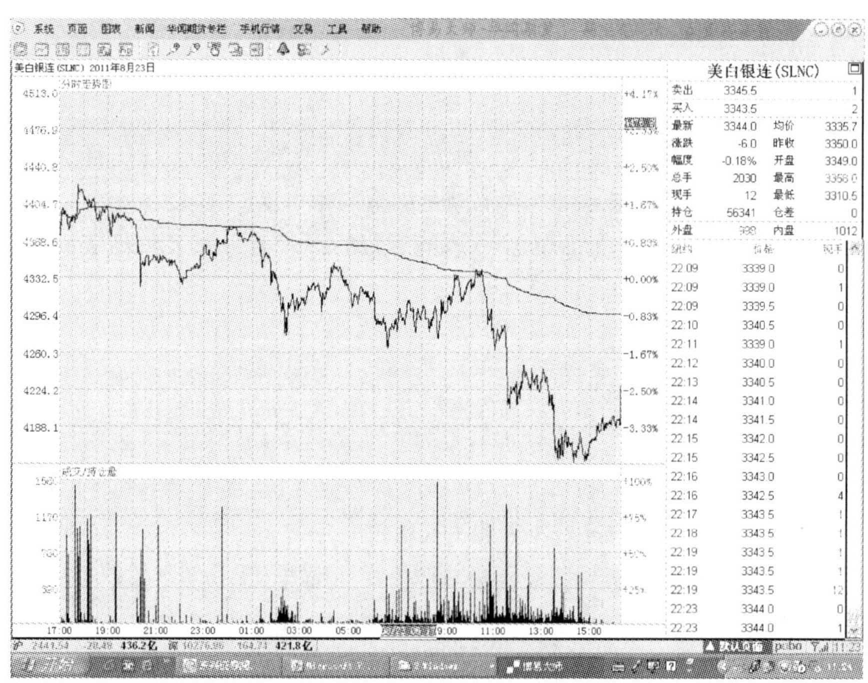

图 15-11　2011 年 8 月 23 日白银分时图

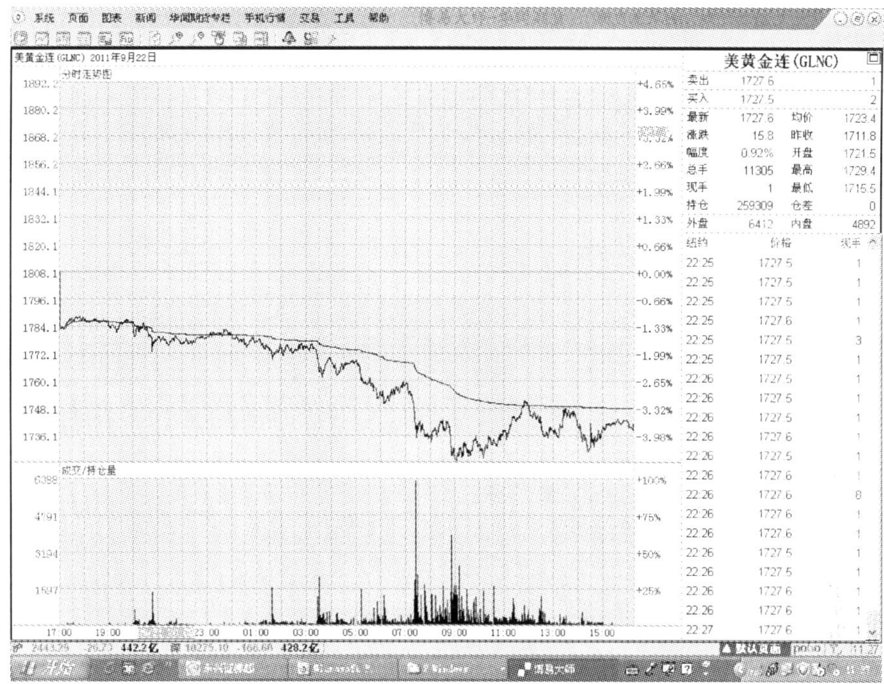

图 15-12　2011 年 9 月 22 日黄金分时图

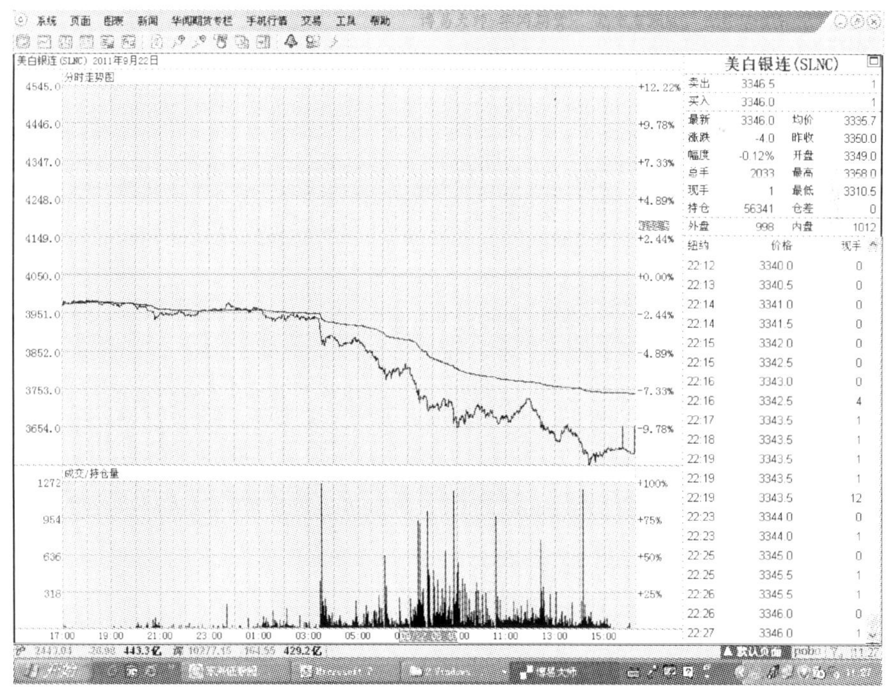

图 15-13　2011 年 9 月 22 日白银分时图

结论：在牛市里谁的上涨幅度更大，谁领涨，做多就操作谁；在熊市里谁的下跌幅度更深，谁领跌，做空就操作谁。

第十六章

实验四 翡翠鉴别业务实训

第一节 实验的目的和内容

一、实验目的

了解翡翠的物理特性，观察和体验翡翠A货、B货、C货和仿制翡翠的异同，掌握根据翡翠的物理特性来鉴别天然翡翠和其他材质珠宝的主要方法。

二、实验内容

主要通过系列实验项目对宝石的材质进行鉴别，依据翡翠的物理特性并借助仪器鉴别翡翠的A货、B货、C货和仿制翡翠。

实验包括四方面内容：

（1）A货翡翠的物理化学特性认识；

（2）B货翡翠的识别；

（3）C货翡翠的鉴别；

（4）仿冒翡翠的鉴别。

三、实验资料和实验步骤

（一）实验资料准备

（1）场地准备：配备电脑的实验室、学院及周边环境；

（2）教学资料准备：A货翡翠、B货翡翠、C货翡翠、翡翠片料、马来玉、水沫子、玻璃、翡翠证书样板、聚光手电、放大镜、查尔斯滤色镜、玛瑙棒、打火机、多媒体课件及相关网站。

（二）实验步骤

（1）教师课堂讲授；

（2）老师实验观摩——天然翡翠的导热性、A 货翡翠与 B 货翡翠的声音传导性比较；

（3）学生分组实验——B 货翡翠、C 货翡翠和仿冒翡翠的鉴别：放大镜观察晶体结构、辨识 B 货翡翠表面的酸蚀纹、观察色根边缘的清晰度、感受表面的光泽和光滑度差异。

第二节　翡翠的鉴别业务操作实训

一、理论要点

翡翠是以辉石类矿物为主和少量闪石、长石类矿物组成的集合体。天然翡翠是指以天然翡翠原石为原料，在成品加工过程中只采用机械加工手段（物理方法），例如切割、打磨、雕刻、抛光等，其结构未受到腐蚀和破坏，其颜色、结构、材质均保持天然本色，商贸上也俗称为 A 货翡翠。只有天然翡翠才具有投资价值，色高质好的 A 货翡翠具有极高的增值及收藏价值。

1. A 货翡翠独特的物理化学特性是鉴别天然翡翠的主要依据

（1）依据 A 货翡翠所特有的翠性进行鉴别。翠性是天然翡翠的特有标志，由于组成翡翠的硬玉或其他辉石矿物的晶体具有两组完全的解理，在光照下，由于这些解理面的反射作用，可以看到翡翠表面众多的闪闪发光的小面，特别在翡翠锯开的未抛光的表面上，翠性更明显。只要是天然的翡翠，都具有翠性，如是低档翡翠，组成翡翠的矿物颗粒粗大，翠性就特别明显；若是高档翡翠，组成翡翠的矿物颗粒显微粒状，肉眼难见翠性（见图 16-1）。

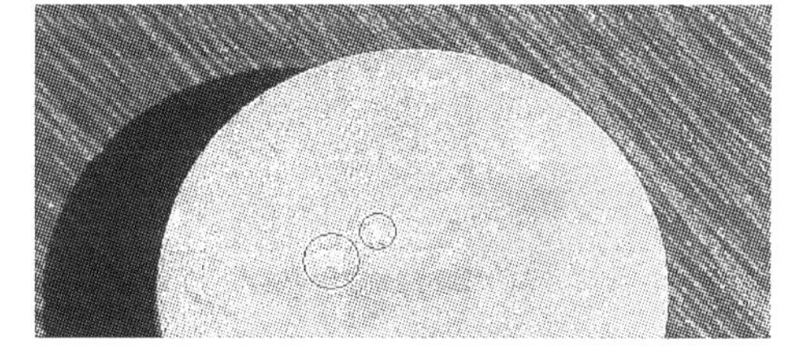

图 16-1　翡翠的翠性

（2）依据密度进行鉴别。天然翡翠的密度是 3.33 ～ 3.34g / cm^3，随所含的 Cr、Fe 等的含量不同而有所变化。大多翡翠的密度为 3.33g / cm^3，宝石级翡翠的密度一般为 3.34g / cm^3。

（3）依据折射率进行鉴别。折射率是光学介质的一个基本参量。即光在真空中的速度与在介质中的速度之比，A 货翡翠的折射率为 1.66 ～ 1.68，点测法一般为 1.66。

（4）依据吸收光谱进行鉴别。所有的翡翠因为含铁，因而在 437nm 处有一诊断性吸收线。绿色翡翠主要由铬致色，因而显典型的铬光谱，在红光区 630nm、660nm、690nm 有三条阶梯状吸收谱，紫区有吸收线（见图 16-2）。

图 16-2　绿色翡翠的典型光谱

染色翡翠品种红光区 660nm ～ 680nm 有一条模糊吸带（见图 16-3）。

图 16-3 染色翡翠的吸收光谱

（5）A 货翡翠常见橘皮效应。A 货翡翠还具有橘皮效应，在抛光平面上，通过反光观察，会出现类似于橘子皮的一个个大小和方向不同的凸起与凹陷的特征。翡翠中呈集合体状的硬玉矿物由于相互的取向不同，导致抛光过程中软硬程度也不同，低硬度取向的硬玉相对凹陷，高硬度取向的硬玉相对凸起，从而出现了一个个凸起和凹陷的相对不平整面，由此构成橘皮效应（见图 16-4）。

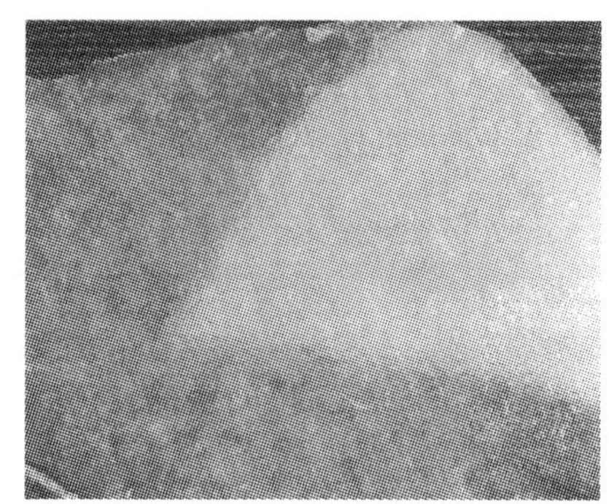

图 16-4 翡翠的橘皮效应

（6）依据导热性和声音传导性进行鉴别。天然翡翠的导热性良好，以一发丝绕镯一圈，火烧发丝，发丝不断，这是因为天然翡翠良好的导热性将发丝下局部镯体的热量迅速传导到镯的其他部位去，使得局部温度达不到烧断发丝的熔点。

以绳悬挂天然翡翠镯，轻敲，声音清脆回音悠长，这是因为天然翡翠的声音传导性佳。

2. 鉴别 B 货翡翠的主要方法

翡翠的处理一般分为去杂漂白、注胶处理和增色处理。漂白充填处理翡翠往往以破坏翡翠的质地、原有物理结构为代价，对底灰黑而脏、水差的原料进行化学方法（例如用酸性溶液浸泡）处理，去除杂质杂色，极大地改善翡翠的透明度和色感，使翡翠保持短暂美丽的外观，因漂白处理的英文 bleach 第一个字母是 B，所以这类翡翠习惯上称为 B 货翡翠，也称“优化”翡翠。两三年内经过处理的翡翠就会逐渐失去光泽，满身裂纹。国家颁布的珠宝玉石标准中，就把优化翡翠界定为加工过程中，经过了酸浸漂白，墩蜡处理的翡翠。根据酸浸漂白的强弱，还可分为强腐蚀与弱腐蚀两种。强腐蚀优化翡翠相当于市场所称无胶 B 货，其内部受到很大程度的破坏；经过强酸腐蚀漂白、去劣存优处理，严重破坏翡翠内部结构又注入增透固结的胶质聚合物填补称充胶 B 货。

B 货翡翠的识别方法一般有下列几种。

（1）眼观。天然的 A 货翡翠是定向连续的结构。而由于酸处理对翡翠的结构产生巨大的破坏作用，B 货翡翠的结构松散破碎，长柱状晶体被错开、折断，晶体定向排列遭受破坏，颗粒边界变得模糊等，如将放大倍数增大到 40 倍以上，可以观察到 B 货翡翠因受化学药品（如强酸）的腐蚀，其翡翠晶粒被溶蚀的现象。另外若为胶充填，胶体内可见气泡、龟裂和颜色扩散现象，胶也可能有老化现象（见图 16-5）。

A 货翡翠色根边界清晰自然。而由于酸洗腐蚀掉部分晶体，B 货翡翠色根边缘模糊，颜色有扩散的痕迹。

A 货翡翠由于晶体没有缺失，晶体排列定向连续，所以表面光泽较好，反光效果明显。B 货翡翠由于强酸腐蚀掉部分晶体，表面晶体缺失，从而导致光泽弱，反光效果不好。

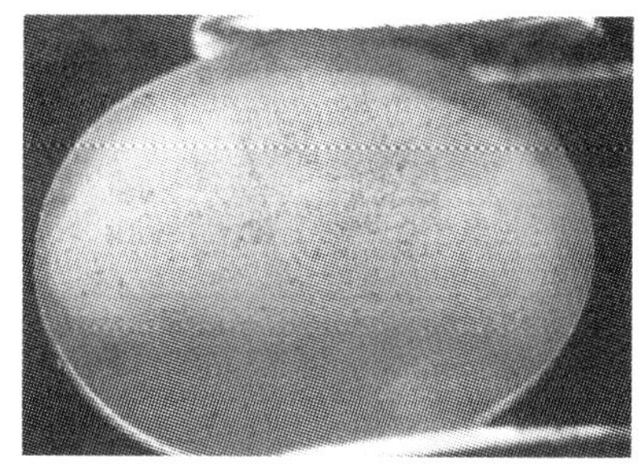
图 16-5 翡翠 B 货特有的酸蚀纹

A 货翡翠都有翠性，晶体颗粒粗大的翠性明显些，肉眼即可见，晶体颗粒小的翠性不那么明显，需要用放大镜才能看到其翠性。但 B 货翡翠即使在 10 倍以上的放大镜下观察，都很难看到翠性。

（2）依据密度鉴别。A 货翡翠的密度为 3.33g / cm^3，宝石级翡翠的密度为 3.34g / cm^3，而 B 货翡翠由于强酸腐蚀掉部分晶体，所以其单位体积内晶体数量比 A 货翡翠少，其密度就会小于 3.33g / cm^3。

（3）依据重量鉴别。由于强酸腐蚀掉部分晶体，所以单位体积内 B 货翡翠晶体数量比 A 货翡翠少，其密度比 A 货翡翠小，其重量就比体积相当的 A 货翡翠轻。

（4）依据折射率鉴别。翡翠 A 货的折射率为 1.66。

（5）耳听。对于无裂纹的 A 货翡翠手镯，用细绳吊起来（减少声音传导的阻力）以玛瑙棒轻轻敲击，天然翡翠响声清脆，回音悠长，B 货翡翠声音混浊。这是由于 B 货翡翠因强酸腐蚀缺失了部分晶体，对声音的传导性就没有 A 货翡翠好，回音就没有 A 货翡翠清脆悠长。

（6）手刮。用指甲刮翡翠的表面，A 货翡翠表面光滑，而且晶体颗粒越小排列越紧致的、玉种越细腻的，越光滑。而 B 货翡翠由于强酸浸泡腐蚀掉了部分晶体，表面就会布满酸蚀纹，用指甲刮起来就会有障碍感，手感粗糙。

（7）进行红外测试。红外检测一度被当作是 B 货翡翠鉴定中最有效的方法，因为 B 货经红外测试时在 3 400nm 处可见碳和氢的谱线，这是胶的谱线。但现在这并不是最可靠的证据，因为出现了无机充填的 B 货。即有碳、氢谱线者可以说明其一定是 B 货，反之，无碳、氢谱线者并不能说明它不是 B 货。B 货的检测需要用各种方法进行综合检测。

3. 识别 C 货翡翠的主要方法

通过染色、浸色、焗色、镀膜和辐射加色等手段人工添加外来染料方法使原来无色、淡色的翡翠改变颜色，这种经过人工着色（colour）的翡翠均称为 C 货翡翠。但人工加入颜色的翡翠，遇到较高的温度就会脱色。通过酸浸漂白注胶或不注胶，并加入染色剂的翡翠称 B+C 货。不管酸浸漂白与否，充胶与否，只要人工加色，就是翡翠 C 货。

C 货翡翠的颜色与天然翡翠的颜色有根本差别：

（1）由放大镜观察，C 货翡翠的颜色主要集中在裂隙或颗粒边界中，生硬而突兀，常现网状分布特征；而 A 货翡翠的绿色分布自然（见图 16-6）。

（2）C 货翡翠的色根边界模糊（见图 16-7）；A 货翡翠的色根边界清晰（见图 16-8）。

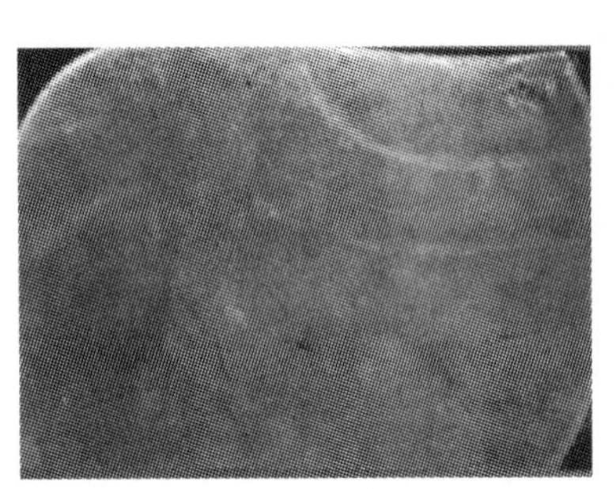

图 16-6 染色的 C 货翡翠绿色呈丝网状分布

图 16-7 C 货翡翠的色根边界模糊

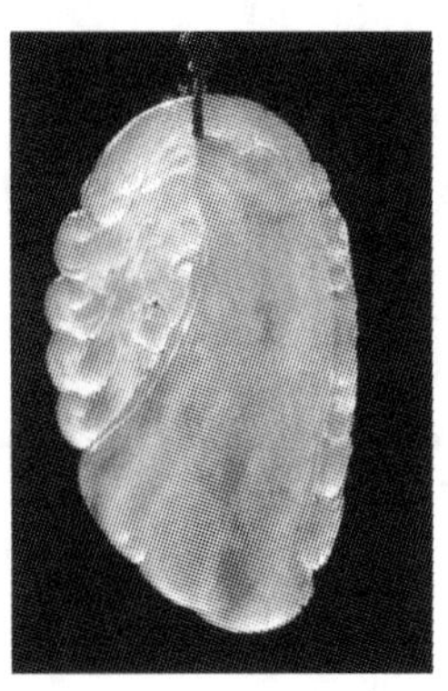

图 16-8 A 货翡翠的色根边界清晰

（3）C 货翡翠的颜色怕酸（盐酸、硫酸、磷酸等）、怕碱、怕长时间的强光照射，逐渐会变色或褪色，无论用什么方法染成的绿色翡翠，在阳光下长期暴晒都会褪色，如果滴几滴盐酸，褪色会更快；而 A 货翡翠的翠色是由于铬离子进入硬玉矿物晶体结构中形成的，故不怕酸不怕碱、也不怕强烈的光照，永不变色。

（4）借助查尔斯滤色镜。查尔斯滤色镜（见图 16-9）是一种只能透过红色和部分黄绿色的光，而吸收其他色光的特殊光学镜片。使用时用强光源固定好宝石，滤色镜紧贴眼睛进行观察。染色翡翠通常有染料染绿、辐射上色等方法。其中染料染色是将浅色或白色的翡翠，用高温使缝隙膨胀后浸泡于绿色染料溶液中，或加高压将染料溶液压入缝隙中。所用的绿色染料多为无机的铬盐。用铬盐染成绿色的翡翠在查尔斯滤色镜下会变成褐红色，而天然翡翠，则为褐绿色。也就是说，凡是在查尔斯滤色镜下变红的绿色翡翠，都是经过染色的（见图 16-10 至图 16-12）。

图 16-9 查尔斯滤色镜

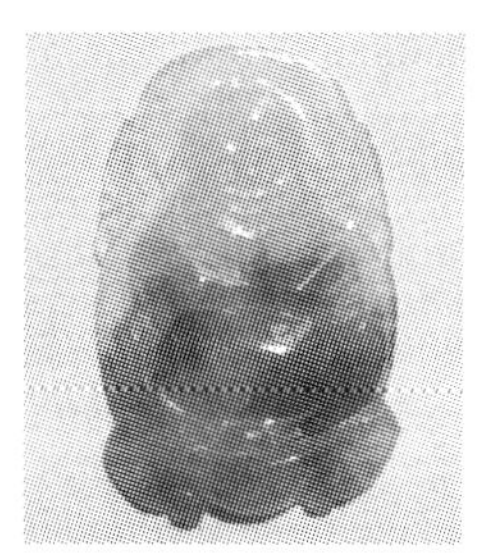
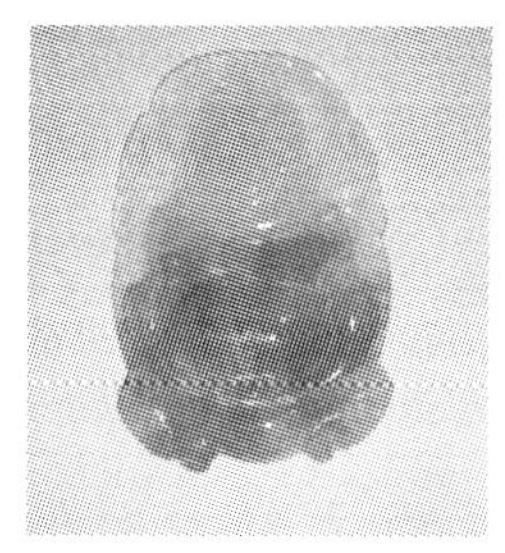

图 16-10　仿油青种 B+C 翡翠在查尔斯镜下显紫红色

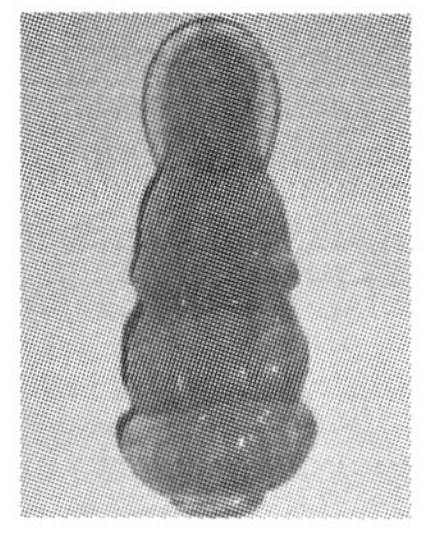

图 16-11　仿油青种 B+C 石英岩查尔斯镜下显紫红色

图 16-12　仿飘蓝花 B+C 石英岩查尔斯镜下显紫红色

4. 鉴别仿冒翡翠的主要方法

常见的仿冒翡翠有马来玉、水沫子等。

马来玉是一种人造仿翡翠制品，主要矿物为石英，为纯石英或石英晶体熔化加入着色剂而制成。硬度 6.5 ～ 7，比重 2.65，折射率 1.54。国家标准上规定的命名为石英岩（染色处理）或染色石英岩。马来玉与翡翠相比存在明显的不同之处：

（1）晶体结构：仔细观察，马来玉透光图下结构很一致，无翡翠的柱状、纤维状和粒状晶体结构（见图 16-13 和图 16-14）。

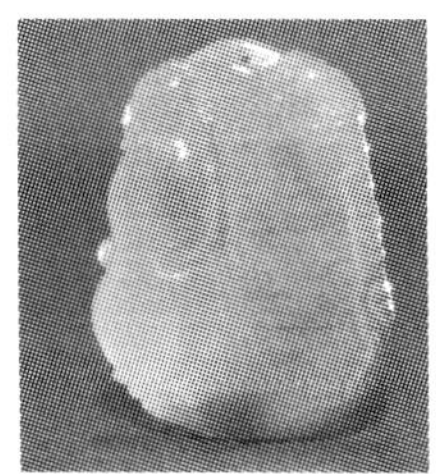

图 16-13　翡翠透光图下结构

图 16-14　马来玉透光图下结构

（2）放大镜映光观察，马来玉有大大小小的气泡（见图 16-15）。

（3）在查尔斯滤色镜之下马来玉颜色不会变红色，但在十倍镜下可观察到染色剂存在，即颜色很浮，是染色的现象（见图 16-16）。

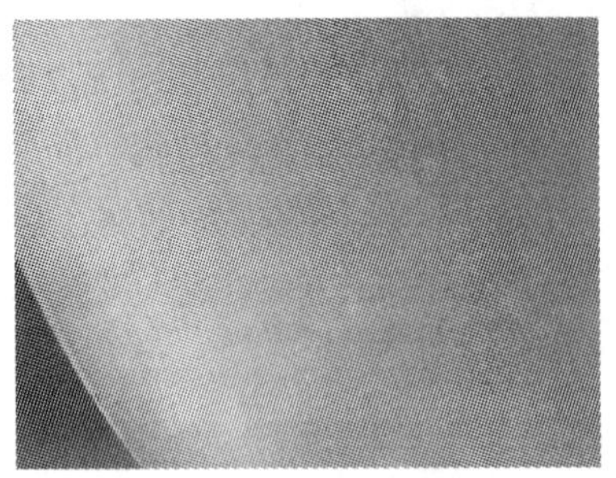

图 16-15 马来玉的气泡

图 16-16 马来玉染色剂明显浮于表面

水沫子呈玻璃光泽，透明至半透明，外观颜色总体为白色或灰白色，色调偏蓝偏暗，可见一些不规则、不透明的白色絮块，在蓝绿色底子的映衬下，酷似水中翻起的泡沫，这也是得名“水沫子”的原因。

水沫子与翡翠的简易鉴别方法：

（1）眼观法。借助放大镜看结构。翡翠可见其粒状、纤维状、柱状晶体交织结构，见其特有的翠性——晶体颗粒表面的闪光；水沫子主要由钠长石组成，不显翠性，并有较多白色的“石脑”和“绵”，而且通常有非常细小的平行的小气泡串，小气泡串可能会被杂质充填形成细小飘花（见图 16-17）。

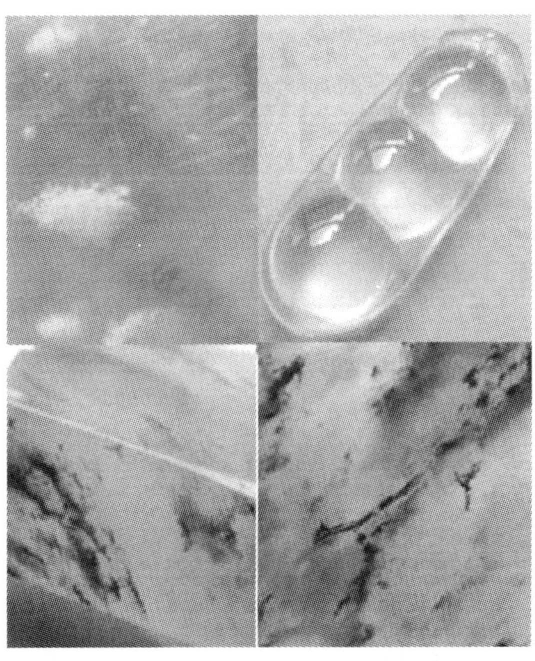

图 16-17 水沫子的绵和飘花

水沫子的折射率是 1.52 ～ 1.54，而翡翠的是 1.66，水沫子的折射率比较低，它的光泽相对翡翠就比较弱一些。如图 16-18 所示，左边的是水沫子，右边的是天然玻璃种翡翠。

图 16-18　水沫子与翡翠的光泽对比

（2）手掂法。翡翠的密度是 3.33 g/cm^3，水沫子密度 2.48 ～ 2.65 g/cm^3，远远小于翡翠，因此用手掂量水沫子明显比翡翠轻。

（3）敲击法。水沫子密度比翡翠小，对声音的传导就没有翡翠佳，所以敲击声音沉闷，不如翡翠敲击声音清脆。

（4）刻画法。水沫子摩氏的硬度为 6，翡翠的摩氏硬度是 7 度，用硬度为 7 的石英刻画，水沫子很易划动，翡翠则难划动。

二、实验项目

实验项目一：天然翡翠的导热性

用发丝缠绕待检手镯一圈，火烧发丝，观察现象并解释原因。

实验项目二：天然翡翠的声音传导

悬天然翡翠镯和 B 货翡翠镯一个，逐一敲击听音，分辨区别并解释原因。

实验项目三：B 货翡翠的鉴别

对比 A 货翡翠和 B 货翡翠，用放大镜观察比较两者的晶体结构，对光观察比较两者的晶体结构，比较两者的表面光泽；

用放大镜辨识 B 货翡翠表面的酸蚀纹；

用指甲抠表面，比较 A 货翡翠和 B 货翡翠表面的光滑度。

实验项目四：C 货翡翠的鉴别

对比 A 货翡翠和 C 货翡翠，比较两者色根边界的清晰程度，观察 C 货色的沉积规律，比较两者的色的分布特征。

实验项目五：仿冒翡翠的鉴别

对比 A 货翡翠和水沫子，比较两者晶体排列、光泽、质量和颜色分布方面的特征。

第十七章

实验五 翡翠评估业务实训

第一节　实验的目的和内容

一、实验目的

比较了解翡翠的“种”、“水”、“色”、“工”及纯净度，即翡翠的结构、透明度、颜色、工艺质量及纯净度，综合这五个指标衡量翡翠的质量，掌握翡翠的价值评估标准。

二、实验内容

本实验主要通过比较不同档次的天然翡翠，根据其细腻程度、透明程度、颜色的鲜艳程度、品相及纯净度进行价值综合评估。

实验包括五方面内容：

（1）观察种不同的翡翠的晶体颗粒大小及排列紧致程度差异；

（2）观察水不同的翡翠的透明程度差异；

（3）了解不同色系的翡翠、比较同色系翡翠色的浓淡、明暗和均匀差异；

（4）比较不同的翡翠饰品的饱满程度和雕工精湛程度差异；

（5）观察和比较翡翠的完美度差异。

三、实验资料和实验步骤

（一）实验资料

（1）场地准备：配备电脑的实验室、学院及周边环境；

（2）教学资料准备：翡翠原石、玻璃种、冰种、糯种、豆种翡翠，各色级的绿色、紫色、翡色、飘花翡翠，有杂质有纹的翡翠、雕花翡翠镯、多媒体课件及相关网站。

（二）实验步骤

（1）教师课堂讲授；

（2）学生分组实验，比较玻璃种、冰种、糯种和豆种翡翠，观察其晶体结构、透光度、棉的分布等方面的异同；感受不同种翡翠镯的光滑度和重量及声音传导性差异；

（3）学生分组实验，比较玻璃种、冰种、糯种和豆种翡翠镯，感受其透光度、荧光感等方面的差异；

（4）学生分组讨论，登录翡翠名网站，鉴赏体会工艺设计对翡翠价值的提升作用，领会获奖作品中体现出的情感表达。

第二节　翡翠评估业务操作实训

一、理论要点

翡翠投资对于鉴别能力要求很高，首先要保“真”，然后要在力所能及的情况下尽可能求“精”。翡翠的“精”主要体现在其种、水、色、工四个方面。种指结晶微粒的粗细、结晶体的形状及其组合分布方式；水指受其晶体颗粒大小、排列方式以及杂质含量影响的透明度；色指翡翠颜色的种类及其纯正程度、浓淡程度、明亮程度及均匀程度；工指翡翠的品相，即饱满程度、雕工的精湛及作者的名气。

1. 翡翠的种越细腻其价值越高

种指的是翡翠的质地，翡翠的结晶体颗粒大小和这些颗粒的交结关系是决定翡翠商业品种，从而决定翡翠品质的主要原因。翡翠在高压背景下和高温、中温、低温环境下经热液作用、接触交代作用和区域变质作用等形成的，组成的矿物成分、结晶程度、晶体形态、晶粒大小和矿物彼此之间排列关系复杂多样，按其结构可分为柱状变晶结构、粒状变晶结构和纤维状变晶结构。按组成翡翠矿物晶体的绝对大小，制定出以下分级标准：

（1）显微变晶结构：矿物晶体粒径 <0.1 ～ 1mm，一般肉眼感觉不到颗粒边界，均匀一体，透明度高。显微镜下可以辨认矿物形态和排列方式。这种类型常以玻璃种、冰种为特征。

玻璃种微晶结构致密，微晶部分不可分辨，透明度好，棉质与结构清晰分明，水头十分足（见图 17-1）。

冰种可见内部交织纤维结构，如冰丝般。微晶部分肉眼不可分辨，透明度好，棉质与结构清晰分明（见图 17-2）。

（2）细粒变晶结构：矿物颗粒粒径为 0.1 ～ 1mm，肉眼感觉有颗粒的存在，但难以辨认形态，需借助于放大镜观察，这种结构的翡翠一般透明度比较好，如糯种、芙蓉种翡翠。

糯种内部结构朦胧不可分辨，棉质化在结构内部（见图 17-3）。

图 17-1 玻璃种的晶体结构

图 17-2 冰种的晶体结构

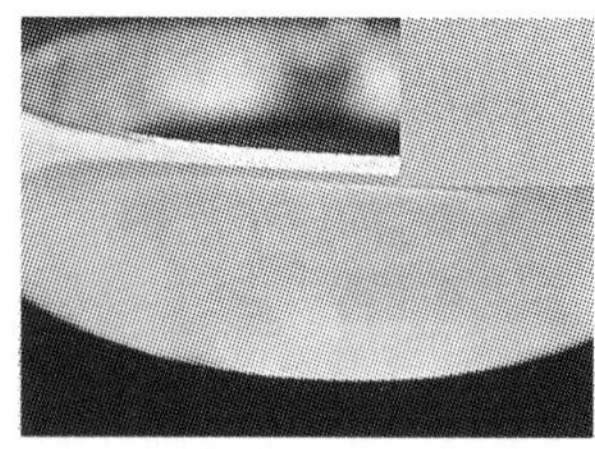

图 17-3 糯种的晶体结构

（3）中粒变晶结构：矿物晶体粒径 1 ～ 3mm，肉眼可见到矿物颗粒边界和排列方式。用 10 倍放大镜可见双晶和解理面。这种结构以白地青、花青品种为典型（见图 17-4 和图 17-5）。

图 17-4 白地青翡翠镯

图 17-5 花青

（4）粗粒变晶结构：构成翡翠的矿物颗粒粒径一般大于 3mm，一些矿物颗粒可达 lcm 以上，肉眼明显可见矿物颗粒形态和边界特征，并可见简单双晶、聚片双晶和解理面，如豆种、大多数紫罗兰翡翠（见图 17-6）。

图 17-6 豆种翡翠

翡翠的矿物颗粒越小，颗粒之间排列越紧凑，翡翠则越细腻，其价值就越高。

2. 翡翠的水越足其价值越高

“水”是翡翠评价的重要因素，行内俗称“水头”，透明度高的即为水头足，这样的翡翠显得晶莹透亮，给人以水汪汪的感觉，而透明度差的翡翠干涩、呆板，给人以干巴巴的感觉，即为水头差，水不足。翡翠的透明程度可大致分为透明、较透明、半透明、微透明、不透明，翡翠越透明，则其价值越高。

1级，透明，10mm以上，纯净无色，老种玻璃地（见图17-7）。

2级，较透明，6～10mm，少量老种玻璃地特级品（见图17-8）。

图17-7 1级透明度老种玻璃地翡翠

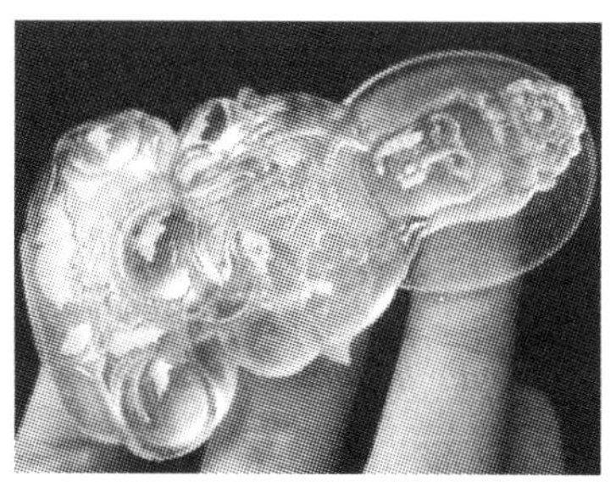

图17-8 2级透明度老种玻璃地翡翠

3级，半透明，3～6mm，老种玻璃地、冰种特级品（见图17-9）。

4级，微透明，1～3mm，色浓者、粒粗者、新老种（见图17-10）。

图17-9 3级透明度冰种翡翠

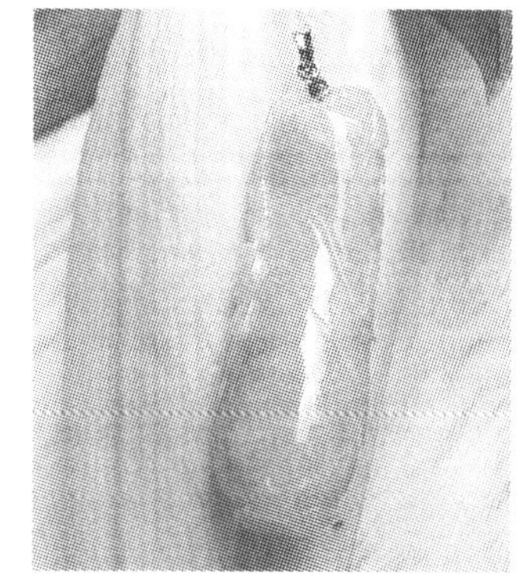

图17-10 4级透明度粗粒紫罗兰翡翠

5级，不透明，阳光透不进，色浓、底差、新种（见图17-11）。

一般来说，翡翠的种越差、质地越不细腻、颗粒越粗，其透明度也越差，种水往往是相辅相成的，种越好的翡翠水就越好，所以业内衡量翡翠时往往“种”和“水”不分家，经常讲“种水”，两个要素紧密结合在一起衡量（见图17-12）。

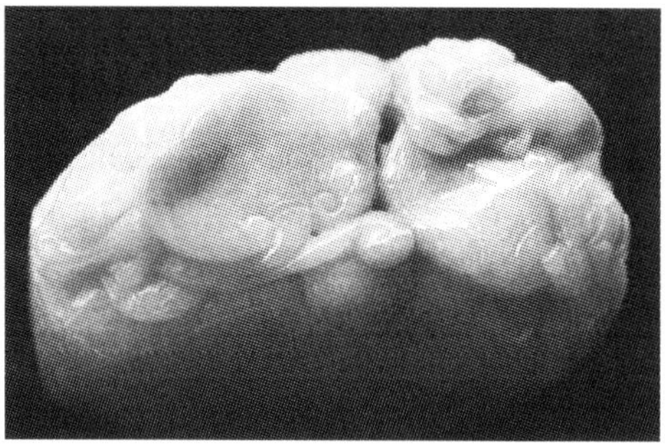

图17-11 5级透明度豆种翡翠

影响翡翠透明度的因素如下。

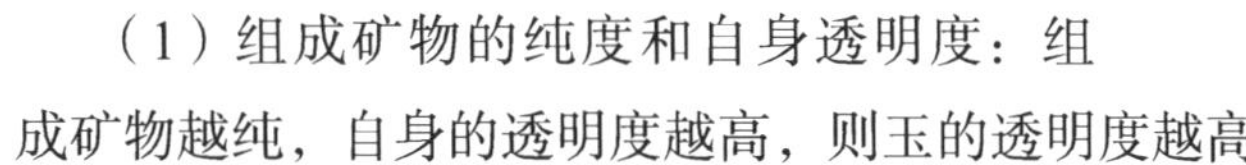

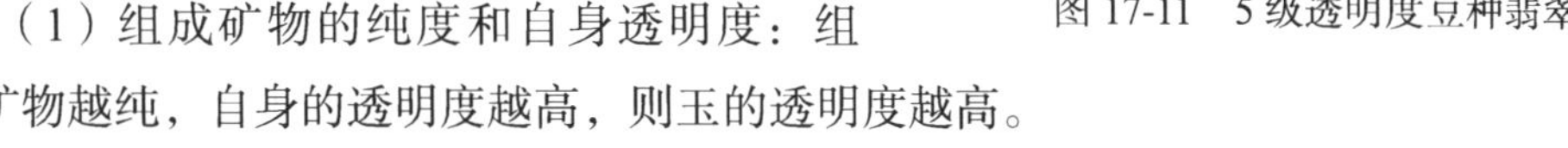

（1）组成矿物的纯度和自身透明度：组成矿物越纯，自身的透明度越高，则玉的透明度越高。

（2）相邻矿物颗粒间的折射率差的大小：差值越小，反射越少，越透明。

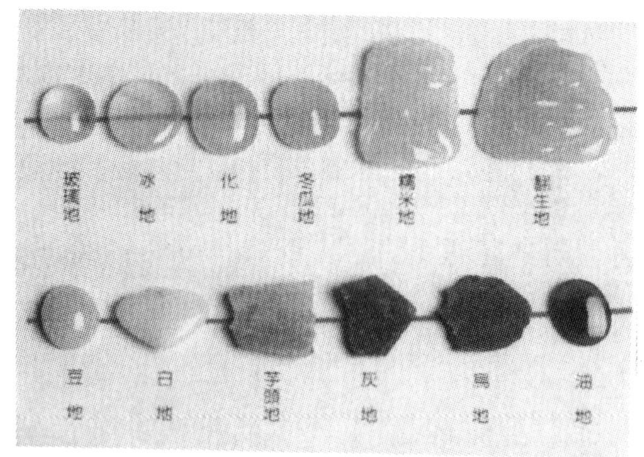

图 17-12 各种种质与透明度的关系

（3）组成矿物自身的双折射率值：双折射率越低，透明度越高。

（4）组成矿物晶体的大小、形状和排列方式：组成翡翠的矿物颗粒越小，形状和排列方式越规则，则透明度越高。

（5）翡翠的裂纹、颜色深浅等：裂纹越少，颜色越适中，透明度越高。

3. 翡翠的色越鲜艳其价值越高，尤其以绿为贵

颜色是翡翠质量评价的关键。翡翠颜色千变万化，色调也各异。但总的来说，其颜色不外是绿、红、黄、蓝、紫、白灰、黑和无色等。在色的估价里，以鲜艳的为佳，绿的、红的、紫的色鲜艳浓厚，然后到蓝色、飘花、无色等。尤其是以绿为美，以绿为贵，这是自古至今的衡量标准。

（1）翠色。绿色翡翠称为“翠”，一般颜色越绿越好，以颜色鲜艳的高翠为最佳。按传统习惯，翡翠的颜色评价可归结为“正、阳、浓、和”四个字。①正：指颜色的纯正程度。要求绿色纯正，不含杂色。优质翡翠的颜色要求像雨过天晴时冬青树叶的颜色一样艳绿、纯正，不能在翠绿中有蓝、黄、灰等杂色调，这些色调越浓，翡翠的颜色质量越低。②阳：指颜色的鲜艳明亮程度。翡翠的阳，就是要翠得艳丽、明亮、大方，并发挥出鲜艳的光彩。③浓：指颜色的饱和度。在保证透明度及其他条件的前提下，要求颜色越浓越好，饱满浓重。④和：指翡翠同一颜色的均匀程度。要求整件翡翠饰品的颜色越均匀越好。

图 17-13 1 级，正阳绿

在色温为 5 000K 的连续光源照射下观看翡翠的颜色分级为：1 级纯正绿、祖母绿、翠绿等，极均匀，不浓、不淡，艳润亮丽；2 级正绿色、苹果绿、黄秧绿等，均匀的整体上没有浓的条带、斑块、斑点，整体不浓、不淡，艳润亮丽；3 级正绿色、苹果绿、黄秧绿等，整体不均

匀，浓淡不一，艳润明亮；4 级微偏蓝绿（含黄绿色的鲜艳红色、紫罗兰色），均匀，不浓、不淡，润亮；5 级蓝绿色，均匀，不浓、不淡，润亮；6 级灰蓝色（含淡黄绿色、淡红色、淡紫罗兰色），均匀，淡雅，润亮（见图 17-13 至图 17-19）。

图 17-14　2 级，正阳绿

图 17-15　2 级，均匀的秧苗绿

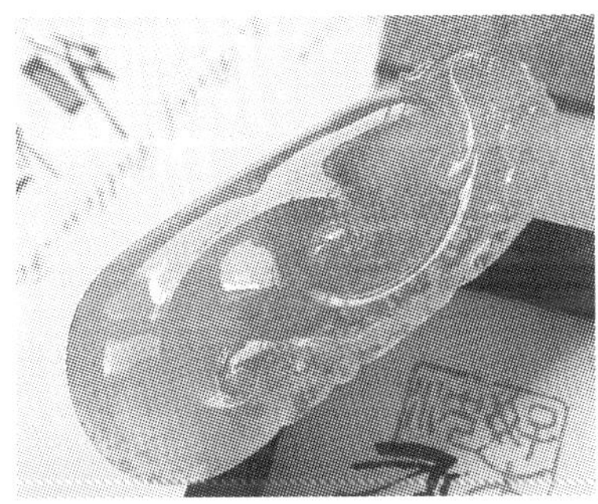

图 17-16　3 级，不均匀的正绿

图 17-17　4 级，均匀的偏蓝绿色

图 17-18　5 级，均匀的蓝绿色

图 17-19　6 级，均匀的灰蓝色

在一件全绿翡翠饰品上，见一点或一细条略深一些的绿，这略深一些的绿为渐变过渡到相对而言较浅的绿内称色根。色根是判断翡翠绿色真伪的一个标志，但高档特级翡翠，绿非常均匀，没有深浅之分，是没有色根的，色根多了还影响它的质量及价格。故在鉴定评价时应综合考虑（见图 17-20 至图 17-22）。

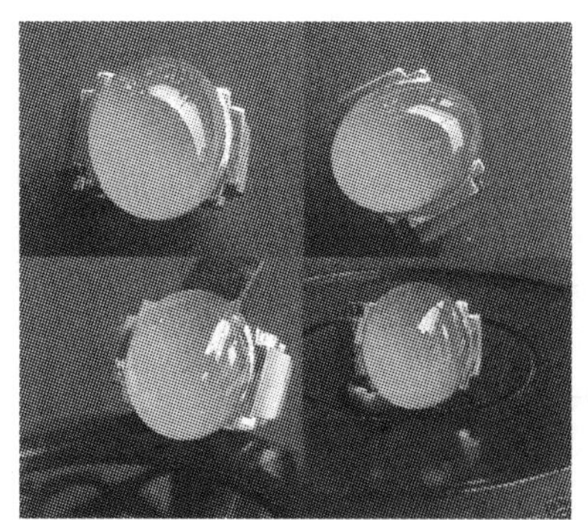

图 17-20 均匀、无色根的高翠

图 17-21 无色根的龙石种翡翠

图 17-22 达到“正、阳、浓、和”标准的高翠

（2）翡色。红色翡翠简称为“翡”，是指翡翠矿石风化后的皮壳部分，多产于老坑料的外层，呈黄、黄红、红褐和深红色调，以深红、鲜红者为最好。衡量红翡与黄翡的颜色，也通用衡量绿色的“正、阳、浓、和”四字标准，即在种、水、工相当的情况下，红（黄）得越纯正、越鲜亮、越浓厚、越均匀，则品质越高（见图 17-23 和图 17-24）。

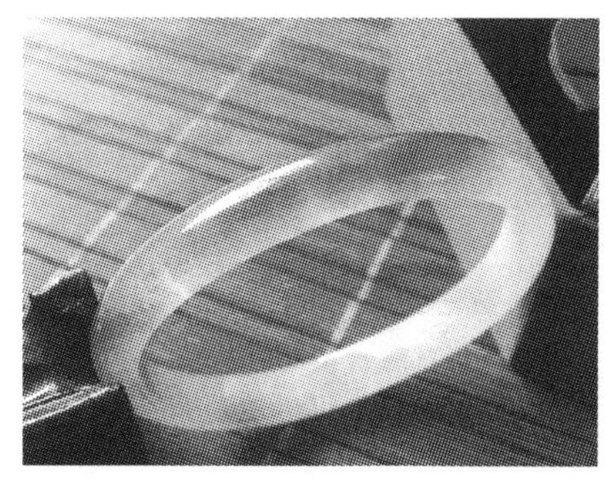

图 17-23 娇艳但不均匀的红翡

图 17-24 达到浓、阳、和标准的红翡，偏黄红色，不够纯正

（3）紫色。紫罗兰翡翠的颜色，可以是带粉红的紫色，称为粉紫或紫春色；也可以是偏蓝的紫色，称为蓝紫；介于两者之间的紫色，带些灰色，称为茄紫。紫色越鲜艳、越纯正，种越好的紫罗兰翡翠，价格越高（见图 17-25 至图 17-28）。

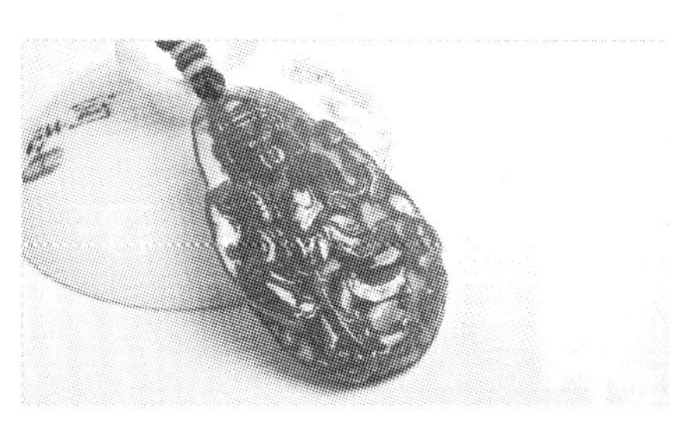

图 17-25 达到正、阳、浓、和标准的红翡

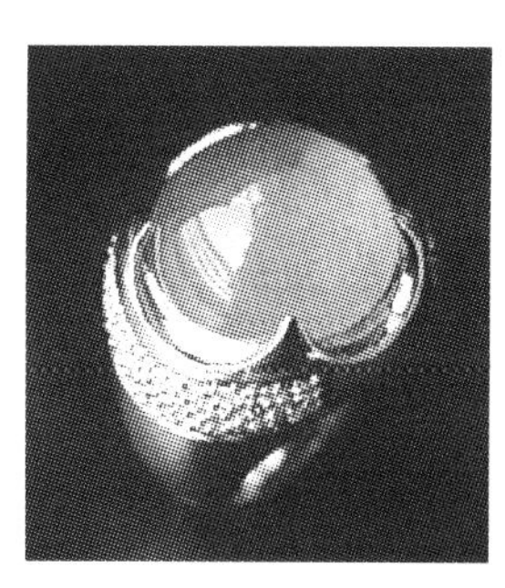

图 17-26 达到正、阳、浓、和标准的黄翡

图 17-27 浓艳的春色翡翠镯

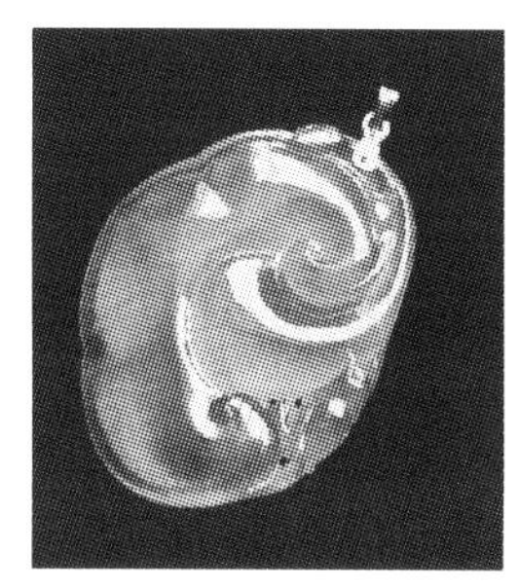

图 17-28 蓝紫翡翠

（4）黄加绿。黄加绿指一块翡翠上或一件翡翠首饰上有黄有绿，黄色指浅黄色或鸡油黄色，以鸡油黄为正，绿也指纯正翠色，目前黄加绿的翡翠料已十分稀少，好的黄加绿的翡翠价值很高。在黄加绿翡翠的价值评估上，翠色的面积越大，翠得越纯正、娇艳的，价值越高；黄色和绿色越娇艳的，价值越高；色越满的，价值越高。以下三件黄加绿翡翠，不考虑大小因素的话，最高估值如图 17-29 所示，图 17-30 次之，图 17-31 第三。

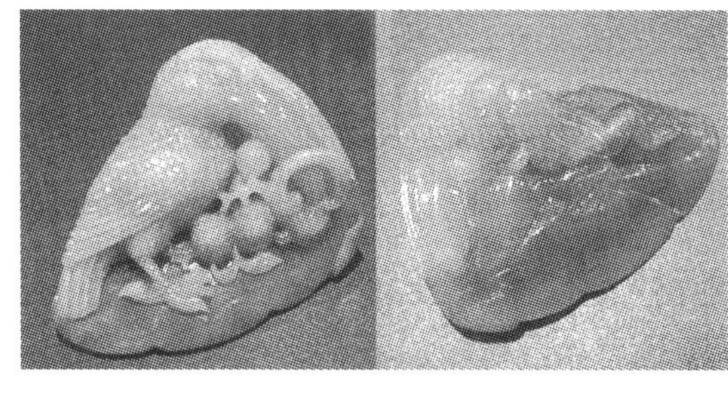

图 17-29 黄加绿翡翠

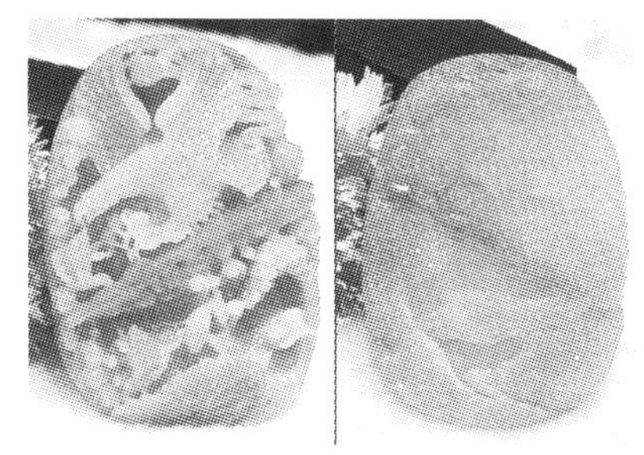

图 17-30 黄加绿翡翠

（5）春带彩。春指紫红色的翡翠。彩代表纯正绿色。春带彩是指一块翡翠上或一件翡翠首饰上有紫有绿。目前春带彩的翡翠料已十分稀少。好的春带彩翡翠价值很高。在春带彩翡翠的估值上，紫得越偏红，翠得越正，色越满，价值越高（见图 17-32 和图 17-33）。

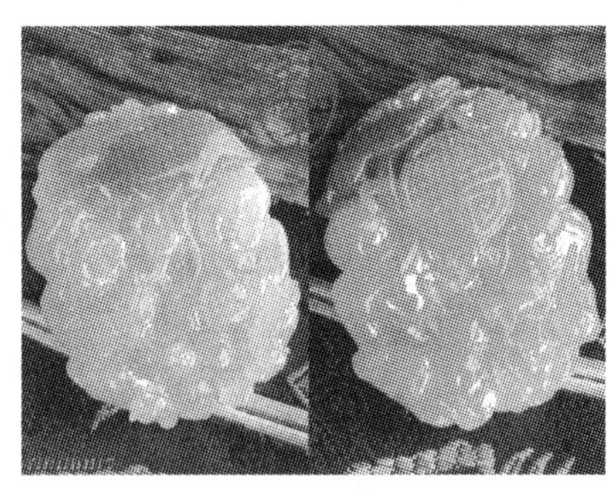

图 17-31 黄加绿翡翠　　图 17-32 春带彩翡翠镯　　图 17-33 春带彩翡翠

（6）五彩玉。五彩玉就是在一块翡翠原料上或在翡翠饰品上有四种以上颜色（如绿、紫、蓝、白等）称五彩玉。在评价时，除种水等其他条件外，主要看绿色的多少及色的浓艳程度。绿色面积越大、绿得越浓艳的五彩翡翠价值越高（见图 17-34）。

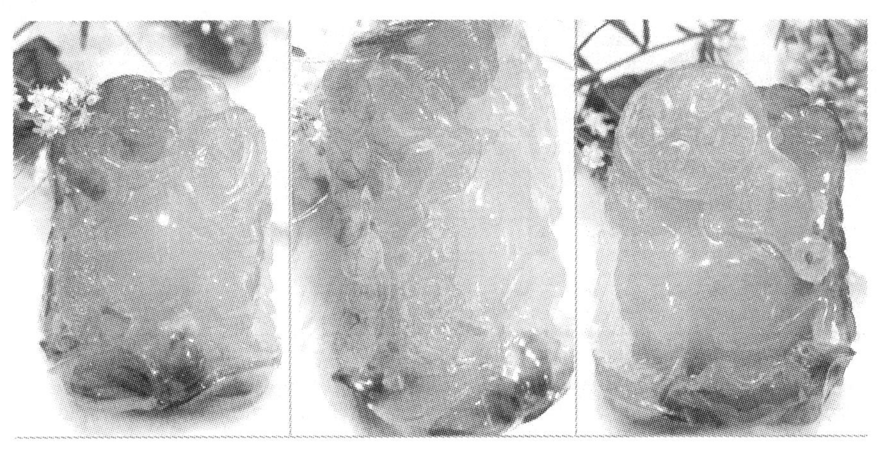

图 17-34 五彩玉翡翠

4. 翡翠的工艺越精其价值越高

翡翠工艺质量的优劣主要考虑厚薄、比例、圆度和抛光程度等，要求突出颜色，切工规整，抛光优良。对翡翠玉雕工艺品，则需要考虑工艺水平，工艺师对翡翠原石材料的艺术创造，融入了工艺师对翡翠原石材料的理解和思想感情。因此，工艺性是玉石文化的具体表达，它给玉石起到了画龙点睛的作用。所谓“三分料、七分工”，同一块料，出自不同的设计和加工工艺，其价值也会千差万别。出自工艺大师之手的玉石加工，可扬其精华，避其糟粕，将玉石中最好的部分充分展示出来，使造型惟妙惟肖，图案出神入化，给玉石加入灵气，使之变活，让人欣赏起来真正能进入艺术境界，这时工艺所创造的价值可能远远比玉石自身的价值要高得多；若加工者不能对玉石的特征进行正确理解和再创造，设计加工质量低劣，即使是再好的玉料也无法提高其价值。高质量的翡翠工艺品应是因材施艺，图案精美，线条流畅，善用巧色（见图 17-35 和图 17-36）。

图 17-35 翡翠精工制作的乾清宫模型

5. 翡翠的净度越高其价值越高

净度指翡翠内部包含的其他矿物包裹体（瑕疵）和裂纹。净度是翡翠价值评价的一大要素。翡翠的瑕疵主要有白色和黑色两种。黑色瑕疵，有的呈点状出现，称为黑点，也有成为丝状和带状的，称为黑丝和黑带，主要是一种黑色的矿物，以角闪石最多，黑点多半出现在较深色的翡翠中。白色瑕疵，主要呈粒状及块状，一般称“石花”、“水泡”等，主要是一些钠长石矿物或集合体。瑕疵对高档宝石级翡翠的质量评价影响极大，对中低档玉雕材料则可按巧色安排而制成精美玉雕工艺品。

图 17-36 翡翠雕刻大师王朝阳获中国工艺美术精品奖金奖作品——祝福

1 级，10 倍放大镜下不见任何绺裂、灰黑丝，在不显眼处偶有个别白棉、小黑点；2 级，10 倍放大镜下不见绺裂，见少量细小白棉、黑点、灰黑丝；3 级，肉眼不见绺裂，10 倍放大镜下见少量绺裂、肉眼可见少量白棉、黑点及少量冰碴物；4 级，肉眼见少量绺裂及较多白棉、黑点、灰丝及冰碴物（见图 17-37 至图 17-39）。

裂纹的存在与否对翡翠的质量影响较大，翡翠中的裂纹有两种：一种是由外界冲击造成的裂纹，另一种是晶体间裂纹。受外界冲击造成的裂纹对质量影响极大，晶间裂纹由粗晶体边界结合部造成，一般影响不大，但具有晶间裂纹的翡翠质量较差。裂纹一般要在灯光下才能检查，有的裂纹非常隐蔽，需要鉴定者仔细观察（见图 17-40）。

图 17-37 翡翠的点状白棉

图 17-38 翡翠的絮状白棉

图 17-39 翡翠的杂质

图 17-40 翡翠的裂纹

通过手工雕刻将玉料上的裂、脏、纹等，经过雕刻、修避、隐藏处理，叫作避瑕雕刻。俗话说，“好玉不雕花”，经过避瑕雕刻的翡翠价值是比先前有所提升，但离品相饱满工整的翡翠有一段价值差距（见图 17-41 和图 17-42）。

图 17-41 避瑕雕花镯

图 17-42 避瑕雕花翡翠戒指

二、实验项目

实验项目一：翡翠种的比较及定价

步骤 1：比较玻璃种、冰种、糯种和豆种翡翠镯，观察其晶体结构、透光度、棉的分布等方面的异同；

步骤 2：用指甲刮镯的表面，比较不同种质翡翠镯表面的糙感差异；

步骤 3：用手掂量比较各镯重量，晶体排列越紧致的翡翠越重；

步骤 4：用绳悬挂镯，以玛瑙棒敲击听音，晶体颗粒越小、排列越紧密的镯，音越清远悠长。

实验项目二：翡翠水的比较及定价

比较玻璃种、冰种、糯种和豆种翡翠镯，观察其透光度、包裹物分布的清晰程度、荧光感等方面的异同。

实验项目三：翡翠色的比较及定价

登录国内最大翡翠商七彩云南的网站，选择种水接近的绿色翡翠进行对比，按照“浓、阳、正、和”的标准，综合比较颜色及价格，体会“一分色，十分价”。

实验项目四：翡翠工艺的比较及定价

登录国内最大翡翠商七彩云南的网站，选择精工巧雕的翡翠，体会工艺设计对翡翠价值的提升作用。

鉴赏翡翠设计雕刻大赛中的获奖作品，领会作品中体现出的工艺师的思想感情的表达。

第十八章

实验六 钻饰评估业务实训

第一节 实验的目的和内容

一、实验目的

（1）了解对钻石饰品进行全面估价的原则、方法和步骤；

（2）了解除 4C 外影响钻石饰品价格的其他要素；

（3）学会按照钻石的 4C 标准对钻石饰品的钻石进行估价，参照行情对镶材、做工、辅石等其他要素进行估价。

二、实验内容

本实验要对钻石饰品进行全面估价，先以 4C 标准参照钻石的国际行情对饰品中的钻石进行估价，再依据贵金属行情、镶嵌制作费用，对镶嵌材料及做工、附带其他镶嵌宝石进行价值评定，最后加上批零差价、税赋成本及品牌溢价。通过一个案例进行估价流程介绍，并按照案例流程进行模仿估价。

实验包括以下几方面内容：

（1）钻石国际报价单的应用；

（2）根据国际贵金属即时行情测算镶材成本；

（3）依据体积推算镶嵌钻石的质量；

（4）钻石饰品的品牌溢价比较；

（5）钻石饰品的全面估价。

三、实验资料和实验步骤

（一）实验资料

（1）场地准备：配备电脑的实验室、学院及周边环境；

（2）教学资料准备：钻饰样品、车工镜、比色卡、钻石国际报价单、多媒体课件、品牌钻饰加工企业网站、贵金属交易网站。

（二）实验步骤

（1）教师课堂讲授；

（2）学生分组实验钻石的国际报价单的应用，对裸钻进行估价；

（3）学生分组实验，登录贵金属交易平台，了解贵金属的即时行情；

（4）了解钻石饰品的品牌溢价；

（5）进行钻石饰品的全面估价。

第二节　钻饰评估业务操作实训

一、理论要点

1. 评估原则

对钻石饰品上的钻石进行评估是钻饰评估的主要工作，做好了钻饰上钻石的评估，钻石饰品价值的评估基本就可以确定。在对钻石饰品上的钻石评估时仍依据钻石分级的4C 标准。不过，由于钻石饰品上的钻石都是镶嵌好的钻石，因此对钻石饰品的钻石评估时，其质量是测量计算而得，另外，还得对镶嵌材料及做工、附带的其他镶嵌宝石等进行价值评定和估算，这样才比较全面。

2. 以成本法对钻饰进行估值

（1）**先对钻饰上的钻石进行分级。**常用的钻石饰品评估方法有成本法、市场比价法等。但无论采用什么方法进行评估，都必须依据钻石的4C 标准，对钻石饰品上的钻石进行准确的质量分级，确定出它的颜色、净度及切工级别。在进行钻石颜色分级时，要尽量消除镶嵌金属对钻石颜色的影响；在确定净度时，要认真观察钻石镶爪下或镶边附近的包裹体或瑕疵情况（因为这些地方容易掩盖钻石内部的瑕疵），以获得准确的净度级别；对于普通钻石饰品的切工分级，只要分出优、良或差即可。

对于钻石饰品上的钻石质量，可根据测量的结果进行计算得出，然后参考国际钻石报价表查出评估的钻石成本价格。如果是圆钻，可以根据其腰部平均直径的公式——质

量 =（平均直径 /6.5）^{3} 来估算出它的近似质量（见表 18-1）。

表 18-1 圆钻直径与质量的关系

钻石直径（毫米）	1.3	2.4	3.0	3.8	5.15	6.5	8.2	9.35	10.3	11.1
钻石质量（克拉）	0.01	0.05	0.10	0.20	0.50	1.00	2.00	3.00	4.00	5.00

（2）**运用国际钻石报价单对明确分级的钻石进行估价。**国际钻石报价单是 Rapaport Diamond Report 的中文翻译，它是钻石珠宝商、钻石批发商与钻石切割厂买卖交易钻石时市场行情的价格参考。国际钻石报价单的钻石等级依循标准与美国宝石学院 GIA 钻石分级相同。

在 1978 年以前，市场上并没有业界通行的钻石公定价，钻石进口商与批发商根据自己的成本及判断，将钻石以自由心证的价格卖给零售商，由于影响钻石价格的因素很多，零售商缺乏行情的比较基准，因此买卖的过程中存在着很多困扰。直到 1978 年，Martin Rapaport 先生将纽约市场上所收集来的钻石平均交易价格，按照成色、净度和克拉数整理表列，制定出一份标准化的报价单每周印行，从此，钻石有了透明化的国际参考价格，买卖双方有了共同的依循基准，钻石的分级也因影响价格甚巨而更加受到大家的重视。

国际钻石报价单是每周五由纽约钻交所提供给全球珠宝商、钻石商与钻石切割厂之间进行交易的价格依据。参照钻石报价单，只要通过一个计算公式：钻石定价 = 报价单价格 ×100× 重量 × 汇率，就可以清楚算到这颗钻石的进价（见表 18-2）。比如一颗 0.5ct 的钻石，是 H 色 \ SI（对应表格找到 H 色和 SI 交汇处的数值，比如为 27），那么这颗 0.5 克拉钻石的人民币价格为：27 × 100 × 0.5 × 6.3=8 505 元。

表 18-2 国际钻石报价表

报表日期 : <2012/4/20> ROUNDS 圆形车工 Diamond Price Report Unit : 100 USD$

重量 Carat	Color	IF	VVS1	VVS2	VS1	VS2	Si1	Si2	Si3
0.30 ～ 0.39 ct	D	45	38	33	29	25	21	19	17
0.30 ～ 0.39 ct	E	38	34	30	26	23	20	18	17
0.30 ～ 0.39 ct	F	34	31	27	23	21	19	17	16
0.30 ～ 0.39 ct	G	31	28	25	22	20	18	16	15
0.30 ～ 0.39 ct	H	27	25	23	20	19	17	15	14
0.30 ～ 0.39 ct	I	24	22	20	18	17	16	14	13
0.30 ～ 0.39 ct	J	21	19	17	16	15	14	13	12
0.30 ～ 0.39 ct	K	19	18	16	15	14	13	12	10
0.30 ～ 0.39 ct	L	16	15	15	14	13	12	10	8
0.30 ～ 0.39 ct	M	14	14	13	12	12	11	9	7
重量 Carat	Color	IF	VVS1	VVS2	VS1	VS2	Si1	Si2	Si3
0.40 ～ 0.49 ct	D	54	45	40	37	29	24	22	20
0.40 ～ 0.49 ct	E	45	41	37	33	27	23	20	19
0.40 ～ 0.49 ct	F	41	37	33	29	26	22	19	18
0.40 ～ 0.49 ct	G	38	33	31	28	25	21	18	17
0.40 ～ 0.49 ct	H	34	32	28	25	23	20	17	16

（续）

重量 Carat	Color	IF	VVS1	VVS2	VS1	VS2	Si1	Si2	Si3
0.40 ～ 0.49 ct	I	30	27	25	22	21	19	16	15
0.40 ～ 0.49 ct	J	26	24	22	20	18	16	15	14
0.40 ～ 0.49 ct	K	24	22	20	18	17	15	13	12
0.40 ～ 0.49 ct	L	21	20	19	17	16	14	12	10
0.40 ～ 0.49 ct	M	18	17	16	15	14	13	10	8

重量 Carat	Color	IF	VVS1	VVS2	VS1	VS2	Si1	Si2	Si3
0.50 ～ 0.69 ct	D	96	73	64	54	49	40	31	28
0.50 ～ 0.69 ct	E	73	63	59	51	44	36	29	25
0.50 ～ 0.69 ct	F	63	58	53	49	41	32	27	23
0.50 ～ 0.69 ct	G	60	53	49	43	36	29	23	21
0.50 ～ 0.69 ct	H	53	49	43	36	32	27	22	20
0.50 ～ 0.69 ct	I	45	41	36	32	29	23	21	19
0.50 ～ 0.69 ct	J	35	33	30	28	24	21	20	18
0.50 ～ 0.69 ct	K	30	28	26	22	21	20	19	17
0.50 ～ 0.69 ct	L	28	24	22	21	20	19	17	15
0.50 ～ 0.69 ct	M	23	21	20	19	19	18	16	14

重量 Carat	Color	IF	VVS1	VVS2	VS1	VS2	Si1	Si2	Si3
0.70 ～ 0.89 ct	D	123	92	82	71	66	55	48	41
0.70 ～ 0.89 ct	E	92	82	74	67	61	52	45	39
0.70 ～ 0.89 ct	F	82	74	67	63	55	49	42	36
0.70 ～ 0.89 ct	G	74	67	63	55	50	44	39	34
0.70 ～ 0.89 ct	H	67	63	55	50	45	41	36	32
0.70 ～ 0.89 ct	I	55	52	50	45	42	36	31	29
0.70 ～ 0.89 ct	J	41	40	39	35	33	31	29	25
0.70 ～ 0.89 ct	K	35	34	32	29	27	25	23	22
0.70 ～ 0.89 ct	L	31	29	28	24	23	22	20	19
0.70 ～ 0.89 ct	M	30	28	26	23	22	21	19	17

重量 Carat	Color	IF	VVS1	VVS2	VS1	VS2	Si1	Si2	Si3
0.90 ～ 0.99 ct	D	170	135	120	94	79	73	63	50
0.90 ～ 0.99 ct	E	135	120	105	86	75	68	61	49
0.90 ～ 0.99 ct	F	120	105	92	79	72	65	57	47
0.90 ～ 0.99 ct	G	105	92	79	72	65	59	52	45
0.90 ～ 0.99 ct	H	88	79	72	65	61	55	50	43
0.90 ～ 0.99 ct	I	75	68	63	59	55	50	44	39
0.90 ～ 0.99 ct	J	65	58	54	51	47	44	39	35
0.90 ～ 0.99 ct	K	52	48	45	42	39	36	32	29
0.90 ～ 0.99 ct	L	45	43	41	39	35	32	29	25
0.90 ～ 0.99 ct	M	41	39	35	33	31	30	27	22

重量 Carat	Color	IF	VVS1	VVS2	VS1	VS2	Si1	Si2	Si3
1.00 ～ 1.49 ct	D	289	209	184	143	119	84	72	59
1.00 ～ 1.49 ct	E	209	184	149	124	104	79	69	54
1.00 ～ 1.49 ct	F	179	149	124	114	94	76	65	51

（续）

重量 Carat	Color	IF	VVS1	VVS2	VS1	VS2	Si1	Si2	Si3
1.00 ～ 1.49 ct	G	139	124	114	94	86	73	63	49
1.00 ～ 1.49 ct	H	114	106	94	84	76	68	60	47
1.00 ～ 1.49 ct	I	94	89	79	73	68	62	55	45
1.00 ～ 1.49 ct	J	79	73	70	65	62	54	51	42
1.00 ～ 1.49 ct	K	68	65	61	58	55	48	44	38
1.00 ～ 1.49 ct	L	56	55	51	49	46	43	39	34
1.00 ～ 1.49 ct	M	49	46	43	40	37	35	31	28
重量 Carat	Color	IF	VVS1	VVS2	VS1	VS2	Si1	Si2	Si3
1.50 ～ 1.99 ct	D	349	259	229	189	159	117	93	72
1.50 ～ 1.99 ct	E	259	229	194	169	144	111	89	69
1.50 ～ 1.99 ct	F	224	194	169	149	129	106	84	65
1.50 ～ 1.99 ct	G	174	159	144	129	117	99	78	62
1.50 ～ 1.99 ct	H	143	133	122	111	101	90	74	58
1.50 ～ 1.99 ct	I	117	111	106	95	87	77	66	53
1.50 ～ 1.99 ct	J	101	93	88	81	74	66	59	47
1.50 ～ 1.99 ct	K	78	75	72	69	64	58	50	42
1.50 ～ 1.99 ct	L	67	64	61	58	54	50	45	39
1.50 ～ 1.99 ct	M	58	55	51	48	43	41	38	33
重量 Carat	Color	IF	VVS1	VVS2	VS1	VS2	Si1	Si2	Si3
2.00 ～ 2.99 ct	D	530	400	355	300	220	160	123	87
2.00 ～ 2.99 ct	E	400	355	305	260	195	150	118	84
2.00 ～ 2.99 ct	F	350	305	265	225	185	140	113	80
2.00 ～ 2.99 ct	G	275	235	210	180	161	130	108	75
2.00 ～ 2.99 ct	H	205	195	180	160	135	120	103	70
2.00 ～ 2.99 ct	I	160	155	150	128	115	105	93	64
2.00 ～ 2.99 ct	J	125	120	115	105	95	89	78	59
2.00 ～ 2.99 ct	K	115	110	105	94	88	80	68	55
2.00 ～ 2.99 ct	L	93	86	81	76	70	63	58	48
2.00 ～ 2.99 ct	M	78	76	74	70	61	54	46	41
重量 Carat	Color	IF	VVS1	VVS2	VS1	VS2	Si1	Si2	Si3
3.00 ～ 3.99 ct	D	1 050	690	600	480	375	230	160	100
3.00 ～ 3.99 ct	E	690	600	505	420	335	210	155	95
3.00 ～ 3.99 ct	F	600	505	425	355	310	190	150	90
3.00 ～ 3.99 ct	G	455	400	355	310	255	175	135	85
3.00 ～ 3.99 ct	H	340	320	285	255	205	150	125	80
3.00 ～ 3.99 ct	I	245	235	225	200	170	125	110	75
3.00 ～ 3.99 ct	J	190	185	180	165	140	110	100	70
3.00 ～ 3.99 ct	K	160	155	150	135	120	100	86	64
3.00 ～ 3.99 ct	L	123	118	112	107	96	75	64	54
3.00 ～ 3.99 ct	M	102	98	95	88	80	64	54	48

（3）**最后对钻饰其他成本进行加总。**成本法就是将钻石饰品的所有成本都涵盖进去进行估算，如钻石成本、贵金属成本、群镶附石成本、镶嵌款式设计和制作成本以及批零差价及税赋成本等。另外，钻石饰品如果出自著名品牌，还要考虑增加总价值的10%～30%的成本。

钻石饰品零售公司也存在名牌效应，著名的世界钻石饰品公司的钻饰零售价肯定比普通珠宝商价格要高。就国内目前的情况看，如果以中等规模的珠宝公司钻石饰品的价格系数为1计算的话，那么连锁珠宝公司或国营大商厦、商场的钻石饰品的价格系数，将会在1.1～1.2间变化；而一些规模较小的珠宝公司或品牌独特的专业珠宝公司，其钻石饰品的价格系数变化在0.7～1.1之间；一些历史悠久或国际著名品牌珠宝公司，如卡地亚或蒂芬妮等，其价格系数可变化到1.2～1.5，甚至更高；个体小公司钻石饰品的价格系数则只有0.7～0.8。这种品牌效应非常明显（见表18-3）。

表18-3 品牌与钻石零售价格的关系

品牌	钻石大小（克拉）	贵金属价格	零售价
国际著名品牌（卡地亚等）	0.30	无金价，按照件数和款式计算	35 000
	0.50		60 000
	1.00		130 000
国内著名品牌（大型或连锁珠宝公司）	0.30	无金价，按照件数和款式计算	12 000
	0.50		25 000
	1.00		100 000
国际和国内品牌（中型珠宝公司）	0.30	无金价，按照件数和款式计算	8 000
	0.50		20 000
	1.00		80 000
一般品牌（小型珠宝商）	0.30	计算金价，按国际市场行情计算	6 000
	0.50		18 000
	1.00		60 000

3. 实例估价流程演示

一件0.5克拉的铂金女钻戒，首饰为铸模制造，款式适合当前市场销售，首饰用的是铂金（Pt900），质量为5.6克。

首先对钻石进行质量评估，确定钻石的颜色为I色（95色），净底为VS1级，为切工比例及修饰度均好的理想琢型白色钻石。根据最新钻石报价行情，0.5克拉、I色、VS1级、好切工圆形钻石的国际市场报价为4 000美元/克拉，因此该粒钻石的美元价格为0.50×4 000＝2 000美元。2012年5月，美元与人民币的汇率为1∶6.3，该钻石的人民币价格为12 600元。

接着计算钻石首饰所用铂金的成本。该首饰用的是铂金Pt900，质量为5.6克。根据2012年5月国际铂金行情，折算出Pt900的价格每克300元人民币，则首饰铂金价为5.6×300＝1 680元人民币。

然后计算钻石首饰所用的加工费、损耗及应付税金。铂金女款钻戒加工费每件大约120元人民币。首饰制作时还有铂金的损耗要摊入成本，一般的损耗率为16%，损耗金属质量为5.6×16%=0.9克，其费用为0.9×300=270元人民币。该钻石首饰的初步估价为12 600+1 680+120+270=14 670元，再加上17%的增值税，总估价大约17 164元，这是钻石的批发价。

最后加上批零差价和设计费用。批零差价主要包括店堂租金、装修、柜台制作、广告宣传、人员费用等，应该占钻石价值大约35%，还有经营者所要求的大约25%的经营利润，这样钻石女戒的零售价是17 164（1+60%）=27 462元。对于一些设计独特的钻石首饰，在进行价格估算时，还应加上设计费用。

二、实验项目

实验项目一：应用钻石的国际报价单对钻石估价

登录相关网站下载最新钻石国际报价单；

掌握运用钻石国际报价单的技巧；

体验运用钻石国际报价单对裸钻进行估价。

实验项目二：贵金属的国际报价系统了解

登录宏艺、金鼎黄金交易平台，了解贵金属的即时行情。

实验项目三：镶嵌钻石的质量推算

测量镶嵌圆钻腰部的直径，按质量 =（平均直径 /6.5）^{3} 公式计算出钻石饰品上的钻石质量，进行质量分级；

综合颜色、净度、切工的分级，参考国际钻石报价表查出评估的钻石成本价格。

实验项目四：钻石饰品的品牌溢价

比较国际名店卡地亚和蒂芬妮、国内大商场、专业珠宝店钻石饰品的品牌溢价。

实验项目五：钻石饰品的全面估价

综合钻石饰品里的钻石价格，镶材、工艺及辅石价格，以及经销商的品牌差异，对钻石饰品进行全面估价。

第五篇

期货投资实训

第十九章

实验一 股指期货模拟投资实训

第一节　实验的目的和内容

一、实验目的

（1）了解真实市场上利用股指期货进行套期保值交易的策略和方案；

（2）通过模拟投资实验，掌握股指期货交易流程和常用术语；

（3）掌握股指期货行情分析软件的使用，熟悉实用快捷使用技巧；

（4）理论结合实践，理解股指现货与期货关系，实践股指期货价值投资分析方法与投资策略。

二、实验内容

（1）分析股指期货价格、成交量、持仓量等市场信息的变化形势；

（2）分析股指的基本面、技术面情况，根据形势及个人风险偏好情况，确定合适的投资目标；

（3）确定股指期货的投资策略，包括股指期货交割品种的选择、投资的方向选择、资金的分配和合适的买卖操作策略及止损止赢点；

（4）根据市场变化，调整资产配置；

（5）根据以上过程，填写实验报告。

三、实验资料和实验步骤

（一）实验资料准备

（1）场地准备：配备电脑的证券实训实验室、学院及周边环境；

（2）教学资料准备：多媒体课件、各证券公司资料及网站。

（二）实验步骤

（1）教师课堂讲授实验原理；

（2）打开期货投资分析软件，对市场中的股指期货市场交易进行观察分析；

（3）根据实验原理，进行股指期货投资实验。

第二节　股指期货模拟交易实训

一、理论要点

（一）股指期货的交易特征

我国股指期货的交易是在中国金融期货交易所进行的，其具体的交易规则由该所制定实施，包括以下几个内容。

1. 合约规格

合约规格如表 19-1 所示。

表 19-1　合约规格

合约标的	沪深 300 指数（HS300）
合约乘数	每点 300 元
报价单位	指数点
最小变动价位	0.2 点
合约月份	当月、下月及随后两个季月
交易时间	上午：9:15 ～ 11:30，下午：13:00 ～ 15:15
最后交易日交易时间	上午：9:15 ～ 11:30，下午：13:00 ～ 15:00
每日价格最大波动限制	上一个交易日结算价的 ±10%
最低交易保证金	合约价值的 12%
最后交易日	合约到期月份的第三个周五，遇国家法定假日顺延
交割日期	同最后交易日
交割方式	现金交割
交易代码	IF

例如 HS300 指数期货交易收盘价格为 2 374.5 元，则一张合约的总价值为：HS300 指数点 X 合约乘数，即 2 374.5 × 300 = 712 350 元，按照合约约定，所需的最低交易保证金为合约价值的 12%，即 712 350 × 12% = 85 482 元。

2. 结算

当日结算价为合约最后一小时成交价格按照成交量的加权平均价。计算结果保留至小数点后一位。

每天将以当日结算价作为计算当日盈亏的依据。具体计算公式如下：

当日盈亏 = {Σ[（卖出成交价 − 当日结算价）× 卖出量] + Σ[（当日结算价 − 买入成交价）× 买入量] +（上一交易日结算价 − 当日结算价）×（上一交易日卖出持仓量 − 上一交易日买入持仓量）} × 合约乘数

手续费标准为不高于成交金额的万分之零点五。同时要注意的是，交割结算价为最后交易日标的指数最后 2 小时的算术平均价。计算结果保留至小数点后两位。交割手续费标准为交割金额的万分之一。

（二）股指期货的定价分析

在对复杂金融工具定价分析时，如果能用已有的价格、已有的工具组合来复制，则其价格必须等于用重复策略产生的工具价格，否则就会存在风险。因此，按无风险套利原则，对于股指期货的定价

$$F_t = S_t \cdot \mathrm{e}\frac{(r-d)(T-t)}{360}$$

式中 S_t——基础指数的现值；

r——无风险利率；

d——连续的红利支付；

$\frac{(r-d)(T-t)}{360}$——现货持有成本和时间价值。

使用该公式计算要注意的是参数是按照年化来计算。

例如有一个 IF300 指数的 3 个月期货合约。设用来计算指数的股票红利收益率为 3%，指数现值为 2 000，无风险连续利率为每年 7%。试计算该 IF300 的价格。

已知 $r = 7\%$，$S_t = 2\ 000$，$d = 3\%$，则期货价格为：

$$F_t = S_t \cdot \mathrm{e}\frac{(r-d)(T-t)}{360} = 2\ 000 \times \mathrm{e}\frac{(8\%-3\%)\times 90}{360} = 2\ 025.16$$

根据定价公式，影响股指期货价格的主要因素：宏观经济及企业运行状况，利率、汇率水平的高低及趋势，资金供求状况与通胀水平及预期，突发政治安全事件，经济金融政策。

二、实验项目

实验项目一：了解股指期货交易市场信息

打开股指期货交易软件系统；

观察股指期货交易的市场信息；

运用所掌握的市场信息对股指期货的走势变化进行判断。

实验项目二：进行股指期货定价分析

搜集股指期货定价公式所需要的相关参数情况；

对部分缺失数据进行估测；

运用所学理论知识对股指期货进行定价实验。

实验项目三：进行股指期货模拟投资交易

分析计算出来的股指期货理论价格以及调查得到的市场信息；

对当前的股指期货现在价格的合理性进行判断分析；

确定交易策略并进行模拟投资。

第二十章

实验二 股指期货套期保值业务实训

第一节 实验的目的和内容

一、实验目的

（1）了解股指期货套期保值交易的基本原理；

（2）通过股指期货套期保值实验，了解股指期货传统和组合投资套期保值方法的差异；

（3）掌握股指期货行情分析软件的使用，熟悉实用快捷使用技巧；

（4）理论结合实践，理解股指现货与期货关系，实践股指期货价值投资分析方法与投资策略。

二、实验内容

（1）分析股指期货价格、成交量、持仓量等市场信息的变化形势；

（2）分析股指的基本面、技术面情况，根据形势及个人风险偏好情况，确定合适的投资目标；

（3）确定股指期货的投资策略，包括股指期货交割品种的选择、投资的方向选择、资金的分配和合适的买卖操作策略及止损止赢点；

（4）根据市场变化，调整资产配置；

（5）根据以上过程，填写实验报告。

三、实验资料和实验步骤

（一）实验资料准备

（1）场地准备：配备电脑的证券实训实验室、学院及周边环境；

（2）教学资料准备：多媒体课件、各证券公司资料及网站。

（二）实验步骤

（1）教师课堂讲授实验原理；

（2）打开期货投资分析软件，对市场中的股指期货市场价差变化观察分析；

（3）根据实验原理，进行股指期货套期保值实验。

第二节　股指期货套期保值业务

一、理论要点

套期保值是期货交易的主要应用之一，它来自于商品交易的实践。到今天，套期保值的方法已经由传统静态的套期保值发展形成动态的或投资组合式套期保值。

（一）传统套期保值

传统套期保值理论，又称为经典的套期保值理论，期货交易中的套期保值是指在期货市场上建立与现货市场方向相反而数量相等的交易部位，来实现现货市场价格风险的转移。如果在现货市场上出现价格不利的变动使投资者遭受损失，投资者可用期货市场的盈利来对冲现货市场上的亏损。因此，传统套期保值理论实际上假定期货价格和现货价格变化方向相同且波动幅度一致，即不存在基差风险。传统套期保值必须遵循以下四大原则：

（1）品种相同原则；

（2）数量相等原则；

（3）交易时间相同或者相近原则；

（4）交易方向相反原则。

传统的套期保值方法，多用于商品期货市场，习惯上一般将持有期货合约的头寸数量和需要保值资产保持数量上的一致。但随着金融期货的出现，保值期货头寸和现货资产之间数量一致存在着数量与价值的理解，因此在进行套期保值方案设计时，套期保值交易也是现货资产和期货资产的投资组合，对套期保值的理解也就由传统概念发展为动态的或组合式投资，套期保值的作用进一步明确为在设定的风险条件下获得最大的利润，或预期收益一定时风险最小，并非简单的盈亏抵消，因此提出了动态套期保值。

（二）组合套期保值

组合投资套期保值理论是由 Johnson(1960) 和 Stein(1961) 提出的，组合投资理论认为投资者进行套期保值操作实际上是对现货市场和期货市场的资产进行组合投资。投资者根据组合投资的预期收益和预期收益的方差来确定现货市场和期货市场的交易头寸，以使收益风险最小化或效用函数最大化。套期保值比率即为期货合约资产价值与现货风险资产价值的比值，也就是投资者所拥有的期货合约价值与所需进行保值的现货头寸价值的一个比值关系。传统的一对一的套期保值策略组合对于股指期货来说未必是最优的选择，要做到真正的最大限度地将风险规避掉，更加有效地去对投资者有风险敞口的资产进行风险上的控制。因此，投资者在期货市场上的套期保值比率是可以选择的，且套保比率的正确确定将是最为关键之处，不同套期保值比率影响着不同的套期保值效果。

最优套期保值比率取决于套期保值的交易目的以及现货价格和期货价格的相关性。套保策略就是一种将期现货市场上的资产进行组合，然后再对这个组合进行投资的行为，运用者利用整个资产组合的预期收益以及整体预期收益的方差去确定两个市场上各自投资头寸的多少，这样就可以使得他们自己达到最小化风险和最大化效用的最终目的。并且在这个组合理论中，套保的实施者是可以自己决定在期货市场上进行的投资比率的，实施套保交易的最终目的以及期现货两个市场真正的相关度这两点是要找到一个最佳的比率值使得套保效果达到最佳，而在传统操作中，套保的比例恒为 1。

在具体实施组合套期保值的时候，针对传统套期保值的四项原则，变通调整为：

（1）当在期货市场找不到与计划套期保值商品一样的期货品种时，可以寻找和选择价格相关性较大的期货品种合约；

（2）不一定硬性遵循交易数量相等原则，可以根据组合投资最小风险的原理来确定最佳套期保值比率；

（3）可以灵活运用交易时间相同或相近原则，利用基差的变化，分析确定现货和期货交易及对冲的有利时机；

（4）当现货或者期货市场某一个商品价格存在恶性炒作，致使两者价格走势不相同的时候，最好不要进行套期保值交易。

用于测算最优套期保值的常见模型有简单回归模型 (OLS 模型)、双变量向量自回归模型 (B-VAR 模型)、误差修正模型 (ECM 模型)、ECM-BGARCH 模型。就目前来说简单回归模型 (OLS 模型) 是学术研究中对于最优套期保值比率进行估计时较为常用的一种方法，下面以简单回归模型 (OLS 模型) 为例说明最优套保率的推算。

用简单回归模型来估计股指期货的套期保值比率，是通过计量模型中常用的最小二乘法 (即 OLS 模型) 来实现的。这种估计方法是按照下面步骤来实现的：首先我们要做的就是去构建期现货之间两个价格变量的一个线性关系的回归方程，再对这个方程中的斜率项系数应用最小二乘法进行估计，那么这个模型中斜率项的系数值就是我们所要估计的最小方差下得到的股指期货的套期保值比率。

现货价格变动与期货价格变动的回归方程所列如下：

$$\Delta \mathrm{Ln}S_t = \alpha + \beta_1 \Delta \mathrm{Ln}F_t + \varepsilon_t$$

式中，变量 $\Delta \mathrm{Ln}S_t$ 与变量 $\Delta \mathrm{Ln}F_t$ 分别表示 t 时刻指数现货收益率与指数期货收益率的对数形式；α 是该回归方程中的常数项；ε_t 是该回归方程中的残差项，也就是表示在该模型中存在着的不确定性因素；β_1 是该回归方程中的斜率，也就是我们所想要得到的套期保值比率：

$$h^*=\beta_1=\frac{\mathrm{cov}(\Delta \mathrm{Ln}S_t,\Delta \mathrm{Ln}F_t)}{\mathrm{var}(\Delta \mathrm{Ln}F_t)}$$

上面的这种最小二乘法的方法来估计最优套期保值比率是非常便捷的。当然，在该方法基础上，经过不断讨论延伸形成了多种推算方法，这些可留待课后做进一步的讨论学习。

二、实验项目

实验项目一：股指现货和期货价格数据的选取和处理

打开股指期货交易软件系统，选择分析周期内的股指现货收盘价和期货结算价，导出到 Excel 中，设 S 为股指现货收盘价，F 为股指期货结算价；

计算基差，并绘制股指现货和期货的价格走势图、基差走势图；

分析股价指数现货收盘价和期货结算价时间序列的基本数字统计特征，最大值、最小值、平均值和标准差，对现货和期货的股指进行比较分析波动性情况；

按照 $R_t=\mathrm{Ln}\,(P_t/P_{t-1})$ 分别计算现货、期货的对数收益率；

将其差分结果计算出来后分别作为 $\Delta \mathrm{Ln}S_t$、$\Delta \mathrm{Ln}F_t$ 的值。

实验项目二：数据的平稳性检验

所谓时间序列的平稳性指的是时间序列的统计规律在时间的推移过程中不会发生变化。平稳性检验有助于判断变量之间是否存在“伪回归”，即变量有着非常高的相关性，但是很可能它们之间根本就没有线性关系。一般利用统计软件，采用单位根检验的方法，对股指现货及期货的时间序列数据进行平稳性检验。一般应完成下列项目的检验，如表 20-1 所示。

表 20-1

变量	ADF 值	1% 临界值	5% 临界值	10% 临界值	是否平稳
LnS					
LnF					
$\Delta \mathrm{Ln}S_t$					
$\Delta \mathrm{Ln}F_t$					

根据统计分析结果判断股指现货、期货数据的对数形式是否存在单位根，是否是非平稳序列。

实验项目三：估计最优套期保值比率

通过统计软件，用最小二乘法对股指现货和期货序列进行回归分析；

通过 R^2、t 检验、F 检验确定该回归模型是否显著有效；

确定最优套期保值比率并进行保值实验。

金融学

课程名称	书号	书名、作者及出版时间	版别	定价
金融中介学	978-7-111-43694-2	金融市场与金融机构（第7版）（米什金）（2013年）	外版	99
金融中介学	978-7-111-31493-6	金融市场与金融机构基础（第4版）（法博齐）（2010年）	外版	79
金融中介学	978-7-111-32325-9	金融市场与金融机构基础（英文版・第4版）（法博齐）（2010年）	外版	78
金融衍生品市场与工具	978-7-111-29040-7	衍生工具（惠利）（2009年）	外版	79
金融衍生品市场与工具	978-7-111-48473-8	衍生工具与风险管理（第9版）（钱斯）（2014年）	外版	89
金融工程学习指导	978-7-111-30014-4	期权、期货及其他衍生产品习题集（第7版）（赫尔）（2010年）	外版	42
金融工程	978-7-111-29940-0	金融工程（博蒙特）（2010年）	外版	38
金融工程	978-7-111-48437-0	期权、期货及其他衍生产品（第9版）（赫尔）（2014年）	外版	109
金融工程	978-7-111-34616-6	期权与期货市场基本原理（第7版）（赫尔）（2011年）	外版	65
金融工程	978-7-111-39173-9	期权与期货市场基本原理（英文版・第7版）（赫尔）（2013年）	外版	69
金融工程	978-7-111-27491-9	衍生品市场基础（英文版）（麦克唐纳德）（2009年）	外版	62
金融工程	978-7-111-27213-7	衍生物市场基础（麦克唐纳德）（2009年）	外版	52
固定收益证券	978-7-111-44457-2	固定收益证券（第3版）（塔克曼）（2013年）	外版	79
创业金融	978-7-111-34619-7	创业金融（第2版）（史密斯）（2011年）	外版	68
创业金融	978-7-111-33551-1	创业资本与创新金融（梅特里克）（2011年）	外版	58
网络金融	978-7-111-46435-8	网络金融（第3版）（张劲松）（2014年）	本版	35
金融业务综合实验	即将出版	保险类业务综合实验教程（周建胜）（2015年）	本版	55
金融业务综合实验	978-7-111-49043-2	投资类业务综合实验教程（周建胜）（2015年）	本版	30
金融业务综合实验	即将出版	银行类业务综合实验教程（周建胜）（2015年）	本版	35
金融市场营销	978-7-111-30588-0	金融市场营销（唐小飞）（2010年）	本版	35
金融客户关系管理	978-7-111-31384-7	金融业客户关系管理（付晓蓉）（2010年）	本版	30
金融工程	978-7-111-30979-6	金融工程（李飞）（2010年）	本版	38
金融服务营销	978-7-111-30999-4	金融服务营销（周晓明）（2010年）	本版	30
金融分析	978-7-111-31108-9	金融分析：原理及应用（曹华）（2010年）	本版	45
固定收益证券	978-7-111-45456-4	固定收益证券（李磊宁）（2014年）	本版	39
固定收益证券	978-7-111-32258-0	固定收益证券分析（潘席龙）（2010年）	本版	38
个人理财	978-7-111-47911-6	个人理财（李燕）（2014年）	本版	39
保险学	978-7-111-25494-2	保险学（黄守坤）（2009年）	本版	36
保险学	978-7-111-30080-9	保险学（王海艳）（2010年）	本版	30